북한 자료로 본
평양학개론

정일영
박소혜
김태윤
정대진
김미연
정유석
허선혜
백인주

평양학교양총서 · 02

북한 자료로 본 평양학 개론

서울시립대학교 서울학연구소 | 평양학연구센터 엮음

정일영 · 박소혜 · 김태윤 · 정대진 · 김미연 · 정유석 · 허선혜 · 백인주

민속원

Prologue

2005년 평양을 방문했던 기억이 아직도 생생하다. '그곳에도 사람이 살고 있다'며 나름 열린 마음으로 평양 땅을 밟았더랬다. 하지만 평양에 도착한 순간, 무의식적으로 조작된 평양의 흔적을 찾는 나 자신을 보았다. 저기 저 할머니는 누구의 지시를 받고 서 있는 것일까? 잔디밭에서 꽃을 따며 놀고 있는 저 아이들은 어떤 지시를 받았을까?

서울에서 한 시간 만에 도착한 평양에서 필자는 아인슈타인의 상대성 이론에서나 나오는 뒤틀린 시간과 공간을 체험하고 있었다. 아니… 어쩌면 나 자신의 생각이 뒤틀려 있었는지 모른다. 북한을 연구하는 필자조차도 이럴진데… 평양은 그렇게 서울에서 가장 가깝고, 그리고 가장 먼, 시간과 공간 저 너머의 도시였다.

연구자의 입장에서 평양은 분명 매력적인 연구 대상이다. 우리는 종종 평양을 통해 북한을 해석하려 한다. 다만 언뜻 북한을 이야기하는 것 같지만 사실 평양을 말하고 있거나, 평양을 말하며 북한을 일반화하는 경우가 적지 않다. 그만큼 평양은 자의 반, 타의 반으로 북한의 일부이자, 전부처럼 다뤄져 왔다.

그런데 평양이 북한을 과대 대표하는 것에 비해 평양을 단일 주제로 한 연구는 생각처럼 많지 않다. 그나마 있는 평양 연구는 평양의 부분, 부분을 쪼개어 북한의 다른 공간과 합쳐 놓기 일쑤다. 평양 연구는 그렇게 뒤죽박죽 정리되지 못한 채 흩어져 있다. 그렇다면 우리는 어떻게 평양을 연구해야 할까?

서울학연구소 산하의 평양학연구센터는 2022년 6월 신설된 이래 평양 연구를 단일 과제로 좀 더 진지하게 다뤄왔다. 먼저 기존에 평양을 분석한 연구들을 모아 2022년 『평양 오디세이』를 발간했다. 평양을 다양한 시각에서 바라 본 기존을 연구들을 정리하며 우리는 평양학의 기초가 부족함을 절감했다.

그렇게 두 번째 걸음으로 기획된 프로젝트의 결과물이 바로 이 책이다. 우리는 첫 번째 프로젝트를 진행하며 기존의 평양 연구가 튼튼한 기초위에 서 있지 않음을 깨달았다. 무엇보다도 평양에 관한 1차 자료가 체계적으로 정리되어 있지 않았다. 우리는 두 번째 프로젝트로 흩어져 있는 1차 자료들을 정리하기로 했다.

이 책은 평양과 관련된 1차 자료를 발굴하고 정리한 결과물이다. 막상 평양에 대한 1차 자료를 찾아보니 분야별로 편차가 많음을 알게 되었다. 어떤 분야는 이미 정리된 자료가 있는 반면, 어떤 분야는 한국에서 확인 가능한 자료 자체가 부족했다. 또한 집필진의 역량과 연구 여건의 한계로 이번 프로젝트에서 미처 다루지 못한 분야도 적지 않다.

이 연구프로젝트를 주도한 평양학연구회는 30~40대의 젊은 연구자들로 구성되어 있다. 집필진들은 지난 1년 반, 매달 북촌의 한 모임 공간인 다락방 구구에 모여 서로의 연구를 발표하고 토론하며 평양 연구에 빠져들었다. 여러 어려움으로 프로젝트 자체가 난관에 봉착하기도 했지만 서로를 믿고 한 걸음, 한걸음 전진했다. 그렇게 첫눈 내린 들판에 길을 만들어 간다는 나름의 사명감을 갖고 이 연구를 진행했다.

이 책은 9개의 장으로 구성되어 있다. 첫 장에서는 이 연구의 주요 내용을 간략히 소개하였으며 2장과 3장에서는 남과 북이 평양을 어떻게 바라보고 있는지 분석하였다. 4장과 5장은 평양의 정치를 김정은 위원장의 현지지도와 평양의 주요 정치·행정 엘리트에 관한 1차 자료를 통해 알아보았다. 6장과 7장에서는 평양의 경제를 시장과 기업과 관련된 1차 자료를 통해 분석하였다. 마지막으로 8장과 9장에서는 평양의 역사유적과 확인 가능한 시기별 주요 통계 자료를 정리하였다.

이 연구는 흩어져 있는 평양에 관한 1차 자료들을 발굴하고 정리하는데 초점을 맞춰 진행하였다. 이와 같은 관점에서 이번 프로젝트는 평양학 토대연구를 위한 1차 작업에 가깝다. 이 연구의 성과와 한계를 통해 본격적인 평양학 토대연구가 중장기적인 관점에서 안정적으로 수행되길 기대한다.

마지막으로 이 책이 출간되는데 도움을 주신 여러분께 감사의 말씀을 드리고 싶다. 먼저, 이 책이 출간되기까지 1년여간 물심양면으로 지원해주신 서울시립대학교 서울학연구소 염복규 소장님과 평양학연구센터 조유현 센터장님께 감사의 말씀을 드린다.

평양학 교양총서의 두 번째 걸음이라 할 수 있는 이 책의 출판을 1편에 이어 기꺼이 맡아주신 민속원 홍종화 대표님께도 감사드린다. 또한, 정성을 다해 디자인과 편집을 진행해주신 민속원 식구들에게도 특별히 감사의 마음을 전한다.

정일영 · 박소혜 · 김태윤 · 정대진
김미연 · 정유석 · 허선혜 · 백인주

2024년 1월

차례

I.

평양학 연구 길라잡이

박소혜, 정일영

대동강변의 주체사상탑 ⓒ〈연합〉

I.
평양학 연구
길라잡이

1. 평양학의 토대를 찾아서

우리가 생각하는 평양은 어떤 모습인가? 아마도 안개 낀 대동강변의 모습처럼 잡힐 듯, 잡히지 않는 미지의 어느 곳과 같을 것이다. 매일 넘쳐나는 북한 뉴스 속에서도 우리는 평양의 겉모습만을 보고 있는지 모른다. 이 연구는 북한의 모든 것이 응축돼 있다해도 과언이 아닌 평양을 제대로 알아보기 위한 기획이다. 그렇다면 왜 평양인가?

평양은 북한의 과거와 현재, 미래를 함께 볼 수 있는 리트머스지이다. 우리 학계에서 북한 도시에 관한 연구는 1990년대 이후 적지 않게 진행돼왔다.[1] 하지만 평양에 관한 연

---

[1] 북한 도시의 형성과 변화에 관한 연구로는 동국대에서 수행한 고유환 외, 『함흥과 평성: 공간·일상·정치의 도시사』 파주: 한울아카데미, 2014; 고유환 외, 『사회주의 도시와 북한: 도시사연구방법』 파주: 한울아카데미, 2013), 그리고 북한대학원대학교에서 수행한 최완규 편, 『북한 도시의 형성과 발전』 파주: 한울아

구는 많지 않다.[2]

　　평양은 소위 '혁명의 심장'으로 1945년 해방 이후 북한의 정치와 경제, 사회문화가 응축된 공간으로 건설되었다. 평양은 김일성-김정일-김정은으로 이어진 정치 권력을 지탱해 온 최후의 보루라 할 수 있다. 북한의 『조선말대사전』에서 정의한 평양의 사전적으로 정의는 아래와 같다.

• 북한이 말하는 '평양'의 사전적 의미

"위대한 수령 김일성 동지께서는 다음과 같이 교시하시였다. 〈평양은 조선인민의 심장이며 사회주의조국의 수도이며 우리 혁명의 발원지입니다.〉

_『김일성전집』제22권 524페이지

　　조선민주주의인민공화국의 수도. 혁명의 영재이시며 민족의 태양이시며 전설적 영웅이신 위대한 수령 김일성동지께서 탄생하시여 혁명의 큰뜻을 키우신 력사의 땅이다.

　　위대한 수령님께서 창건하시고 위대한 수령 김일성동지와 위대한 령도자 김정일동지께서 령도하여오시였으며 경애하는 최고령도자 김정은동지께서 승리의 한

카데미, 2004; 최완규, 『북한 도시의 위기와 변화』, 파주: 한울아카데미, 2006; 최완규 편, 『북한 '도시정치'의 발전과 체제 변화』, 파주: 한울아카데미, 2007, 국토연구원이 수행한 이상준 외, 『통일기반 강화를 위한 북한 거점도시 발전모형과 남북협력 실천전략 연구』, 안양: 국토연구원, 2014; 이상준 외, 「통일 한반도 시대에 대비한 북한 주요 거점의 개발잠재력과 정책과제 II」, 『국토연구원 연구보고서』, 2012; 국토연구원, 「통일한반도 시대에 대비한 북한 주요 거점의 개발잠재력과 정책과제 I」, 『국토연구원 연구보고서』, 2011 등이 대표적이다.

2　　평양에 관한 기존 연구로는 서울시립대 평양학연구센터, 『평양 오디세이』, 서울: 민속원, 2022; 김태윤, 「근현대 평양의 도시계획과 공간 변화 연구(1937~1960)」, 서울시립대학교 일반대학원, 2022; 임동우, 『평양 그리고 평양 이후: 평양 도시 공간에 대한 또 다른 시각: 1953-2011』, 파주: 효형, 2011 등이 대표적이다.

길로 이끌어가시는 조선로동당 중앙위원회와 공화국정부가 자리잡고있는 사회주의조국, 선군조선의 수도이며 우리 혁명의 발원지이다.

위대한 수령님들께서 영생의 모습으로 계시는 주체의 최고성지 금수산태양궁전이 숭엄히 자리잡고있으며 위대한 수령님들과 경애하는 최고령도자 김정은동지, 항일의 녀성영웅 김정숙동지의 혁명사적이 곳곳에 아로새겨져있다.

평양에는 개선문, 주체사상탑, 당창건기념탑, 천리마동상, 과학기술전당 등과 같은 대기념비적 창조물들과 창광거리, 광복거리, 통일거리, 창전거리, 미래과학자거리, 려명거리를 비롯한 현대적거리들이 수많이 일떠서있다. 이와 함께 만경대, 대성산, 모란봉, 릉라도, 룡악산 등에 아름다운 유원지들이 훌륭히 꾸려져있으며 대성산성, 을밀대, 대동문, 보통문, 숭인전, 동명왕릉 등 력사유적들이 훌륭히 보존되여있다.

단군조선, 천년강국인 고구려의 수도였으며 유구한 력사를 자랑하고 있다.

〈평양〉이란 고유어 〈부루나〉를 한자로 옮긴 말이다. 〈부루나〉는 〈평평한 땅, 벌판의 땅〉이란 뜻이다."[3]

이와 같이 평양은 북한에서 그 어떤 공간과도 비교할 수 없는 성지로 인식된다. 평양은 또한 북한의 변화를 주도하는 미래이다. 김정은 체제 출범 이후 북한은 평양을 '먼저온 사회주의 선경'으로 만들기 위해 대규모의 건설붐을 일으키고 있다.[4] 시장과 백화점 등 다양한 형태의 상업시설들도 평양을 중심으로 확대되고 있다.

이 연구는 북한의 과거와 현재, 미래를 평양을 통해 이해할 수 있다는 점에서 평양을 다양한 측면에서 분석하고 이해하기 위한 토대연구라 할 수 있다.

3　　사회과학출판사, 『조선말대사전 3』, 평양: 사회과학출판사, 2017, 1359쪽.

4　　'사회주의 선경'은 사회주의가 완성된 이상향이라 할 수 있다. 북한은 김정은 시대에 가속화된 건설의 성과가 인민의 행복과 함께하는 경관을 사회주의의 이상향, '선경'으로 선전하고 있다.

평양의 어느 하루 ⓒ〈연합〉

　　북한 연구에서 평양의 중요성에 비해 평양에 관한 연구는 그리 많지 않다. 최근 북한
의 도시에 관한 연구가 점차 확대되고 있지만, 평양을 하나의 연구 단위로 상정한 프로젝
트는 매우 적은 상황이다.

　　관련하여 이 연구는 평양에 대한 다층적이고 다차원적인 이해를 통해 '평양학'을 지
향한다는 점에서 그 시작점으로 평양에 관한 토대연구, 즉 1차 자료의 발굴이 선행되어

북한 자료로 본 **평양학개론**

야 한다는 결론에 이르렀다.

지금까지 우리 학계에서 평양에 관한 1차 자료가 단일 프로젝트로 정리된 적은 없었다. 다만 탈북자 조사를 통해 출신 지역에 관한 분석이 부차적으로 이루어져 왔을 뿐이다. 이 연구는 평양학 토대연구 프로젝트로 주요 분야별 1차 자료를 수집하고 정리하는데 초점을 맞춰 진행하였다.

이 연구는 크게 네 부분으로 나누어 토대연구를 진행하였다.

첫째, 남과 북이 어떻게 평양을 이해하고 있는지 남과 북이 다양한 시각과 주제로 만들어낸 평양에 관한 자료를 분석하였다. 둘째, 북한은 정치를 떠나 이해할 수 없는 정치사회이다. 관련하여 평양의 정치를 이해하기 위해 김정은 시대에 진행된 평양 현지지도를 추적하고 평양의 정치·행정 엘리트를 분석하였다. 셋째, 평양의 경제를 이해하기 위해 최근 확산되고 있는 시장과 기업을 중심으로 과거와 현재의 모습을 알아보았다. 마지막으로, 역사의 도시 평양을 이해하기 위해 평양의 역사유적에 관한 1차 자료를 발굴하였다.

이번에 수행된 평양학 토대연구 프로젝트는 평양에 대한 1차 자료를 있는 그대로 발굴하고 전달하는데 1차적인 목적을 두었다. 이 연구는 평양학 토대연구의 첫 번째 파트가 될 것이다.

2. 토대연구 자료 훑어보기

1) 평양에 대한 남북의 시선

남과 북은 각각 평양을 어떤 시각으로 바라보고 탐구해 왔을까? 평양에 대한 남북의 시선은 2장과 3장에서 개괄하였다. 또한, 통계 수치로 나타난 평양의 모습은 9장에 담았다. 남북한을 통틀어 한반도에서 이뤄진 평양 연구의 경향을 짚어볼 수 있다.

2장 '한국이 바라본 평양'은 그동안 우리나라에서 진행된 평양 연구에 관한 관심과 확장의 변천사를 망라했다. 냉전과 데탕트, 탈냉전과 신냉전을 거치며 시기와 주제별로 어떤 연구가 진행돼왔는지 흐름을 한눈에 볼 수 있다. 평양 연구는 관광에 대한 관심에서 시작해 도시계획사와 역사 연구를 거쳐 남북교류와 탈북민을 통한 증언 등을 계기로 도시 자체의 연구로 이어지고 있다.

3장 '북한이 바라본 평양'은 북한 당국이 소개하는 평양을 '역사와 신화의 도시', '수령이 은거하는 사회주의 선경', '평양정신과 평양 사람' 등으로 나눠 살펴본다. 단군 전설과 대동강 문화가 평양에 어떻게 새겨졌는지, 한국전쟁 이후 수도 평양의 건설과 상징공간은 어떻게 전개돼왔는지, 평양 사람이 갖춰야 하는 수도 시민의 정신과 '평양속도' 등의 의미를 북한의 1차 자료로 파악해 본다.

9장 '통계로 본 평양'은 수치화된 자료들로 평양을 이해하려는 시도이다. 북한은 외부에 공개된 공식적인 통계자료가 별로 없지만, '1946-60년 인민경제발전통계집'에서는 한국전쟁 이후 평양 경제 상황의 윤곽이 드러난다. 1998년 '유엔개발계획 통계'에서는 '고난의 행군' 시기 평양을, 2000년대 국제기구 자료들을 통해서는 인구와 어린이 영양실태 등 평양에 대한 퍼즐 조각들을 하나씩 맞춰볼 수 있다.

2) 평양의 정치, 김정은 현지지도와 엘리트

두 번째로, 정치의 현장인 평양에서 북한을 움직이고 권력을 행사하는 지배집단, 즉 최고지도자와 엘리트는 4장과 5장에서 살펴보았다. 특히 최근 김정은 시기를 중심으로 한 북한의 현재 정치 구조와 풍경에 초점을 맞췄다.

4장 '평양의 현지지도'는 북한 최고지도자 김정은의 통치 활동을 평양에서의 '현지지도'를 통해 살펴본다. 김정은의 평양 현지지도에 대한 북한 매체의 기사 목록을 제시하고, 집권 시기를 3개로 나누어 현지지도의 대상과 목적, 부문 등을 그래프로 비교한다. 건설과 개건 현장을 중심으로 이뤄지는 지도자의 동선이 평양의 풍경을 어떻게 바꾸고 있으며, 무엇을 전달하고 있는지 따라가 본다.

5장 '평양의 정치·행정 엘리트'에서는 평양을 움직이는 사람들과 이들이 속한 조직 및 기관 정보를 모았다. '북한'의 정치·행정 주요 기관과 엘리트를 소개하기보다는 '평양'을 운영하는 당黨과 정政의 기관과 인물을 일괄하여 보여줌으로써 평양에 집중했다. 평양 시당, 평양시 인민위원회, 내각과 중앙은행의 평양 관련 산하 조직과 인물, 최고인민회의 대의원 등을 통해 정치권력 구조의 핵심을 파악할 수 있다.

3) 시장과 기업으로 보는 평양의 경제

세 번째로, 평양의 경제를 파악하기 위해 시장과 기업에 대한 자료를 취합하여 6장과 7장에서 소개한다. 시장과 기업은 경제가 움직이는 실질적인 단위로서 평양의 구체적인 모습을 보여준다.

6장 '평양의 시장'에서는 북한이 직접 보여주지 않는 평양의 시장 정보를 살펴보기 위해 '위성 사진'을 1차 자료로 활용했다. 김정은 시기 평양의 공식 시장을 소개하고 대표적인 시장의 시기별 변화 모습과 특징을 파악했다. 또한 북한이 선전에 공을 들이고 있는 평양의 백화점을 살펴보며 북한 주민의 경제생활을 짚어본다. 평양의 시장과 백화점은 현재 북한의 시장화를 보여주는 의미가 있다.

7장 '평양의 기업'은 북한의 경제 중심지인 평양에서의 기업과 산업 현황을 살펴본다. 섬유의류 산업을 대표로 하는 경공업과 전기전자 등 중화학공업이 고르게 발달한 종합 공업지대로서 평양은 명실상부 산업의 중심지라는 점을 목록을 통해 알 수 있다. 또한 지역별 기업 분포와 산업 동향을 분석해 평양이 북한의 경제를 이끌어갈 공간이 되는데 필요한 몇 가지 변화의 지점들을 제시한다.

4) 역사유적으로 살펴보는 평양 문화

마지막으로, 북한의 '민족유산'에 대한 이해를 돕기 위해 평양의 역사유적을 살펴보았다. 문화를 다루는 8장 '평양의 역사유적'에서는 고구려와 고려, 조선 시대를 거치며 내려오고 있는 평양의 역사유적 현황을 북한에서 발간한 보고서와 도감, 논문과 개관서, 우표 목록 등 다양한 자료들을 취합해 정리했다. 특히 평양의 역사유적 가운데 국보급과 준국보급 유적을 유형별, 지역별, 시대별로 분류해 놓았다. 대표적인 역사유적인 평양성, 보통문, 대성산성, 부벽루, 을밀대는 자세한 설명을 덧붙였다.

3. 평양으로의 산책을 시작하며

이 책은 여느 북한 연구가 겪어왔던 한계를 공유하고 있다. 우리는 평양의 거리를 거닐며 평양시민들을 만나 이야기를 나눌 수 없다. 다만 이 연구는 토대연구로서 북한 자료에 집중하고 있다. 북한 문헌과 매체를 비롯해 국제기구의 자료로부터 지도, 위성 사진, 선행 연구 등을 평양학의 토대연구 자료로 다양하게 활용하고 조합하여 평양에 대한 좀 더 깊은 관심과 이해를 돕고자 하였다.

북한에서 만들어진 자료를 중심으로 평양을 본다는 것은 그 자체로 한계를 가지지만 우리가 그 사실을 '인지'하고 본다면 또 다른 이해를 가능케 한다. 북한의 권력자, 그리고 분야별 전문가들이 평양을 어떻게 형상화하고 어떤 모습으로 외부인에게 보여주고 싶었는지 이해할 수 있기 때문이다.

북한에서 만들어진 평양에 관한 자료들은 모두 조선노동당의 통제하에 생산된다. 다만 '그럼에도 불구하고' 이 자료들이 갖는 성격에 따라 감추지 못하는, 있는 그대로의 평양 또한 발견할 수 있다. 이 연구는 분야별로 북한 자료에 나타난 평양을 가능하면 북한 자료의 내용 그대로 전달하려 노력했다. 평양에 대한 1차 자료를 필자들이 자의적으로 해석하기보다는 가능하면 자료의 내용을 충실히 전달하고 연구자로서의 의견을 부연하는 방식을 취했다. 그 것이 이 책의 목적과 특징을 최대한 살리는 방법이라 믿었기 때문이다.

이제 뿌연 안개 속 미지의 도시처럼 아른한 평양을 만나러 갈 시간이다. 조금은 낯설지만 평양 연구의 토대를 다진다는 마음으로 함께 평양으로의 산책을 시작해 보자.

Ⅱ.

한국이 바라본
평양

김태윤

이 글은 저자의 「'평양' 연구의 과거와 현재 -평양 연구의 동향과 제언-」
『역사문화연구』 제87집(2023)을 수정한 글이다.

2018아시안게임 개막식에서 남북공동입장 ⓒ〈연합〉

Ⅱ.
한국이 바라본
평양

1. '평양'은 어떻게 연구되어 왔는가?

혼히 도시를 가르켜 "근대성의 산실이자 임상실험실이며 도서관"[1]이라는 표현을 한다. 그만큼 도시의 개발과 경관의 조성은 당대의 과학과 기술의 발전상을 투영하는 매개체라고도 할 수 있을 것이다. 도시 중에서도 국가의 수도인 도시의 계획과정은 이러한 현상을 더욱 극적으로 볼 수 있는 사례이다.

한국에서는 서울이 그러하듯 북한에서는 평양이 수도로서 많은 매체에 노출되고 있으며 평양에 대한 관심은 북한의 다른 여타 도시와는 확연한 차이를 보이고 있다. 그렇다면 평양에 대한 연구자들의 관심은 언제부터 시작되고 그 관심이 어떻게 발현되고 확

---

[1]   도시사연구회 편, 『공간 속의 시간』, 서울: 심산, 2007, 249쪽.

장되었는지에 대한 궁금증이 생긴다.

　이러한 궁금증에 대한 답을 하기 위해 이 글은 1970년대 이후 한국에서 이루어진 평양에 대한 연구들을 망라하여 회고하고 그 특징들을 분석하고자 한다. 이를 위해 1970년대부터 2022년까지의 평양과 관련된 학위논문, 국내일반학술지논문, 국내전문학술지, 단행본, 보고서 등을 총망라하여 조사하고 주제별, 시기별, 연구대상별로 한국에서 이루어진 평양 연구의 동향을 조명하고자 한다.

　우선 분석 대상은 1970년에서 2022년까지 한국에서 출간된 연구성과물 중 '평양'을 연구대상으로 한 성과물을 분석 대상으로 하였다. 1970년대를 연구의 기점으로 삼은 이유는 1970년대 이전의 경우 이데올로기적 시각으로 작성된 연구들이 다수이며 수량적으로도 적고 주로 일본에서 이루어진 연구가 한국에 소개된 경우가 많았기 때문이다. 반면 1970년 대의 경우 소련 및 동유럽 국가들이 변화하기 시작하여 사회주의 연구가 태동하던 시기였으며 1972년 7 · 4 남북공동성명이 발표되는 등 남북 화해무드가 조성되었던 시기였다. 이로인해 북한에 대하여 '바로알기'의 연구들이 진행되기 시작하였기 때문에 본 연구시기에 포함시켰다.

　분석 대상 연구의 분류는 먼저 단행본의 경우 평양 이외의 북한도시를 다룬 연구일지라도 평양에 대한 내용이 1챕터 이상으로 구성되어있다면 연구대상에 포함시켰다. 두 번째로 학위논문 · 국내전문학술지(KCI) 이외에도 국내일반학술지도 분석에 포함하였으며, 르포 · 회고 형태의 글도 연구대상으로 삼았다.

　다만, 본 연구에서는 평양을 분석 대상으로 삼았으나 내용이 매우 소략한 경우나, 북한의 타 도시와 비교예시가 된 경우 등은 분석 대상에서 제외하였다. 또한 석사학위논문이 학술지에 투고된 경우나 박사학위논문이 단행본으로 출간된 경우에는 1개의 연구로 계산하였다. 키워드는 '평양', '평양 도시', '평양 도시계획', '북한 수도'로 학술연구정보서비스(http://www.riss.kr)에 검색하였다.

　마지막으로 평양 연구에서 대상이 되는 시기는 근현대로 축소하였다. 연구주제는 근대도시계획이 도입된 이후 평양의 도시계획, 경관, 사회, 경제, 문화, 종교, 교육 등을 분석한 연구에 한정하였다. 고대시기와 고려, 조선시대를 포함하지 않은 이유는 먼저 고려와 조선시대 연구 중에도 평양의 위상을 조명한 연구들이 다수 존재하기 때문에 분석 시기가 너무 광범해지기 때문이다. 두 번째는 전근대시기 평양의 경우 위상과 도시 구성적인 면에서 현재 도시와의 큰 차이가 있기 때문에 근대도시계획이 적용된 이후의 평양을 고찰한 논문을 분석 대상으로 설정하였다.

분석 방법은 크게 ①연구주제와 ②연구 시기로 구분하였다. ①연구주제는 내용에 따라 도시 · 건축 / 문학예술 / 기독교 / 상업 / 노동 · 민족운동 / 관광 / 교육 으로 구분하였고 ②연구 시기의 경우 간행년도별 분석과 함께 연구대상 시기(근대 / 현대 / 김정은정권기 등)으로 구분하여 살펴보았다. 1970년대~2022년까지 앞선 기준으로 분류한 평양 연구는 총 245건으로 이중 단행본 연구는 13권이며 학위논문이 13건 학술지 논문이 219건으로 조사되었다.

〈그래프 2-1〉 1970~2022년 년도별 평양 연구 수량

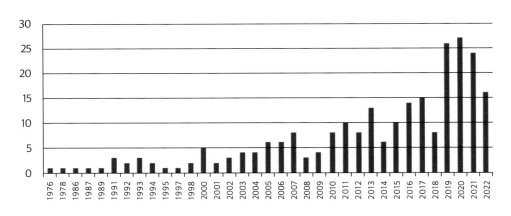

위의 데이터를 기반으로 이 글은 먼저 1970~1990년대, 2000~2010년, 2010~2022년까지 한국에서 이루어진 평양 연구의 수량적 검토를 통해 시기별 연구 동향을 고찰하고

자 한다. 그 이후 각 연구들의 주제와 분야별로 분포와 특징 구성 등을 복합적으로 조명하여 평양연구의 특수성과 의미를 밝히려 한다.

이를 통해 본 연구는 평양 연구의 연구방법론과 그동안의 평양 연구를 계량하여 시계열적으로 북한 연구의 경향이 어떻게 변화해 왔는지, 어떻게 확장되어왔는지 살펴본다. 한국의 북한 연구를 평양이라는 프리즘을 통해 살펴보면서 북한 연구 경향의 변화와 비전을 함께 도출할 수 있을 것이라 기대한다.

2. 평양 연구의 시작과 성장, 확대

1) 연구의 시작: 1970~1990년대

우선 1970~1999년의 평양 연구를 수량적으로 살펴보면 1970년대~1980년대 초에는 많은 연구가 축적되지 못한 상황이었다.

정권별로 살펴보면 박정희~전두환 대통령 시기 한반도는 냉전질서가 오히려 강화되어 한국과 북한의 상호교류는 이루어지지 않았으며, 북한에 대해서 알아가고자 하는 연

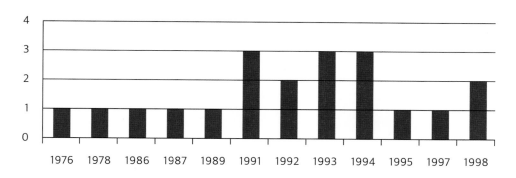

〈그래프 2-2〉 1970~1999년 평양 연구 분포 현황

구 경향 또한 나타나지 않고 있었다. 때문에 북한의 정부수립 이전 연구라고 할지라도 당시 북한의 수도였던 평양을 직접적으로 연구할 수 없는 분위기였으며 사실상 연구의 필요성을 느끼지 못하던 상황이었다.

이러한 분위기는 1980년대 말을 기점으로 변화하게 되는데, 노태우 정부의 '북방정책'과 더불어 적대적 대상이었던 북한을 화해 협력, 공존의 대상으로 전환하였기 때문이다. 이는 1988년 '민족자존과 통일번영을 위한 특별선언(7·7선언)'을 통해 현실화 되었고 '북한바로알기운동'으로 발전하면서 북한 연구의 새로운 흐름으로 연결되었다.[2] 이와 더불어 1989년에는 현재 국립중앙도서관에 있는 통일부 북한자료센터가 개설되어 그동안 엄격하게 제한되었던 북한 자료가 대중에게 개방되었다.

북한 자료의 개방과 북한 연구의 양적·질적 증가는 평양 연구로 이어지게 되었고, 그 시작은 평양을 단독으로 소개한 연재 글이 1991년에 간행된 3편의 글이라고 할 수 있다. 이 연구들은 「미리 가보는 북한관광」이라는 주제로 14회 연재된 글이며 평양은 1~3회에서 다루고 있다. '관광'이라는 단어를 통해 북한을 바라보는 시선이 유연해졌음을 확인할 수 있으며, 주로 평양의 상업시설, 식당, 문화 등을 소개하고 있다.

1992년에는 수량적으로는 적지만 「北韓의 國土 및 都市計劃 研究」라는 연구를 통해 북한의 도시계획과 국토계획이 어떻게 이루어졌는지 본격적으로 탐구하는 연구가 발표되었다. 북한의 도시계획을 언급하는 과정에서 평양은 빼놓을 수 없는 연구대상이었고, 이때부터 평양의 도시계획사가 본격적으로 조명되기 시작하였다. 1993년 이후에도 도시학·건축학분야에서 평양과 평양의 건축물을 분석하려는 시도는 꾸준히 이어졌다. 특히 1990년대 초부터 이루어진 탈북민들의 증언과 연구들이 미지의 영역이었던 평양의 도시경관과 건축을 보다 현실적으로 분석할 수 있는 양분으로 작용하였다.

1970년대부터 1990년대까지 정치·사회적 이슈에 기복 없이 평양을 연구해온 학문

---

2   고유환, 「북한연구방법론의 쟁점과 과제」, 『통일과 평화』 제11권 1호, 2019, 6~7쪽.

분야는 역사분야였다. 평양은 고대시기부터 고조선, 고구려의 중요도시였으며 고려와 조선, 일제시기까지 한양, 경성, 서울에 버금가는 부도副都의 기능을 해온 도시였다. 때문에 근대도시 평양에서의 교육사, 사회사, 경제사 등이 연구 대상이 되었다. 다만 역사연구에서는 평양을 공간적 배경으로 두었기 때문에 평양이라는 도시를 주된 분석대상에 포함시키지는 않았다.

2) 평화무드와 연구의 성장: 2000~2010년대

2000년대에 들어서면 김대중~노무현 정부의 대북화해협력기조에 따라 한국과 북한 연구자들이 직·간접적으로 교류함으로써 자료와 연구들이 공유되었다. 2000년대의 연구가 수량적으로 증가할 수밖에 없던 여러 가지 요인들이 있다.

첫 번째로 2007년이 평양대부흥운동 100주년이 된 해이기 때문이다. 총 53건의 분석 대상 논문 중에 15건의 논문이 평양대부흥과 관련된 논문이었으며 특히 2006년~2007년

〈그래프 2-3〉 2000~2010년 평양 연구 분포 현황

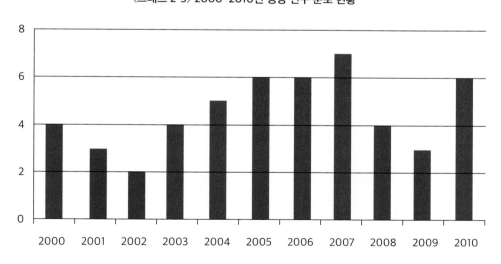

에 8편이 분포되어있다.

두 번째 요인은 2000년대에 있었던 2차례의 남북정상회담이다. 2000년 6월 13일~15일에 이루어진 김대중 대통령 시기의 정상회담과 2007년 10월 2일~4일에 이루어진 노무현 대통령 시기의 정상회담은 전 학문 분야에 걸쳐 북한 연구의 2번째 전환이 되는 시기였다고 할 수 있다. 그중에서도 노무현 정부 시기에는 남북역사학자협의회가 조성되어 한국학자들의 북한 방문 기회가 늘어났다.[3]

이러한 당시 남북학계의 무드는 자연스럽게 북한 도시 중에서도 공동으로 연구가 가능하며 상대적으로 현대사에서는 거리가 있는 고려 시대의 수도였던 개성연구로 집중되었다. 이시기 개성연구가 활발해지면서 평양에 대한 학계의 관심도 지속적으로 확대되고 분야도 다양해져서 2000년대는 문학, 역사, 도시, 환경, 관광, 상업 등의 연구가 이루어졌고 2000년 이전보다 입체적인 분석을 시도할 수 있게 되었다.

3) 연구의 다각적 확장: 2011~2022년

앞서 살펴본 바와 같이 2000년대 초반 조성된 남북화해의 시류는 북한도시와 평양에 대한 학문적 관심과 연구로 도출되었다. 이러한 연구적 토대는 2010년 이후 개인적 연구와 관심에서 나아가 대학과 국가기관, 연구소 단위의 연구로 발전하게 되었다. 2010년부터 이어진 이명박 정부의 대북제재조치, 박근혜 정부의 개성공단 폐쇄 등으로 인해 2010년대 초반 남북관계는 경색국면에 들어섰지만, 문재인 정부시기 다시금 화해무드로 들어서는 계기를 만들었다.

본 연구대상 논문인 253편의 논문 중 181편(72%)이 2011~2022년 사이에 출간되었는

---

3   전봉희·허유진, 「북한 도시와 건축에 대한 관심과 연구 성과」, 『한국건축역사학회 추계학술대회 발표논문집』, 2017.

데 이를 추동한 원인은 3가지 정도로 요약될 수 있다. 첫 번째 이유는 '북한도시'연구가 북한 연구의 한 분야사로 자리매김했다는 점이다. 2000년대 이후 정치, 경제, 군사에 집중했던 기존 북한 연구 경향에서 벗어나 새로운 연구 방법 도입하자는 움직임이 있었고, 그 과정에서 '공간'에 주목하기 시작하였다.[4]

이 시기 시작된 북한 도시연구는 주로 신의주, 혜산, 청진,[5] 함흥, 평성[6] 등 북한의 지방 도시들을 대상으로 이루어졌다. 이들 연구는 북한 도시사 분석의 특수성과 가능성을

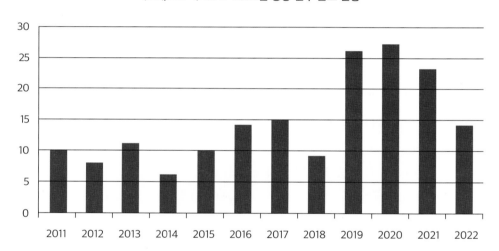

〈그래프 2-4〉 2011~2022년 평양 연구 분포 현황

---

4   북한도시연구팀 편, 『사회주의 도시와 북한: 도시사연구방법』, 파주: 한울, 2013, 10쪽.
5   경남대학교 극동문제연구소, 『북한 도시의 형성과 발전: 청진, 신의주, 혜산』, 파주: 한울, 2004; 경남대학교 극동문제연구소, 『북한 도시의 위기와 변화: 1990년대 청진, 신의주, 혜산』, 파주: 한울, 2006; 경남대학교 극동문제연구소, 『북한 '도시정치'의 발전과 체제 변화: 2000년대 청진, 신의주, 혜산』, 파주: 한울, 2007.
6   북한도시사연구팀 편, 『북한도시 함흥・평성 자료해제집』, 파주: 한울, 2013; 북한도시사연구팀 편, 『함흥과 평성: 공간・일상・정치의 도시사』, 파주: 한울, 2014; 북한도시사연구팀 편, 『북한도시 함흥・평성 자료해제집. 2』, 파주: 한울, 2014.

제시한 결과물로 자료 확보와 답사가 불가능한 상황에서 새로운 연구방법을 제시하고[7], '북한도시학'이라는 분야를 개척한 연구였다고 할 수 있다. 이때까지만 해도 평양에 대한 도시학적 분석은 이루어지지 않았지만 평양 연구에 기초가 될 수 있는 여러 연구 방법이 정착되었다.

두 번째로 북한 도시·평양 연구가 장기적으로 지속적으로 가능한 연구적 기반이 마련된 것이다. 2002년 경남대학교 극동문제연구소가 청진, 신의주, 혜산의 북한도시 연구를 시작한 것에 이어 2011년부터 2014년까지 동국대학교 북한도시사연구팀이 함흥과 평성을 연구하면서 대학과 연구소 단위에서는 집단연구가 시작되었다. 그동안 단독연구로 진행되어오던 도시연구가 장기적으로 집단적으로 연구되면서 그 체계성을 더욱 갖추게 되었다.

문재인 정부시기 남북교류가 다시금 시작되자 2017년부터 평양 연구가 본격적으로 시작되었다. 2017년 서울도시건축 비엔날레의 일환으로 '평양살림 심포지엄'이 개최되면서 여러 층위에서 평양에 대한 분석을 시작하였다. 이후 통일연구원에서도 2018년 북한도시포럼을 통해 평양 및 북한 대도시에 대한 각 학문분야 연구자들의 교류가 이루어지게 되었다. 2021년에는 숭실대학교 평화통일연구원 북한도시연구단이 발족하였고, 2022년에는 서울시립대학교 서울학연구소 평양학연구센터가 개설되어 '평양학'연구에 박차를 가하고 있다.

세 번째로 2018년 '남북정상회담'이 중요한 요인으로 작용하였다. 2018년 3차례의 남북정상회담을 중계하는 과정에서 많은 대중매체가 평양의 현재모습을 다루었고, [남북평화 협력기원 남측예술단 평양공연과 특별수행단의 후기를 통해 그동안 대중에게 알려지지 않았던 평양의 변화된 모습을 확인할 수 있었다. 평양에 대한 대중의 관심만큼이나 연구자들 사이에서도 평양의 도시개발에 관한 연구가 2018년을 기점으로 폭발적으로

---

7   북한도시연구팀 편, 『사회주의 도시와 북한: 도시사연구방법』, 파주: 한울, 2013.

증가하였다.

연구자들의 관심은 김정은의 도시개발 기조와도 연결되어있다. 집권초기부터 도시건설·계획·개발을 중점사업으로 둔 김정은은 2015년 미래과학자거리, 2017년 려명거리를 준공하면서 이전과는 다른 평양의 도시경관과 스카이라인을 완성했다. 이전에는 없던 도시개발을 만들어나가고 있는 김정은의 정책은 각 학문 분야 연구자들의 분석 대상이 되었다.

3. 평양을 바라보는 다양한 해석과 관점들

평양을 주제로 한 연구는 문학, 과학, 역사학, 정치학, 경제학, 북한학, 건축학, 도시학을 불문하고 다양한 방면에서 이루어져 왔다. 앞서 살펴본 바와 같이 시기별로 연구에 수량적 차이가 나타나는데, 이러한 양적 차이는 평양을 다루는 주제와도 밀접한 연관성이 있다. 본 분석에서는 개항, 건축, 관광, 교육, 기독교, 도시, 문학, 민족운동, 기타(박물관, 불교, 회고, 기생)로 구분하였다. 학문별로 구분하고자 하였으나, 학제간 연구가 많은 도시연구의 특성상 주제별로 살펴보는 것이 효과적이라고 판단하였다.

〈그래프 2-5〉 주제별 평양 연구 분포 현황

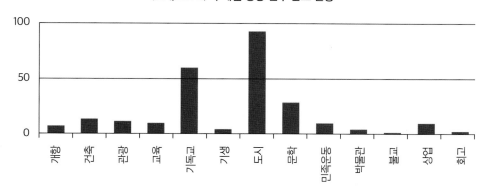

1) 건축 · 도시 · 관광: 평양은 어떤 곳인가?

먼저 가장 많은 수량을 차지하고 있는 주제인 도시연구를 살펴보면 김현수의 1994년
도 연구를 기점으로 시작되었다고 할 수 있다. 전거한 바와 같이 2010년 이전까지만 해
도 평양 연구는 이념적 문제와 더불어 실증이 불가능한 공간연구라는 이유로 연구가 이
루어지지 못했으며 주제면에서도 주목받지 못했다.

이러한 상황에서도 도시학 · 건축학 1세대 연구자들이 북한도시와 평양을 연구하기
위한 움직임을 보였는데, 대표적인 연구자가 김현수와 김원이다. 이들의 북한 도시 연구
방법은 주로 유럽, 미국, 사회주의 국가 등의 도시사 연구 성과를 북한 연구에 적용하는
방식이었다.[8]

〈표 2-1〉 1992년~2010년 '도시'분야 평양 연구 목록

저자	논문명	간행년	연구종류	분류
주종원, 김현수, 유영욱	北韓의 國土 및 都市計劃 硏究	1992	학술지논문	도시
이정재	사회의 경제구조와 경관: 서울과 평양의 도시경관 비교	1993	학술지논문	도시
김현수	북한의 도시계획에 관한 연구	1994	학위논문	도시
안철호, 김종인, 외	Landsat 영상을 이용한 평양 도시지역 분포분석	1998	학술지논문	도시
김상욱, 박종화	북한 도시지역의 산림파편화 변화조사	2001	학술지논문	도시

---

8   북한도시연구팀 편, 『사회주의 도시와 북한: 도시사연구방법』, 파주: 한울, 2013, 6쪽.

김영재	해방이후, 서울과 평양의 도심공간구조와 그 특성에 관한 비교연구	2001	학술지논문	도시
최석영	일제 강점기 박물관의 전시 성격:개성·평양부립박물관을 중심으로	2001	학술지논문	도시
이주철	[특집]선택받은 도시, 평양과 평양사람들	2003	학술지논문	도시
김원	사회주의 도시계획	2004	단행본	도시
장세훈	한국전쟁과 남북한의 도시화	2005	학술지논문	도시
진상현, 김정욱	북한의 지역별 대기오염 현황에 관한 연구: 도시, 농촌, 공업 지역을 중심으로	2005	학술지논문	도시
박선영	남북 정상회담 열리는 평양의 도심 모습 - 계획하에 세워진 북한 최고의 특권 도시 정치·경제·문화 상징물 집중	2007	학술지논문	도시
유경호	平壤의 都市發達과 地域構造의 變化	2007	학위논문	도시
이승일 외	북한의 도시 및 지역개발	2009	단행본	도시

〈표 2-1〉의 연구들을 살펴보면 대부분의 연구가 '평양'에 집중되기보다는 북한 전체 도시를 분석하는 형식으로 연구가 이루어졌음을 알 수 있다. 이러한 현상은 북한자료에 대한 접근이 어려웠던 시기 북한의 도시 계획에 영향을 준 것으로 평가되는 소련을 중심으로 한 사회주의 도시 계획에 대한 접근을 통해 북한 도시를 연구했다는 공통점이 있기 때문이다.

평양의 도시분야 연구는 현재 이 글의 분석대상 243편의 연구 중 92편(38%)을 차지하고 있다. 즉 가장 활발하게 연구가 진행 중이며 많은 연구가 축적되었다는 것을 알 수 있다. 이는 북한도시와 평양 연구에 대한 문제의식을 가진 1세대 연구자들이 1990년대부터 자료를 축적하고 연구방법을 개발했던 것이 그 기초가 되었을 것이다.

도시분야에서 공통적으로 나타나는 특징 중 하나는 남북한 도시를 비교연구적 시각에서 분석한 연구가 많다는 점이다.

<표 2-2> '도시' 분야 연구 중 남북비교 연구목록

저자	논문명	간행년	연구종류	분류
김민아, 이태호, 반영운	공간구문론을 이용한 서울과 평양의 도시공간구조 변화 특성 분석	2012	학술지논문	도시
김민아, 정인하	조선후기 이후 평양의 도시형태 변천에 관한 연구	2013	학술지논문	도시
김현수	통일과 북한도시의 변화	2014	학술지논문	도시
김성원	평양의 공간구조 변화와 통일 후 과제에 관한 연구	2017	학위논문	도시
장세훈	냉전, 분단 그리고 도시화: 남북한 도시화의 비교와 전망	2017	단행본	도시
최은희	2000년대 이후 평양 등 대도시 주택건설 경향과 통일 전후 법정책적 과제	2017	학술지논문	도시
민경태	서울 평양 스마트시티: 도시 네트워크로 연결되는 한반도 경제통합의 길	2018	단행본	도시
김민정, 김시곤, 진상규	서울-평양 경제권 형성을 위한 철도 중심의 교통 인프라 구축에 관한 연구	2019	학위논문	도시
문인철	북한 경제개발구를 활용한 서울시 대북 경제협력 방향	2019	학술지논문	도시
민경태	"서울-평양 스마트시티와 DMZ 국제평화지대 구상의 실현 가능성 모색	2019	학술지논문	도시
오혜윤	서울, 평양 두 도시의 일상 속 그래픽을 통한 시각문화 아이덴티티 연구	2019	학위논문	도시
이수현, 변기동	공간구문론을 이용한 서울과 평양의 도시구조 분석	2019	학술지논문	도시
김장한	남북 건축공사비 연구: 평양 려명거리 사업 건설조립액을 중심으로	2021	학술지논문	도시

　　대표적인 연구로는 도시사회학자인 장세훈(2017)의 연구를 꼽을 수 있다. 600쪽이 넘는 분량의 단행본을 통해 한반도 도시의 냉전화와 서울과 평양의 도시적 특징·비교를

통해 분단도시화·냉전도시화라는 개념을 이론화하였다.[9] 이후 남북한 비교연구, 서울과의 네트워크 연구 등은 2018년 남북정상회담 이후 넓은 범주에서의 '통일'을 염두에 둔 문제의식을 기반으로 이루어졌다. 2019년에 연구의 대부분이 집중된 이유는 2018년 다방면에서 이루어진 평양에 대한 소개 및 분석이 바탕이 되었던 것이다.

이러한 특징은 김정은 시기 평양을 조명한 연구의 수량이 많다는 점을 통해서도 확인할 수 있다. 앞서 시기별 분석에서 언급한 바와 같이 2018년 남북정상회담과 김정은의 도시개발 정책이 평양 연구에 확장을 야기하였고 이를 통해 도시개발, 도시경관, 도시사회, 도시 계획 등을 주제로 많은 평양 연구들이 축적되었다.

특히 2011년 이후 김정은 정권이 도시개발정책을 추진하기 시작하면서 평양에 신도시들이 건설되자 한국 학계에서도 개발 전과 후, 개발의 효과 등을 살펴보기 시작하였다. 건축학에서는 조선시대에서 일제시기까지 이어지는 평양의 도시구조를 분석하였으며(김민하) 북한연구소에서는 매호 저널 『북한』 통해 평양 도시에 대한 소개와 더불어 신도시 건설의 한계를 살펴보는 글을 발표했다. 이와 같은 동향은 평양을 도시학적 관점으로 고찰한 연구들에서도 나타나는 것으로 김정은 시기의 도시건설에 대한 분석 및 평가가 주를 이루고 있다.

연구 분야에는 차이가 있으나 김정은 시기에 집중한 연구는 다양한데, 북한도시의 기능과 도시건설 과정을 추적하면서 평양의 도시건설이 관광화·상품화 되어가고 있음을 살펴본 연구(박희진)와, 남북경협 형태의 도시네트워크가 아닌 첨단 스마트시티로서의 서울과 평양, 남북한도시네트워크의 미래를 구상한 연구(민경태), 경제학적 시각으로 현재의 평양을 분석하거나 시장화를 통한 도시의 변화를 살펴본 연구(이시효, 곽인옥, 문인철, 김미숙, 김민정, 김시곤, 진상규), 도시가 가진 이념·상징·인식을 통해 평양의 로컬리티를 조명한 연구(김성경, 정일영, 허선혜), 김정은 시기의 주거문화와 도시경관을 분석한 연구(최봉대, 박소혜, 이종겸, 정현주, 이지순)

---

9   김백영, 「도시사회학자의 눈으로 본 한반도 분단」, 『경제와사회』 제122호, 2019.

등이 있다.

이러한 '도시' 분야 연구의 특징은 건축과 관광연구에서도 나타나는데, 특히 건축분야에서 임동우의 연구(2011)는 건축학계는 물론이고 타 학문 분야에서도 많은 관심을 받았다. 한국사회가 편향된 관점으로 평양을 바라보고 있음을 비판하면서 기존의 연구들이 사회주의 도시를 이론이나 이념적 차원에서 분석하였다면, 임동우는 물리적으로 형성되어있는 공간과 환경을 분석하여 실증도가 높은 연구를 진행하였다. 건축분야 연구는 주로 도시에 건설되어있는 평양의 건축물을 분석하는 방법으로 진행되어왔다. 이 외에도 평양에 건설된 건축물들과 도시 계획, 도시계획기구와 건축가들을 역사학적 방법론으로 추적하여 실증한 연구(안창모, 박동민, 김태윤) 등이 있다.

2) 교육 · 기독교 · 민족운동: '동방의 예루살렘'과 '숭실 · 숭의'

교육 · 기독교 · 민족운동을 한 키워드로 분석하는 이유는 각 키워드가 '숭실학교'와 연관성을 가지기 때문이다. 근대시기를 다룬 연구들이기 때문에 대부분 역사학적 방법론을 기반으로 분석이 진행되었으며 근대화와 관련된 민족주의에 대한 연구가 중심이 되어 확대되었다. 이데올로기적으로 비교적 자유로운 민족주의와 종교가 연구주제였기 때문에 1980년대부터 연구가 꾸준히 축적되어왔다는 특징이 있다.

'동방의 예루살렘'이라는 수식어가 있었던 평양은 구한말부터 여러 선교사들과 기독교 단체의 활동이 있었다. 그만큼 기독교와 관련된 연구가 상당히 많고, 선교사들의 활동이나 선교사들에 의해 세워진 학교에 대한 연구, 신사참배 거부 운동 등의 주제가 기독교 분야 연구에 해당한다.

특히 교육 · 기독교 · 민족운동 연구 중 가장 많은 수량을 차지하는 주제는 '평양대부흥'과 관련된 논문이다. 총 77편의 논문 가운데 17편(22%)이 평양대부흥과 관련된 연구였다.

<표 2-3> 평양대부흥 관련 연구목록

저자	논문명	간행년	분류
이병수	1907년 평양대부흥운동의 요인 규명	2003	기독교 (평양대부흥)
박용규	한국교회와 민족을 살린 평양대부흥 이야기	2005	기독교 (평양대부흥)
김수태	1930년대 천주교 평양교구의 문서선교: 『가톨릭연구』·『가톨릭조선』을 중심으로	2006	기독교 (평양대부흥)
옥성득	평양 대부흥운동과 길선주 영성의 도교적 영향	2006	기독교 (평양대부흥)
황재범	한국 개신교의 1907년 평양대부흥운동에 대한 다양한 해석들의 비교연구	2006	기독교 (평양대부흥)
김수태	1930년대 메리놀 외방전교회의 선교활동	2007	기독교 (평양대부흥)
김태균	1907년 평양대부흥운동의 발흥과 성격	2007	기독교 (평양대부흥)
이덕주	한국교회 초기 부흥운동과 여성 - 1903년 원산 부흥운동과 1907년 평양 부흥운동을 중심으로	2007	기독교 (평양대부흥)
이만열	1907년 평양 대부흥운동에 대한 몇 가지 검토	2007	기독교 (평양대부흥)
최영실	'1907년 평양대부흥운동'에 대한 비판적 고찰 - 회개 · 영성 · 부흥의 문제를 중심하여	2007	기독교 (평양대부흥)
강종권	평양부흥운동의 집행행동으로서의 상징성 연구	2010	기독교 (평양대부흥)
김미숙	평양대부흥운동의 역사와 한국교회 부흥의 방법론 연구	2010	기독교 (평양대부흥)
김칠성	평양대부흥에 대한 재고	2019	기독교 (평양대부흥)
이시효	평양대부흥운동 사회변혁 동력의 지속성 약화 원인에 관한 도시사회학적 연구	2019	기독교 (평양대부흥)

이시효	평양대부흥운동 사회변혁 동력의 지속성 약화원인에 관한 도시사회학적 연구	2019	기독교 (평양대부흥)
고　훈	종교에 대한 인식과정, 비판적 성찰, 그리고 새로운 서술의 방향모색: 1907년 평양부흥회의 종교 서술을 중심으로	2020	기독교 (평양대부흥)
고　훈	평양대부흥의 발명과 해석적 허구에 대한 답변	2020	기독교 (평양대부흥)

특히 100주년을 전후한 2016년과 2017년에 많은 연구들이 집중되어있었다. 이와 더불어 기독교 관련 연구들 중에는 숭실대학교를 세운 윌리엄 베어드William Baird와 숭의여학교를 세운 윌리엄 베어드의 부인인 애니 베어드Annie Laurie Adams Baird, 아더베커Arthur Lynn Becker 등 선교사들의 삶과 조선에서의 선교활동을 살펴보거나(한규무, 안종철, 김명배, 성신형, 박보경, 오순방 이철, 허순우 등) 평양에서 이루어진 신사참배 거부운동 등을 분석한 연구(안종철, 김승태, 김수태)등이 있었다.

교육·기독교·민족운동 분야 연구 중 2번째로 많은 수량을 차지하는 연구는 평양에 개교했던 숭실학교에 대한 연구이다. 77편의 논문 중 14편(18%)이 숭실학교에 관련된 연구인데, 앞서 언급한 바와 같이 윌리엄 베어드 부부가 설립했으며 아내인 애니베어드가 설립한 숭의여학교 연구도 분석에 포함하였다.

숭실과 숭의학교는 국내에서 7번째로 오래된 역사를 가지고 있는 대학으로 민족운동에도 앞장섰으며 조만식, 한경직, 안익태 등의 인물을 배출한 민족대학이었다.

〈표 2-4〉 평양 숭실학교 관련 연구목록

저자	논문명	간행년	분류
유영렬	한국 최초 근대대학의 설립과 민족적 성격	1997	기독교(숭실)
성신형	윌리엄 베어드의 교육선교에 대한 연구	2016	기독교(숭실)
박규환	식민지 지식인의 굴절, 그 뜻과 결: 일제강점기 이훈구의 농촌운동과 숭실	2017	기독교(숭실)

박보경	애니베어드의 삶과 선교사역에 대한 고찰	2017	기독교(숭실)
오순방	미국장로회선교사 윌리엄 뉴튼 블레어(배위량)의 한국선교와 숭실대학	2017	기독교(숭실)
이지하	평양 숭실과 두 명의 솔타우 선교사 - 소일도, 소열도 - 기쁨으로 따른 길, 소일도(D.L. Soltau) 와 소열도(T.S. Soltau) 선교사의 흔적과 표적	2017	기독교(숭실)
김근배	숭실전문의 과학기술자들 이학과와 농학과 개설, 졸업생들의 대학 진학	2020	기독교(숭실)
박삼열	근대 전환기 평양 숭실학교의 신문화 수용과 메타모포시스 : 근대 서양 음악과 스 포츠의 도입과 확산을 중심으로	2020	기독교(숭실)
오지석	한국근대전환기 철학교육의 메타모포시스: 평양 숭실의 경험을 중심으로	2020	기독교(숭실)
오선실	근대전환기 서구 근대 생리학의 수용과 변용 : 애니 베어드 역, 『싱리학초권』(1908)과 안상호 역 『신편생리학 교과서』(1909)를 중심으로	2021	기독교(숭실)
오지석	근대전환기 기독교계 학교 과학교과서 이해: 평양 숭실대학의 과학교과서를 중심으로	2021	기독교(숭실)
이경숙	일제강점기 숭실전문학교 교수진의 구성과 네트워크	2021	기독교(숭실)
황민호	일제하 숭실대학의 근대 서적 출간과 대학 출판문화의 형성	2021	기독교(숭실)

숭실학교는 1897년 개항기 미국 북장로회 선교사 윌리엄 베어드William Baird가 설립한 학교로 현재 숭실대학교의 전신이다. 숭실학교에 대한 연구는 설립자 윌리엄베어드의 선교활동의 일부였던 교육선교의 일환에서의 분석(성신형, 박보경), 숭실대학의 근대 대학적인 위상과 교육학적 관점에서 분석한 연구(유영렬, 박규환, 이경숙, 황민호, 박삼열) 등으로 이루어져 있다.

민족운동에 대한 연구는 기독교를 분석한 연구와 무관하지 않다. 평양에 설립된 여러 학교들은 기독교세력이 지역을 이끄는 주축이었으며 이는 당시 대학이었던 숭실학교의 역할은 상당했다. 민족운동을 전개한 세력에 대한 연구는 기독교청년회가 전개한 여성운 동연구와(박상준, 김권정), 평양에서 진행했던 3.1운동 연구(장석흥), 학생운동에 대한 연구(표영수, 정주애) 등이 있다.

3) 문학: 평양의 생활로 들어가 보기

근대시기부터 평양은 서울(경성)에 버금가는 도시로 소설의 무대가 된 경우가 많았다. 연구대상 시기가 현대보다 근대시기에 집중되어있는 이유 또한 문학작품을 통해 평양을 분석한 연구가 많기 때문이다.

〈표 2-5〉 평양을 대상으로 한 문학분야 연구목록

저자	논문명	간행년	연구종류	분류
정혜영	김동인 소설과 평양이라는 도시공간	2000	학술지논문	문학
구사회	'평양' 공간의 문학적 형상화에 관한 고찰	2005	학술지논문	문학
김성수	북한문학에 나타난 평양의 전근대-근대-현대 심상지리와 주체체제의 문화정치	2008	학술지논문	문학
정종현	한국 / 학의 근대성과 로컬리티 : 한국근대소설과 평양이라는 로컬리티	2008	학술지논문	문학
오태영	평양 토포필리아와 고도의 재장소화 : 이효석의 『은은한 빛』을 중심으로	2010	학술지논문	문학
이철호	근대소설에 나타난 평양 표상과 그 의미 : 서북계 개신교 엘리트 문화의 시론적 고찰	2010	학술지논문	문학
이철호	근대소설에 나타난 평양 표상과 그 의미	2010	학술지논문	문학
조연정	평양의 경향 : 김동인과 최명익의 소설을 중심으로	2010	학술지논문	문학
엄숙희	'모란봉'에 나타난 근대 도시의 표상	2011	학술지논문	문학
우미영	억압된 자기와 고도 평양의 표상	2011	학술지논문	문학
김종진	평양의 文化圖像學과 기행가사	2012	학술지논문	문학
박민규	해방기 북한의 문예대중화 운동과 시론	2012	학술지논문	문학

차봉준	애니베어드 소설의 개화기 문학사적 의미	2012	학술지논문	문학
김양희	근대문학과 평양	2013	학술지논문	문학
박태일	1940년대 전기 평양지역문학	2013	학술지논문	문학
이 민	1910년대 평양부 간행 잡가집의 지역적 특성 연구	2013	학위논문	문학
Silvia Chan	平壤의 향연을 그리다: 피바디에섹스박물관 소장 〈平安監司饗宴圖〉에 대한 연구	2015	학위논문	문학
박종홍	최명익 소설의 '평양' 공간 고찰	2015	학술지논문	문학
서기재	일제강점기 미디어를 통해 본 여행지로서 '평양'과 '평양인'	2016	학술지논문	문학
전영주	평양잡지 『농민생활』 문예란과 시문학의 메타모포시스	2019	학술지논문	문학
김진규	이태준 단편소설 속 타자성 인식의 한계	2020	학술지논문	문학
안다솜	김정은 시기 단편소설에 나타난 '평양' 도시 이미지 연구 : 『조선문학』을 중심으로	2020	학위논문	문학
이동민	김사량의 소설 『물오리섬』에 대한 문학지리적 연구	2020	학술지논문	문학
전지니	1970년대 북한영화 속 도시의 재현과 냉전의 심상지리 -〈금희와 은희의 운명〉을 중심으로-	2020	학술지논문	문학
김정남	이효석 소설에 나타난 도시성과 사회사적 맥락	2021	학술지논문	문학
이경재	평양 표상에 나타난 제국 담론의 균열 양상 : 김사량의 『바다의 노래』를 중심으로	2021	학술지논문	문학
이동민	일제강점기 문학 작품의 도시 빈민가 재현 양상에 대한 연구 : 김사량의 소설 『토성랑』을 중심으로	2021	학술지논문	문학
이경재	이광수의 『무정』과 평양	2022	학술지논문	문학

　근대 평양에 대한 연구는 분야에 따라 연구의 편차가 크게 나타난다. 일제시기 평양의 도시계획이나 조선인들의 미시적인 삶, 사회상에 관한 연구는 아직 미비한 상황이지만, 문학작품과 여행기 속에 나타나는 평양에 관한 연구는 여러 방면에서 연구가 이루어

지고 있다. 여행기는 주로 일본에서 관광을 촉진하기 위하여 출판하거나 철도회사에서 여행안내서와 같은 형식으로 출간되었는데, 이러한 관광잡지를 분석한 연구(서기재)가 있다.

여행기 이외의 개항 이후 생산된 여러 문학작품에 등장하는 평양을 분석한 연구는 소설의 작가와 시대 상황, 주제에 따라 축적되어 있다. 이를 구분지어 보면, 시기와 작품에 따라 변화하는 평양의 공간적 성격을 규명하는 연구(김성수, 정종현, 김양희)와 김동인, 김사량, 이효석, 최명익 등의 작가를 특정한 이후 그의 삶과 작품세계에서 드러나는 평양의 표상과 시대적 분위기를 분석하는 연구(정혜영, 오태영, 박종홍, 이동민, 이경재, 김정남)로 나눌 수 있는데, 평양이 작품의 배경인 경우도 있고, 평양이 고향인 작가를 분석하는 경우도 있으며 작품에서 드러난 근대성을 밝히는 등의 연구(박태일, 김종진, 박민규)로 구분할 수 있다.

반면 수량적으로는 적으나 해방 이후 북한의 문학작품을 분석한 연구가 있다. 문학작품은 자료적 접근이 어렵고, 일반인들의 일상사를 파악하기 어려운 북한 연구에 매우 중요한 소재이다. 해방 이후 북한에서 출판된 소설이나 영화를 통해 평양의 도시이미지와 심상지리를 고찰한 연구(전지니, 박민규, 안다솜)들은 주로 이데올로기의 상징이 되는 평양의 모습과 문학의 시론, 도시이미지 등을 분석하였다.

4) 개항 · 상업 · 기타: 평양의 역사적 로컬리티

평양은 고구려시기 도읍지였으며 고려시대에도 서경으로 불리며 제2의 수도역할을 했던 공간이었다. 하지만, 조선이 건국된 이후 한양이 도읍지가 되고 평안도지역이 변방지역이 되면서 정치적으로 소외되었던 역사가 있다. 조선시대부터 이러한 상황을 극복하기 위해 당대 사람들은 경제적으로 지역을 성장시키는 방법을 선택하였고 일찍부터 상업이 발달하기 시작하였다.

근대시기 평양은 일본인과 청나라 상인들이 정착하면서 상업이 다시금 발달하였다. 일본인들이 평양에 유입된 계기는 청일전쟁이었다. 청일전쟁으로 평양성이 전장이 되면서 성내에 있던 주민들이 전쟁을 피해 피난을 가게 되자 몇몇 일본인들이 조선인들의 빈가옥을 점거하고 군인을 대상으로 장사를 하기 시작하였던 것이다.[10] 이때만 하더라도 일본인들은 평양에 영주할 생각으로 온 것이 아니라 잠시 행상으로서 머무는 정도로 평양을 인식했던 것으로 보인다.[11] 이후 1899년 평양이 개시장이 되자 합법적으로 정착하기 시작하였다. 이러한 특수성을 가진 로컬리티 때문에 평양 연구에는 개항장연구와 상업에 대한 연구(김원모, 김경창, 박준형)가 다수 축적되어있다.

〈표 2-6〉 평양을 대상으로 한 개항 · 상업 · 기생 분야 연구목록

저자	논문명	간행년	연구종류	분류
김원모	미국의 최초 조선개항시도(1866~69)	1976	학술지논문	개항
김경창	미국상선 제너럴 쉬어맨號 사건과 미함대의 조선원정시말	1978	학술지논문	개항
오미일	1910-1920년대 공업발전단계의 조선인자본가층의 존재양상; 평양지역을 중심으로」	1994	학술지논문	상업
주익종	식민지기 평양 메리야스자본의 생산합리화 : 1920년대 중엽-1930년대 중엽을 중심으로	1994	학술지논문	상업
주익종	평양 조선인 기업가의 경영이념	1995	학술지논문	상업
강명숙	1920년대 일본인 자본가들에 대한 조선인 자본가들의 저항	2000	학술지논문	상업
오미일	1908-1919년 平壤磁器製造株式會社의 설립과 경영	2004	학술지논문	상업
강명숙	한일합병 이전 일본인들의 평양 침투(일본 거류민과 평양이사청)	2005	학술지논문	개항
정안기	전시기 종방그룹의 다각화 전략과 평양제철소	2011	학술지논문	상업

---

10 박준형, 「청일전쟁 이후 일본인의 평양 진출과 평양성 내에서의 '잡거' 문제」, 『비교한국학』 제23권 3호, 2015, 28~29쪽.

11 平壤民團役所編纂, 『平壤發展史』, 1914, 15쪽.

편집부	평양주재 3년 임기를 마치고 돌아가는 휴즈 평양주재 영국대사의 증언	2011	학술지논문	회고
박준형	개항기 평양의 개시과정과 개시장의 공간적 성격	2013	학술지논문	개항
오미일	근대 한국의 자본가들 : 민영휘에서 안희제까지, 부산에서 평양까지	2014	단행본	상업
박찬승	식민지시기 다중적 표상으로서의 평양기생	2015	학술지논문	기생
박준형	1899년 평양개시 이후 평양성 외성 공간의 재편 과정	2015	학술지논문	개항
윤영숙·김호연	평양기생학교를 통해 본 전통춤 전승 양상	2018	학술지논문	기생
엄승희	대한제국기 평양자기주식회사 설립의 성격과 의미 : 운영방식으 새로운 패러다임	2015	학술지논문	상업
박명수	1860년대 중반의 국제관계에서 본 제너럴셔먼호와 로버트 J. 토마스	2020	학술지논문	개항
이정노	식민 담론의 표상으로서 평양 기생의 춤·활동	2020	학술지논문	기생
박희진	평양의 백화점과 도시 이미지 판매전략 : 콜라주(collage)와 패러디(parody)	2021	학술지논문	상업
신현규	새로 발굴한 『滿鮮旅行案内』(1920)에 나타난 평양 기생학교 탐방기	2021	학술지논문	기생

기독교연구와 마찬가지로 개항과 상업에 관한 연구 또한 개항~일제시기에 집중되어 있으며 주로 경제사와 사회사 연구자들이 분석을 진행하였다. 개시과정 이외에도 평양 에서 활동했던 조선인 사업가·자본가를 분석한 연구, 메리야스공장·자기주식회사 등 상업활동을 분석한 연구(주익종, 오미일, 엄승희) 등이 있다.

마지막으로 전근대 평양을 대표하는 이미지로 남아있는 '기생'연구가 있는데, 대동문 근처에 있던 기생학교는 근대시기 대표적인 관광코스 중 하나였다. 때문에 많은 문학작 품에 기생이 등장하기도 하였고, '평양=기생'이라는 하나의 표상이 생기게 되었다. 이러 한 당시 기생에 대한 표상을 역사적·담론적으로 분석한 연구(박찬승, 신현규)와 기생의 예술활동을 분석한 연구(이정노, 윤영숙, 김호연) 등이 축적되어 있다.

4. 평양 연구에 대한 기대와 제언

이 글은 1970년대 이후 2022년까지 남한에서 이루어진 평양 연구의 동향을 수량적, 주제별, 시기별로 분석하였다. 북한에 관한 다른 연구들도 마찬가지겠지만, 지난 50여년 동안 평양과 관련된 연구는 정말 많은 분야에서 진행되어왔으며 인문·사회·공학적으로 연구방법도 상당히 축적되어있다.

다만 한국 학계의 북한 연구는 연구가 진행되는 초기부터 각 분과학문의 관심에 따라 주제가 일관되지 못한 채 이루어졌기 때문에 연구들을 통시적으로 살펴본 결과 단절성이 강하게 드러남을 확인할 수 있었다. 특히 평양 연구의 경우 북한 도시 연구의 일환으로 이루어져 오다가 남북한의 정치적 상황에 따라 연구에 수량적인 차이가 나타났으며 2018년 이후 지역학적 관점으로 평양을 분석하는 움직임이 나타나기 시작하였다.

최근에는 김정은 집권 이후 북한 공적담론 속 '도시문화'에 대한 강조가 대대적으로 나타나기 시작하면서 국내연구자들 또한 평양의 도시사회·문화·담론에 대한 분석을 시도하고 있으며 학술적인 수량도 증가하였다. 이는 평양을 연구하는 여러 연구기관들이 설립되었던 것을 통해서도 확인할 수 있었다.

평양은 북한 대도시이며 통치성이 드러나는 공간이라는 대표성이 있기 때문에 현재까지는 국토계획, 도시계획, 주요 건축물, 가로배치, 인구분포 등 개별 도시의 물리적·공간적 특성과 도시사회의 속성과 문화현상에 대한 분석 위주로 이루어져 왔다. 따라서 향후 평양 연구는 사회문화적, 생활적인 차원에서 살펴볼 필요가 있다. 탈북자 면담과 GISGeographic Information System를 활용한 연구, 역사적 경로를 추적하여 도시담론을 분석하는 연구 등 많은 방법론을 개발하고 개념화하여 사회·문화적인 측면에서 연구를 확장시킬 필요가 있다.

북한 연구는 북한 내부의 정치상황과 국제관계에 많은 영향을 받을 수밖에 없는 상황이다. 자료접근이 제한적이며 도시연구의 특성상 답사가 불가능하기 때문에 연구적 한계를 가지고 출발해야한다. 하지만 이러한 상황속에서도 현재까지 축적된 많은 연구자들의 관심과 연구성과들에 의해 현재 평양이 만들어지게 된 과정과 물리적 경관을 밝힐 수 있었다. 더 활발한 평양 연구의 확장을 위해 많은 연구자들의 지속적인 관심을 기대하는 바이다.

Ⅲ.

북한이 바라본 평양

정일영

이 글은 2020년 대한민국 교육부와 한국연구재단의 지원을 받아 수행된 연구임
(NRF-2020S1A5B5A16082507)

대동강 너머 인민대학습당 ⓒ〈연합〉

Ⅲ.
북한이 바라본
평양

1. 가장 높은 경계 넘어, 평양

이 장에서는 북한 스스로 평양을 어떻게 바라보고 있는지 알아보려 한다. 평양은 북한의 수도 그 이상의 가치를 지닌다. 평양은 조선민주주의인민공화국의 수도이자 사회주의 혁명의 심장이며 김일성 수령이 태어나고 그의 후계자들이 은거하는, 가장 높은 경계 너머 신성불가침의 성역이다. 이런 이유로 평양은 다른 도시와 차별화된 공간이며 이 공간에서 살아가는 시민 또한 특별한 대우와 역할을 요구받게 된다. 결국 평양 연구는 도시연구이자, 경계 연구이며, 또한 학제 간 연구라 할 수 있다.

이런 이유로 북한이 스스로 평양을 어떻게 정의하고 설명하는지 알아보는 것은 중요한 연구 과제이다. 다만, 안타깝게도 한국의 연구자들은 북한에서 출판되거나 발표된 자료에 자유롭게 접근할 수 없다. 이는 북한 연구에서 한국 연구자들이 처하는 가장 큰 도전이라 할 것이다. 특히 북한에 관한 토대연구는 더더욱이나 제한된 접근으로 한계에 봉착하게 된다.

이 장에서는 국내에서 확인 가능한 1차 자료를 중심으로 북한이 스스로 바라보고 있는 평양을 소개한다. 북한에서 공개된 모든 출간물은 조선노동당의 통제를 받는다. 결국 평양과 관련해 우리가 보는 1차 자료들은 모두 북한 당국의 인식이며 주장이라 할 수 있다. 물론 이 자료들이 있는 그대로의 사실이나 자료에 근거하기도 하지만 북한 주민들과 외부 세계를 향한 선전·선동의 의미 또한 내포하고 있다.

이 장에서 다루는 1차 자료들은 평양과 관련한 연구자료뿐만 아니라 평양을 외부에 소개한 자료나 평양의 역사를 고증한 서적들, 그리고 평양과 평양시민들을 특정한 개념으로 형상화한 컨텐츠를 포함한다.[1]

다만 평양에 관한 북한의 1차 자료를 토대연구의 관점에서 모두 다루는 것은 자료접근의 한계로 불가능하다. 이런 이유로 이 장에서는 평양에 관한 북한 자료를 세 가지 특징, 즉 1) 역사와 신화의 도시 평양, 2) 수령이 은거하는 사회주의 선경, 그리고 3) 평양정신과 평양사람을 통해 북한이 바라본 평양으로 분류해 소개한다.[2] 이러한 분류는 한국에서 접근 가능한 북한의 평양에 관한 자료를 중심으로 가장 두드러지게 나타나는 세 가지 특징을 정리한 것이다.

---

1 북한의 눈으로 평양을 소개한 대표적인 자료로는 2014년 발간된 『평양개관』, 그리고 2003년에 한국의 평화문제연구소에 의해 북한의 자료를 정리한 『조선향토대박과: 1 평양시』가 있다. 이 자료들은 분야별로 평양을 정리하고 소개한 기본서라 할 수 있다. 이 장에서 평양에 관한 북한의 인식을 확인하는데 『평양개관』이 주요 자료로 활용될 것이다. 김준혁, 『평양개관』, 평양: 조선민주주의인민공화국 외국문출판사, 2014; 사단법인 평화문제연구소, 『조선향토대백과: 1 평양시』, 서울: 사단법인 평화문제연구소, 2003.

2 다만, 평양의 도시건설과 상징공간에 관한 논의 중 문화유적에 관한 논의는 10장에 정리된 '평양의 문화유적'에서 보다 구체적으로 분석될 것이다.

2. 역사와 신화의 도시 평양

평양은 사회주의 혁명의 심장이며 북한의 역사와 신화가 응축된 도시이다. 평양은 한반도 북반부의 고도로서 갖는 역사성 이상으로 북한은 평양을 신화적인 공간으로 만들어 왔다.

북한의 역사에서 평양은 '단군 전설'의 주인공으로 우리 민족의 건국 시조라 할 수 있는 단군이 탄생한 도시이며 세계 5대 문화의 하나인 '대동강 문화'의 발원지로 소개되고 있다. 단군 전설에 관한 자료로는 『단군설화집』, 『우리 나라 건국시조 단군전설 1』이 대표적이다.

북한은 1993년 평양시 강동군 강동읍에 위치한 옛 단군릉 발굴사업을 통해 사람의 뼈와 왕관 조각 등을 발견하였고 이것이 건국 시조인 단군의 유골이라 주장해 왔다.[3]

이와 관련하여 북한은 1995년 강동일대에서 전해오던 단군 전설을 소개한 책자를 발간하였다.[4] 이 책자에는 단군의 열 살 어린시절부터 고조선을 세우고 평양을 수도로 정한 일, 그리고 단군이 숨을 거두며 남긴 유언까지 14편의 전설을 소개하고 있다. 또한, 1998년 『단군설화집』에는 기존의 전설 14편에 단군 아들들의 전설과 단군 신하들, 그리고 단군의 영혼전설까지 40편의 전설을 소개하였다.[5]

북한이 발굴해 소개하고 있는 '단군 전설'의 중심에는 북한의 수도 '평양'이 있다. 한민족의 시조인 단군이 '세계 5대문화'의 하나인 대동강문화의 발원지, 평양에서 태어나 수도로 선택했으며 그 역사를 지금까지 이어오고 있는 것이다.[6]

---

3 단군릉의 발굴과 대동강문화론에 관한 내용은, 허선혜, 「평양의 문화: 문화재를 통해 본 혁명국가의 성지, 평양」, 『평양 오디세이』, 서울: 민속원, 2022, 177~186쪽 참조.

4 김정설, 『우리 나라 건국시조 단군전설 (1)』, 평양: 금성청년출판사, 1995.

5 김정설, 『단군설화집』, 평양: 과학백과사전종합출판사, 1998.

6 북한은 '대동강문화'를 "B. C. 30세기초에 단군조선의 성립과 더불어 대동강유역에서 형성된 문화"로 "인류 발원지의 하나인 대동강류역에서 발전한 원시문화에 기초하여 형성"되었다고 주장한다. 사회과학출판사,

단군릉에서 개천절 기념행사가 진행되고 있다 ⓒ〈연합〉

"평양의 력사는 조선민족의 원시조 단군이 고조선을 세우고 평양을 수도로 정한 때로부터 시작되였다. 평양은 동방천년강국 고구려 시기에도 부수도, 수도였다. 고려시기와 조선봉건왕조시기에도 평양은 서북방면을 담당한 군사요충지였다. 인류발상지이며 세계5대문화의 하나인 〈대동강문화〉의 발원지 평양에는 조선민족의 력사와 문화를 보여주는 유적유물들도 수 많이 보존되여있다."[7]

『조선말대사전 1』, 평양: 사회과학출판사, 2017, 1576쪽.

7 김준혁, 『평양개관』, 평양: 조선민주주의인민공화국 외국문출판사, 2014, 1쪽.

북한 자료로 본 **평양학개론**

북한에서 단군 전설은 평양이 조선 민족의 발상지라는 점에 초점이 맞춰져 있다. 북한이 말하는 단군 전설은 어떤 내용으로 구성되어 있는지 알아보자.

• 북한이 말하는 단군 전설

"아득한 옛날에 하늘신인 환인의 아들 환웅은 하늘에서 살았는데 지상 세계를 다스려 볼 욕망을 가지고 있었다고 한다. 환웅의 아버지 환인은 아들의 마음을 헤아려 그를 땅으로 내려보내었다.

3,000여 명의 무리를 거느리고 태백산 꼭대기(혹은 묘향산이라고도 함)에 있는 신단 나무 밑에 내려온 환웅은 이곳을 신시라 부르고 비, 구름, 바람을 맡은 신들을 시켜 농사와 질병, 형벌과 선악 등 인간 살이의 360여 가지 일을 주관하게 하면서 세상을 다스렸다.

이때 이곳에는 곰과 범이 같은 굴에서 살고 있었는데 그들은 환웅에게 자기들도 사람으로 되게 하여달라고 빌었다.

환웅은 곰과 범에게 신령스러운 마늘과 쑥을 주면서 너희들이 이것을 먹고 백날 동안 해를 보지 않으면 사람으로 될 수 있다고 하였다. 그런데 범은 약속을 어기여 사람으로 되지 못하였고 약속을 지킨 곰은 여자로 변하여 환웅과 같이 살게 되었으며 단군을 낳았다고 한다.

단군은 평양을 도읍으로 삼아 왕이 되고 나라 이름을 조선이라고 하였다. 그른 1,500년간 나라를 다스리다가 산신이 되어 하늘로 올라갔는데 그때 나이가 1,908살이었다고 한다."[8]

8　김준혁, 『평양개관』, 평양: 외국문출판사, 2014, 11~12쪽.

단군신화[9]와 관련하여 북한은 평양시 강동군에서 단군릉과 단군의 유골이 발굴되었다고 주장한다. 이를 근거로 단군이 평양 출생이며 조선 민족의 발상지이자 민족문화의 중심지가 평양이라 주장한다.

> "평양은 단군이 세운 고조선(B.C. 30세기 초~B.C. 108년)의 수도였다. 단군은 평양에서 태어나 평양에 도읍을 정하고 나라를 세웠으며 그 이름을 동방의 해솟는 나라라는 의미에서 〈조선〉이라고 지었다. 평양이 단군의 출생지이고 도읍지였다는 것은 발굴된 단군의 유골과 단군조선 시기의 여러 유적유물들을 통하여 달리될 수 없는 사실로 확증되었다."[10]

북한은 신화로만 남아 있던 단군에 관한 이야기를 실재한 역사로 만들었다. 북한은 단군릉과 단군 유골의 발견을 통해 단군이 실존한 인물이며 그가 평양에서 태어나 고조선을 건설하고 민족사의 첫 페이지를 시작했다고 주장한다.

> "1990년대 평양시 강동군에 있는 단군릉에서 단군의 유골이 발굴되고 그 연대가 밝혀짐으로써 단군이 신화적 인물이 아니라 실재한 역사적 인물이라는 것과 함께 반만년에 걸치는 조선 민족사의 유구성이 역사적 사실들에 기초하여 확인되게 되었다. 평양은 산천경개가 뛰어나게 아름다운 곳으로서 반만년의 유구한 조선 민족사가 시작된 민족의 발상지, 민족문화의 중심지이다."[11]

---

9 단군신화는 "고조선 건국실화로 단군의 출생이야기를 위주로 하여 엮어지면서 평양이 조선민족의 발상지이며 5,000여년전에 단군이 여기에 도읍을 정하고 첫 고대국가인 고조선을 세움으로써 단일혈통을 이어온 조선인민의 민족사의 시원이 개척되였다는것을 전하여주는 가장 오래된 건국유산"으로 설명된다. 사회과학출판사, 『조선말대사전 1』, 평양: 사회과학출판사, 2017, 1247쪽.
10 김준혁, 『평양개관』, 평양: 조선민주주의인민공화국 외국문출판사, 2014, 12~13쪽.
11 김준혁, 『평양개관』, 평양: 조선민주주의인민공화국 외국문출판사, 2014, 12~13쪽.

단군신화와 함께 북한은 평양에 관한 다양한 전설을 발굴하고 이를 소개하고 있다. 평양에 관한 전설의 주제는 평양의 유구성에 관한 전설, 반침략투쟁에 관한 전설, 반봉건투쟁에 관한 전설, 우수한 문화에 관한 전설, 고상한 도덕품성과 생활 세태에 관한 전설, 아름다운 산천에 관한 전설 등으로 소개된다.[12] 평양신화를 정리한 자료로는 『평양의 일화와 전설』, 『평양전설』, 그리고 평양전설그림책 『우룡과 소미』, 『을밀대의 소나무』 등이 있다.[13]

3. 수령이 은거하는 '사회주의 선경'[14]

평양은 한국전쟁 이후 주체의 사회주의 계획도시로 건설되었다. 평양은 특히 전후 국토재건의 모델이었으며 김정은 시대에 다시 한번 사회주의 선경의 모델로 업그레이드되고 있다. 북한은 평양이 수도로서 건설되는 과정과 그렇게 건설된 상징공간들을 소개함으로써 수령들이 은거해온 신성한 공간으로서 평양을 강조해왔다. 건축 또한 '혁명적 수령관'으로 일관되어야 한다고 강조한다.[15]

평양의 도시 건설과 상징물에 관한 자료로는 『평양건설전사 2』와 『조선건축사 1』, 『조선건축사 2』가 대표적이며 평양의 주요 상징물과 상징공간에 대한 소개 자료로는 『평양개관』, 『여기가 평양입니다』, 그리고 화보 『평양-기념비적건축물』, 『청춘도시 평양』,

---

12　김정설, 『평양전설』, 평양: 사회과학출판사, 1990.
13　조광, 『평양의 일화와 전설』, 평양: 외국문출판사, 2016; 김정설, 『평양전설』, 평양: 사회과학출판사, 1990; 김정설, 『평양전설그림책: 우룡과 소미』, 평양: 문학예술출판사, 2011; 김정설, 『평양전설그림책: 을밀대의 소나무』, 평양: 문학예술출판사, 2010.
14　'사회주의 선경'은 사회주의가 완성된 이상향이라 할 수 있다. 북한은 김정은 시대에 가속화된 건설의 성과가 인민의 행복과 함께하는 경관을 사회주의의 이상향, '선경'으로 선전하고 있다.
15　조선로동당출판사, 『김정일 건축예술론』, 평양: 조선로동당출판사. 1992, 34쪽.

『평양의 어제와 오늘』등이 있다.[16]

먼저 평양은 사회주의 계획도시라는 성격에 '주체'의 상징성, 즉 상징공간을 조성하는데 하나의 모델로 전후 재건되었다.

"평양시 도시중심부의 건축미학적 특징은 … 위대한 수령님과 장군님의 자애로운 모습과 대원수님들의 품속에서 세상에서 가장 존엄높고 긍지로운 인민으로 부러움없이 살며 일하는 우리인민의 행복상을 잘 보여주고 있는 것이다."[17]

"그리하여 김일성 동상을 중심으로 하는 새로운 도시구성체계가 형성되게 되었다. 김일성 동상은 도시중심의 가장 경치 아름다운 높은 언덕 위에 혹은 중심광장에 세웠다. … 동상 주변에는 넓은 광장을 조직하고 그 한쪽에 혁명사적관을 배치하였으며 주변에 공원을 잘 꾸며 사람들이 항상 모일 수 있게 하였다."[18]

평양은 또한 1960년대부터 도시의 확장이 억제되었던 여타의 중·소도시와 달리 국제도시로 건설하였으며 이 과정에서 대규모의 거리와 소위 '기념비적 건축물'들이 들어섰다. 평양을 중심으로 건설된 기념비적 건축물들은 '혁명적 수령관'이 충만한 수도의 모습으로 승화된다.

---

16 이와 관련하여 리화선은 북한의 현대건축을, 한국전쟁 이후 1960년까지를 '전후 복구건설 및 사회주의 기초건설시기'로, 1961년부터 1970년까지를 '사회주의의 전면적 건설시기'로, 1970년부터 1980년대 전반기까지를 '사회주의 완전승리를 위한 투쟁시기'로 구분하고 있다. 리화선, 『조선건축사 1』, 평양: 과학백과사전종합출판사, 1989; 리화선, 『조선건축사 2』, 평양: 과학백과사전종합출판사, 1989.
17 김혜선, 「사회주의문명도시의 본보기 평양시중심부의 건축미학적 특징」, 『조선건축』 2014년 3호(2014), 10~11쪽.
18 리화선, 『조선건축사 Ⅲ』, 서울: 도서출판 발언, 1993, 37쪽.

"평양을 혁명적 수령관으로 일관된 인민의 수도로 건설할 것에 대한 방침에 따라 수도 평양에서는 만수대 높은 언덕 위에 김일성동지의 동상을 배치하고 김일성광장을 중심으로 하는 도시중심부를 완성하는 사업이 진행되었다. 또한 평양에서는 만대에 길이 빛날 대기념비들인 주체사상탑과 개선문을 세우고 불멸의 혁명사적이 깃든 김일성경기장을 새로 개건확장하였다. 이런 사업들을 통하여 평양은 혁명의 수도, 주체조국의 수도로서의 풍격과 면모가 뚜렷하게 되었다."[19]

1960년대 북한이 말하는 소위 '사회주의의 전면적 건설시기'에는 만경대 혁명사적지, 천리마 동상 등 상징공간이 조성되었으며 모란봉거리, 봉화거리, 붉은거리, 장산거리(버드나무거리), 천리마거리, 서성거리 등 대규모의 거리가 조성되었다. 또한, 평양학생소년궁전, 김일성종합대학1호교사, 평양교예극장 등이 건설되었고 모란봉공원, 보통강유원지, 대성산유원지 등이 조성되었다.

1970년대 '사회주의 완전승리를 위한 투쟁시기'에는 주체사상탑과 개선문, 만수대대기념비, 혁명열사릉 등 '불멸의 대기념비건축'이 건설되었으며 만수대의사당, 인민대학습당, 평양 제1백화점, 만수대예술극장이 건설되었다. 또한 1960년대에 이어 1970년대에도 천리마거리, 낙원거리, 창광거리, 문수거리, 안상택거리, 광복거리, 하신거리, 경흥거리 등 거리 건설이 지속되었다.

그렇다면 김정은 시대의 평양은 어떤 모습일까? 1990년대 경제위기 속에 정체되어 있던 평양은 새로운 변화를 모색해 왔다. 이 또한 1960년대 시작된 건설 붐과 같이 새로운 건설로부터 시작됐다. 즉, 김정은 시대 평양은 그들이 인민들에게 약속했던 강성대국, '먼저 온 사회주의 선경'을 평양에 건설하겠다는 목표로 나타났다.

---

19 리화선, 『조선건축사 Ⅲ』, 서울: 도서출판 발언, 1993, 154쪽.

만수대 언덕에 위치한 만수대대기념비의 전경 ⓒ〈연합〉

"위대한 대원수님들께서 한평생 가꾸어오신 아름다운 조국산천을 훌륭하고 문명한 사회주의선경으로, 인민의 리상과 행복이 참답게 꽃펴나는 사회주의지상락원으로 전변시키려는 것은 경애하는 김정은원수님의 결심이고 의지이다. 김정일애국주의를 최상의 경지에서 체현하신 경애하는 원수님의 현명한 령도밑에 불과 1년 남짓한 기간에 국토건설의 새 력사가 펼쳐지고 사회주의문명국건설의 활로가 열려지게 되었다.

창전거리와 릉라인민유원지, 류경원, 인민야외빙상장을 비롯한 기념비적창조물들이 일떠서고 만경대유희장과 대성산유희장을 비롯하여 평양시안의 공원과 유원지들, 보통강과 합장강이 일신됨으로써 수도 평양이 선군문화의 중심지답게 더욱 변모된 것은 경애하는 원수님의 대담한 구상과 발기, 정력적인 령도를 떠나서 생각할 수 없다."[20]

김정은 시대에 평양은 '먼저 온 사회주의 선경'을 조성하기 위해 대규모의 고층아파트 거리와 유희오락시설들이 새롭게 건설되거나 재건되었다.

김정은 시대에 건설된 고층아파트 거리로는 창전거리, 은하과학자거리, 미래과학자거리, 여명거리, 송화거리 등이 있으며 추가적으로 김일성대 교육자살림집, 체육인살림집, 김정숙평양방직공장 로동자합숙, 위성과학자주택지구, 김책공대 교육자살림집, 장천남새전문협동농장 살림집 등이 건설되었다. 최근에는 화성지구와 대평지구 살림집 준공식을 진행하는 등 평양에 1만세대 살림집 건설을 다그치고 있다.

김정은 시대에는 이전에 볼 수 없었던 많은 수의 유희오락시설이 건설되었는데, 릉라인민유원지, 인민야외빙상장, 문수물놀이장, 미림승마구락, 통일거리운동쎈터, 릉라립체률동영화관 등이 건설되었으며 개선청년공원유희장, 평양민속공원, 만경대유희장과 대성산유희장, 중앙동물원, 자연박물관 등이 개건되었다.

관련하여 북한은 평양을 북한의 대표적인 관광지로 개발해 왔다. 이와 관련하여 주요 상징구역과 상질물, 그리고 자연유산을 관광지로 소개해왔다. 대표적인 상징구역과 상질물로는 김일성의 만경대 생가와 선대 수령들이 잠들어 있는 금수산태양궁전, 그들의 거대 동상이 세워져 있는 만수대 대기념비, 그리고 김일성 광장과 대동강 건너편의 주체사상탑, 조선해방전쟁승리기념탑, 당창건기념탑, 조국통일3대헌장기념탑, 그리고 조국해방개선문과 천리마동상 등이 대표적이다.

이 외에도 평양의 주요 관광지로 동명왕릉과 대동문, 만경대학생소년궁전과 평양학생소년궁전, 인민대학습당과 평양대극장, 대동문영화관, 평양냉면으로 유명한 옥류관,

---

20   「온 나라를 선군문화가 구현된 사회주의선경으로 전변시키자」, 『로동신문』, 2013년 4월 8일자 1면.

평양의
주요건축물
정리

형제산구역

조국해방전

조국해방

만경대구역

보통강구역

류

만경대학생소년궁전

청춘거리체육촌

메아리사격관

평천구역

만경대혁명학원

만경대혁명사적지

락랑구역

조국통일3대헌장기념탑

○ 상징구역(건축물)
○ 유희오락시설
○ 기타 건축물

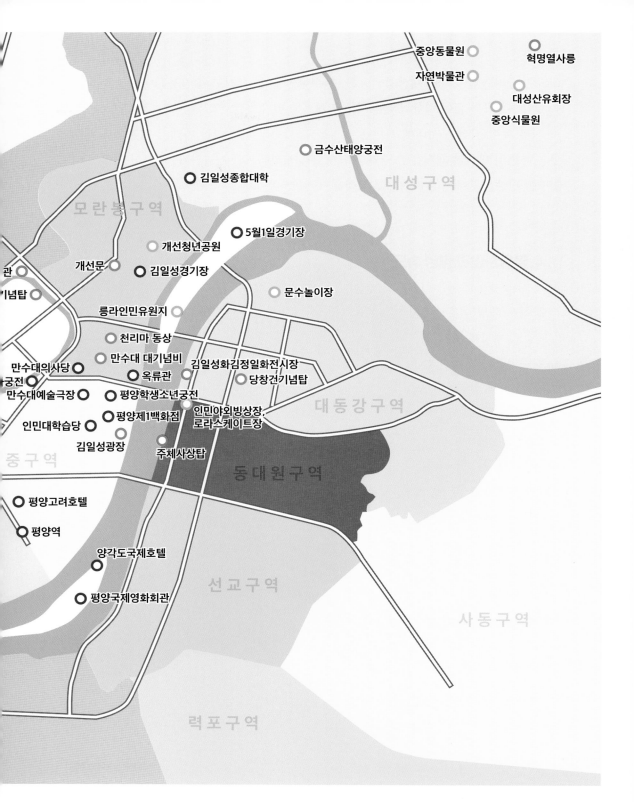

중앙동물원

혁명열사릉

자연박물관

대성산유희장

중앙식물원

대 성 구 역

금수산태양궁전

김일성종합대학

모 란 봉 구 역

5월1일경기장

개선청년공원

개선문

김일성경기장

관

문수놀이장

념탑

릉라인민유원지

천리마 동상

만수대 대기념비

만수대의사당

김일성화김정일화전시장

궁전

옥류관

당창건기념탑

대 동 강 구 역

만수대예술극장

평양학생소년궁전

인민대학습당

평양제1백화점

인민야외빙상장,
로라스케이트장

김일성광장

중 구 역

주체사상탑

동 대 원 구 역

평양고려호텔

평양역

양각도국제호텔

선 교 구 역

사 동 구 역

평양국제영화회관

력 포 구 역

류경원, 릉라인민원지와 개선청년공원, 문수물놀이장, 그리고 중앙동물원과 자연박물관, 평양민속공원 등이 평양의 관광지로 소개되고 있다.[21]

이와 같이 김정은 시대에 북한은 평양을 '사회주의 선경'이란 미래의 비전으로 제시된다. 북한의 변화와 개혁은 수령와 최고지도자에 의해서만 가능하다. 북한이 꿈꾸는 미래 또한 평양을 통해서만 제시되고 상상될 수 있는 것이다.

4. 평양사람과 평양 속도

북한은 해방 이후로부터 지금까지 평양을 그들이 건설하고자 하는 사회주의 이상향의 모델로 제시해 왔다. 평양에 거주하는 시민 또한 전국의 모범이 되어야 함은 물론이다. 평양이라는 신성한 공간에서 윤택한 삶을 살아가는 이들에게는 평양시민으로서 권리만큼이나 책임이 따를 수밖에 없다.

평양에 '수령들이 영생'하는 주체의 최고성지이며 '혁명의 참모부'가 자리잡고 있는 만큼 평양사람은 전체 인민의 모범이 되어야 하는 것이다.[22]

"우리는 보통으로 평범하게 살수 없다. 문화란 결국 깊이 사색하는 능력의 표현

---

21 예로부터 내려오는 평양의 여덟 가지 경치, 즉 평양팔경(平壤八景)은 ①밀대상춘(密臺賞春) - 을밀대에서의 봄 경치, ②부벽완월(浮碧玩月) - 부벽루에서의 달 구경, ③영명심승(永明尋僧) - 영명사를 찾아드는 중들의 모습, ④보통송객(普通送客) - 보통강에서 나그네를 보내는 광경, ⑤거문범주(車門汎舟) - 거문(거피문, 평양 외성의 남문) 앞 대동강의 뱃놀이 광경, ⑥연당청우(蓮堂聽雨) - 애련당에서 듣는 빗소리, ⑦용산만취(龍山晩翠) - 용악산의 늦가을 푸르른 모습, ⑧마탄춘창(馬灘春漲) - 마탄(대동강 북쪽여울)의 물이 봄에 넘치는 모습 등이다. 사단법인 평화문제연구소, 『조선향토대백과 1: 평양시』, 서울: 사단법인 평화문제연구소, 2003, 62~63쪽.

22 리윤경, 「도시경영사업에서 평양시가 전국의 본보기로 되는 것은 현실발전의 요구」, 『도시경영』 2018년 2호, 2018, 8쪽.

이라면 새로운 주체문화의 본보기를 창조하고있는 평양사람 매 개인의 모든 로동은 자기를 받들고있는 집단과 사회 앞에서뿐아니라 후손들이 살아갈 미래앞에서까지 그리고 평양을 쳐다보는 남조선사람들과 세계앞에서 유감없이 찬양받을만한 높이에서 진행되여야 할 것이다. 우리는 관습적으로, 타성적으로 일할수 없다. 일용상품을 만들거나, 집을 짓거나, 글을 쓰거나 거기에 평양의 문화성이 비쳐나와야 하며 우리들 매 사람의 높은 기술로 안받침된 존엄이 풍겨야 한다."[23]

지방의 주민들은 '평양사람'을 통해 수도 시민의 정신과 풍모를 배우게 된다. 김계숙의 〈평양사람〉은 지방의 북한 주민들이 '평양사람'을 어떻게 바라보고 있는지, 평양사람이 어떤 책임감을 가져야 하는지 그 일면을 드러내고 있다.[24]

"평양사람으로 불리우는 동무에게서 우린 수도 시민의 정신과 풍모를 느끼고 배우려고 해요. 동물 볼때마다 우리가 찾아보았던 만경대고향집이며 개선문, 김일성광장과 주체사상탑 그리고 불빛 아름다운 수도의 밤거리를 거닐던 그날들을 추억하군해요. 몸은 비록 여기 있어도 수도 시민의 자격을 가슴에 안고살면 그런 사람은 계속 평양사람, 수도 시민으로 남아있지 않을가요?"[25]

평양의 모범창출을 대표하는 구호로는 '평양 속도', '평양 정신'이 있다. 평양 속도는 한국전쟁으로 파괴된 국토, 그중에서도 평양에서 빠른 속도로, 높은 수준의 완성을 이뤄

---

23   최승칠, 「평양에 사는 의미」, 『조선문학』 1979년 3호, 1979, 33~34쪽.

24   북한 소설에 나타난 평양의 모습을 분석한 연구로는 오창은, 「현대 평양은 북한소설에서 어떻게 그려지고 있나」, 『평양 오디세이』, 서울: 민속원, 2022 참고.

25   김계숙, 「평양사람」, 『청년문학』 제689호, 2016, 33쪽.

냈다는 의미에서 부여된 칭호이다.[26]

> "주체47(1958)년 2월에 진행된 평양시건설일군열성자회의참가자들은 7,000세대분의 자재와 자금으로 1만 7,000세대분의 살림집을 건설하기로 결의하여 나섰으며 그것은 그후 다시 2만세대결의목표로 갱신되였다. … 이리하여 세상에 널리 알려진 평양속도가 창조되였으며 이때로부터 평양속도는 천리마속도와 함께 조선에서의 사회주의건설의 눈부신 발전속도를 표현하는 대명사로 불리우게 되였다.
>
> 평양은 건설로 들끓었다. 건설자들은 하나의 도시와 맞먹는 천리마거리를 여섯 달동안에 건설하였으며 그 속도로 내달려 1970년대의 첫 5년동안에 서성거리, 비파거리, 새살림거리, 대학거리 등 수많은 거리들과 수만세대의 살림집들 그리고 평양체육관, 인민문화궁전, 4·25문화회관 등 기념비적건축물들을 일떠세웠다."[27]

'속도'는 사회주의 체제에서 강조될 수밖에 없는 구호이다. 자본주의 경쟁이 아닌 계획에 따라 진행되는 체제의 특성상 속도를 강조할 수밖에 없는 것이다. 북한은 '평양 속도'를 통해 평양에서 '속도'의 모범을 창출해 왔다.

최근 북한의 평양시 1만세대 실림집건설현장에서 '새로운 평양속도'가 강조되고 있다. 북한은 2021년 제8차 당대회와 당중앙위원회 제8기 제2차 전원회의 결정에 따라 같

---

26 '평양 속도'의 사전적 의미는 다음과 같다. "① 건설사업에서 일대 혁신을 일으킬데 대한 위대한 수령 김일성동지의 교시를 높이 받들고 주체47(1958)년에 혁명의 수도 평양시를 건설하는데서 창조된 사회주의건설의 비상히 빠른 속도. ② 혁명의 수도 평양시가 최후승리를 앞당기기 위한 총공격전에서 수령결사옹위, 결사관철의 제1기수가 되여 질풍같이 내달림으로써 모든 면에서 전국의 본보기를 창조해나가는 위대한 김정은시대의 새로운 속도." 사회과학출판사, 『조선말대사전 3』, 평양: 사회과학출판사, 2017, 1360쪽.

27 김준혁, 『평양개관』, 평양: 조선민주주의인민공화국 외국문출판사, 2014, 21~22쪽; 과학백과사전종합출판사 편, 『평양건설전사 2』, 평양: 과학백과사전종합출판사, 1997, 225~227쪽.

은 해 3월 24일 착공식을 개최하고 평양시 1만세대 살림집건설을 다그치고 있다.[28] 이제 평양속도는 김정은 시대에 살림집건설현장에서 '새로운 평양속도'로 다시 등장하고 있는 것이다.[29]

> "우리 당이 부르는 곳이라면 그 어디든 달려가 기적과 혁신을 끊임없이 창조하고있는 인민군장병들의 힘찬 투쟁에 의해 지금 수도의 1만세대 살림집건설장에서는 새로운 평양속도, 건설신화창조의 불길이 세차게 타오르고 있다."[30]

'평양 정신' 또한 평양 속도와 함께 모범적인 건설 현장을 소개하고 칭송하는 슬로건으로 제시되어 왔다.

> "새로 건설된 평양중등학원을 돌아보신 경애하는 원수님께서는 최근 평양시당위원회의 지도밑에 수도의 당원들과 근로자들이 새로운 평양정신, 평양속도창조자들답게 일을 잘하고있으며 당의 사상관철전, 당정책옹위전의 기치를 높이 들고 온 나라의 앞장에서 힘차게 나가고있다고 높이 평가하시면서 평양시가 계속 기치를 들고나가야 온 나라가 따라설수 있다는 크나큰 믿음을 안겨주시었다."[31]

관련하여 최차명은 "평양의 정신은 북한의 정신이고 평양의 발전 속도는 번영하는 국가 건설의 시간표"라고 표현하였다.[32]

---

28 「평양시 1만세대 살림집건설착공식 진행」, 『로동신문』, 2021년 3월 24일 1면.

29 이와 관련한 소설로는 안동춘, 『평양의 봉화』(평양: 문학예술출판사, 2018)가 대표적이다.

30 「새로운 평양속도, 건설신화창조로 들끓는 평양시 1만세대 살림집건설장」, 『로동신문』, 2021년 3월 29일 1면.

31 「만리마시대 평양정신, 평양속도는 이렇게 창조되고 있다」, 『로동신문』, 2016년 7월 22일 3면.

32 "The spirit of Pyongyang is that of the DPRK and the developing speed of Pyongyang is the timetable of its building of a thriving country." Cha Myong Choi, "New Pyongyang speed and Pyongyang spirit in

화성지구 1단계 1만세대 실림집 준공식 ⓒ〈연합〉

5. 평양은 북한의 미래인가?

　지금까지 북한이 바라본 평양을 확인 가능한 1차 자료를 중심으로 정리해 보았다.
평양은 북한의 과거이자, 현재이다. 이제 평양은 스스로를 북한의 미래라 주장한다. 평
양은 진정 북한의 미래인가?

　북한, 구체적으로 조선노동당의 시각에서 평양은 분명 북한의 미래, 사회주의 이상
향(선경)의 모델이다. 그러나 평양이 특수한 만큼 평양과 다른 지역과의 격차 또한 어느 국

the making," *The Pyongyang Times*, April 4, 2015, p. 3.

가의 수도와 여타 도시와의 차이를 뛰어넘고 있다.

　어쩌면 평양은 그저 평양 그 이하도, 이상도 아닐지 모른다. 평양을 넘어선 낯선 공간에서 가까운 미래에 평양의 모습을 상상하기란 쉽지 않다. 그곳에 사는 북한의 주민들은 미래가 아닌 오늘을 살아가기도 벅찬 듯이 보인다. 북한이 평양을 먼저 온 '사회주의 선경'의 모델로 제시한 상황에서 낙후된 지방을 어떻게 평양의 모습으로 발전시킬 수 있을지 궁금하다.

　이 장에서 북한이 소개한 평양에 관한 자료는 한국에서 확인 가능한 자료에 기초하고 있다는 점에서 한계가 존재한다. 또한 평양에 관한 문학작품의 경우 깊이 있게 분석하지 못한 점 또한 인정하지 않을 수 없다. 특히 북한 자료의 특성 상 북한 당국, 즉 조선노동당이 평양을 어떻게 인식하고 형상화하려는지 그 일단을 알아보았지만, 북한 주민들이 평양을 어떻게 인식하고 있는지 알아보지 못한 한계 또한 분명하다.

IV.

평양의
현지지도

박소혜

자연박물관 현지지도 ⓒ〈연합〉

IV.
평양의
현지지도

1. 현지지도, 지도자의 통치 활동

1) 평양, 북한 통치의 주무대

평양은 북한 최고지도자의 통치 무대이다. 정치가 이뤄지는 실재 장소이자 통치의 지향이 새겨지는 공간이다. 북한 지도자는 평양을 배경으로 대내외에 메시지를 전달하고, 평양을 중심으로 지도자의 상징을 심어놓는다. 따라서 최고지도자가 평양에서 펼치는 활동은 말과 행동과 배경이 모두 의미를 갖는다.

이 장에서는 북한 지도자가 평양에서 보여주는 통치 모습을 살펴본다. 즉, 북한 최고지도자의 대표적인 통치 활동인 '현지지도'를 평양이라는 공간으로 특정해 특징을 파악할 것이다. '현지지도'는 북한 사전에서 "현지에 직접 내려 가서 지도하는 것 또는 그 지도. 가장 혁명적이며 인민적인 대중지도방법의 하나"라고 풀이하고 있다.[1] 평양학 토대 연구의 한 부분인 만큼 평양 현지지도 관련 북한의 1차 자료를 대상으로 데이터베이스를 구축하고, 현지지도의 대상과 목적 등을 조사하여 북한 지도자의 평양지역 통치 활동의 특징과 의미를 드러내 보고자 한다.

범위는 김정은 집권 시기로 한정한다. 북한 최고지도자의 현지지도는 김일성이 시작해 김정일과 김정은으로 이어졌는데, 김정은 시기는 다른 지도자들보다 현지지도 관련 1차 자료 확보가 상대적으로 용이해 평양 현지지도 목록화와 통계적 특징 분석에서 비교적 정확도를 높일 수 있다.

김정은 위원장은 김정일 국방위원장이 사망한 2011년 12월 17일 이후 김정일의 장례에 참석하면서 후계자 지위에서 공식적으로 활동을 시작했다. 그러나 이 글은 그다음 연도의 첫날인 2012년 1월 1일부터 2023년 6월 30일까지 11.5년 동안을 분석 대상 범위로 설정했다. 김정은의 평양 현지지도 특성을 연도별로 비교하고 통계적으로 분석하기 위해서다.

김정은의 평양 현지지도 기사를 목록화한 뒤[2] 본문에서는 현지지도의 대상과 목적을 시기별로 살펴보고, 현지지도 대상기관의 부문별 빈도 등을 그래프로 제시해 지속과 변화를 분석한다. 이는 앞으로 김정은 시기 평양 현지지도 관련 연구에서 토대 자료로 활용될 수 있을 것으로 기대한다.

2) 1차 자료, 목록화의 선별 기준

김정은 시기 평양 현지지도는 다음의 자료들을 참고해 목록화한다.

---

1   사회과학출판사 편, 『조선말대사전(증보판) 4』, 평양: 사회과학출판사, 2017, 146쪽.
2   기사 목록은 〈부록〉 참고자료 '평양 현지지도' 편에 담았다.

첫째, 북한의 공식 매체인 '로동신문'에 보도된 김정은 위원장의 '평양 현지지도' 관련 기사를 1차 자료로 선별한다. 현지지도 내용과 관련해 '조선중앙통신' 기사와 북한에서 출간한 관련 단행본을 참고할 수 있다.[3] 로동신문 온라인판에서는 2022년 10월 1일부터 '인민을 위한 정치' 코너를 운영하고 있어 김정은의 현지지도에 대한 북한 매체의 해석을 볼 수 있다. 이밖에 김정은의 현지지도를 다룬 다큐멘터리 형식의 북한 영상물 '조선기록영화'도 활용이 가능하나 이 글에서는 포함하지 않았다.

둘째, 통일연구원의 "김정은 공개활동 보도분석 DB"와 통일부 북한정보포털의 "김정은 위원장 공개활동 동향"을 참고해 현지지도가 이뤄진 지역이 평양인지를 교차 확인한다.[4] 이들 기관이 발행하는 '공개활동' 목록에는 현지지도를 포함해 김정은이 북한 매체에 공개된 모든 활동이 포함되어 있다. 따라서 평양 현지지도는 '공개활동'의 일부라고 할 수 있다.

이에 따라 1차 자료 목록화의 선별 기준은 '평양 현지지도'에 걸맞은 ①지역(=평양), ②현장(=현지), ③대상 집단(=지도) 등 세 가지 조건이 모두 충족되는 것으로 한다. 자세한 기준은 다음과 같다.

첫째, 현지지도 지역이 '평양'에서 이뤄진 것으로 한정한다. 이는 수도 평양에 포함되는 도시와 농촌지역을 모두 포함한다.[5] 한편 김정은 위원장의 현지지도 가운데 평양에서 일어났을지도 모르지만, 평양이라는 지역이 특정되지 않아 지역을 정확히 파악할 수 없다면, 평양이라는 지명을 드러낼 필요가 없는 의도가 포함된 것으로 보아 '평양 현지지도'

---

3   김금희, 『2018년의 김정은 최고령도자』, 평양: 외국문출판사, 2019; 리남, 『(일화집) 인민들과 함께 계시며』, 평양: 외국문출판사, 2019; 백명일, 『인민대중제일주의의 성스러운 력사를 펼쳐가시는 위대한 령도』, 평양: 과학백과사전출판사, 2018; 제갈남, 『현지지도에 비낀 령도자의 모습』, 평양: 외국문출판사, 2019.

4   통일부 북한정보포털, "김정은 위원장 공개활동 동향", https://nkinfo.unikorea.go.kr/nkp/trend/publicEvent.do; 통일연구원, "김정은 공개활동 보도분석 DB", https://www.kinu.or.kr/nksdb/overall.do.

5   2023년 6월 현재 평양의 행정구역은 19개 구역, 2개 군, 1개 동으로 이뤄져 있으며, 이 가운데 평양의 농촌지역은 강남군과 강동군 등 2개 군을 이른다.

목록에 포함하지 않았다.

둘째, '현장'이라 함은 김정은이 건설이나 개건을 지시하거나, 건설 중이거나, 건설이 마무리된 현지 장소를 의미한다. 즉 현지지도의 대다수는 건설 현장이나 건설 대상기관에서 이뤄졌다. 이 글에서는 준공식 등 기념행사만 진행된 것은 현지지도에 포함하지 않았지만, 준공식과 시찰 등이 함께 이뤄졌다면 '평양 현지지도'에 포함하였다. 또한 '현장'은 시찰이나 료해, 격려 방문 등이 이뤄진 기관이나 시설물도 해당한다. 여기에는 현지지도 대상 집단인 인민이 생활하거나 일하며 지내는 공간이 포함된다.

셋째, 평양 현지지도는 지도자가 만나는 '대상 집단'이 있어야 한다. 대상 집단이란 현장 일꾼이나 학생 등 지도자의 지도를 받는 인민을 의미한다. 단, 지도자가 대상 집단이 되는 인민과 현지지도 현장에서 만나지 않았다면 '평양 현지지도' 분석 대상에 포함하지 않았다. 예를 들어, 경기장에서 체육경기를 보거나 공연장에서 음악공연을 관람하는 것, 기념식이나 증정식 등 행사만을 진행하는 공개활동은 지도자와 인민이 대면하지 않은 것으로 간주한다.

또한, 현장을 들르지 않고 대상 집단 인민을 임의의 장소로 불러 기념촬영만 하는 경우도 '평양 현지지도' 자료에 포함하지 않았다. 다만 현지지도를 나간 자리에서 현장에 있는 인민들과 지도자가 기념촬영을 하는 경우는 많으므로 '기념촬영' 자체만 보면 분석 대상에 포함될 수도 있고 안될 수도 있다.

종합하면, 김정은 시기 평양 현지지도 1차 자료의 선별 기준은 김정은 위원장이 북한 매체에 등장한 공개활동 가운데, 평양지역이 특정된 '현지'에서 인민들과 '대면'하여 방문, 시찰, 료해, 지시 등을 포함하는 현지지도 활동이 된다.

이러한 기준과 참고 사항을 적용해 1차 자료로 선별한 김정은 시기 평양 현지지도는 총 229회이다. 이 글에서는 통계 수치 비교 등 분석의 편의를 위해 시기를 3개로 나눴다. 2012년부터 2023년 상반기까지 약 12년을 4년씩으로 구분해 1기, 2기, 3기라고 한다. 김정은 정권 전반기인 1기 4년은 총 148회, 2기 4년간은 총 58회, 3기 3.5년간은 총 23회의 평양 현지지도가 이뤄졌다.

한편 김정은 시기 평양 현지지도는 1기 4년(2012~2015년) 동안 이뤄진 148회가 전체 시기 현지지도 229회의 절반 이상을 차지한다. 따라서 본문에서는 가독성을 고려하여 1기 4년을 다시 2년씩으로 나눠 2012~2013년을 '1-1기'로, 2014~2015년을 '1-2기'로 목록화하여 분석했다. 시기별 평양 현지지도 횟수는 다음 〈표 4-1〉과 같다.

〈표 4-1〉 평양 현지지도 횟수

시기	김정은 1기				김정은 2기				김정은 3기			
	1-1기		1-2기									
연도	2012	2013	2014	2015	2016	2017	2018	2019	2020	2021	2022	2023 (6월)
횟수	34	43	33	38	27	19	9	3	2	5	12	4
합	77		71		58				23			
	148											
총합	229											

※ 출처: 필자 작성

참고로 통일연구원 "김정은 공개활동 보도분석 DB"를 보면, 김정은 공개활동 가운데 절반은 평양지역에서 열렸다. 2012~2023년 상반기 공개활동은 총 1,375회였고, 그중 평양지역은 655회였다.[6] 평양에서 열린 '공개활동' 중 현지지도는 절반 정도였고, 나머지는 회의, 행사 등 국가 차원의 통치 활동이 차지하고 있다. 연도별로 현지지도를 포함해 평양에서 이뤄진 김정은의 공개활동을 일별하면 다음과 같은 특징을 보인다.

---

6 통일연구원이 구축한 '김정은 공개활동 보도분석 DB'의 공개활동 장소 중 '평양'으로 분류한 빈도를 나타낸다. 이 글에서는 '평양' 지역의 '현지지도'를 선별 기준에 따라 재확인하여 반영했기에 통일연구원의 DB에 나타난 '평양' 빈도와 일치하지는 않는다. 통일연구원, https://www.kinu.or.kr/nksdb/overall.do.

<표 4-2> 평양 공개활동(현지지도 포함) 연도별 특징

연도	특징
2012	유훈통치, 통치 성과 대상물 지도
2013	군사 부문, 체육과 과학 대상 사업물 지도
2014	미래세대 위한 대상물, 보건 분야 현지지도로 김정은 시대 윤곽
2015	김정은 시대 구호 '과학, 인재, 미래' 확정
2016	당 대회 계기로 통치 구호 전면화, 성과 가시화
2017	'본보기, 기준'의 창출, 군사 부문 집중
2018	평양을 외교무대 삼아 지도자 위상 강화
2019	법과 제도 속에서 통치하는 지도자
2020	삼중고 속 평양에서의 정책 결정 회의 지속
2021	기념사진 촬영으로 평양의 지도자에게 집중되는 그림 연출
2022	평양 살림집 건설의 정치적 의미화
2023	새로운 평양 건설의 시작

※ 출처: 필자 작성

평양을 중심으로 이뤄진 김정은의 통치활동은 전반기 김정일 유훈통치에서 점차 김정은 시기의 성과와 특징을 드러내는 방향으로 진행되었으며, 최근 들어 '평양 건설'은 여전히 통치의 중심이 되고 있다. 이 글은 평양에서의 공개활동 중에서도 현지지도의 특징을 좀 더 자세히 살핀다.

3) 평양 현지지도의 의미

(1) 현지지도의 역사
북한 최고지도자의 현지지도는 북한의 통치와 정책 방향 등을 가늠할 수 있어 북한 연구와 정세 분석에 중요한 자료이다. 김일성은 1956년 12월 강선제강소 현지지도에서 "내부예비를 최대한으로 동원하여 더 많은 강재를 생산하자"라는 연설을 했고,[7] 이는 '천리마작업반운동'이라는 대중운동으로 확산되었다. 1960년 평안남도 강서군 청산리 현지지도에서는 현지의 경험을 전국에 일반화하도록 하는 '청산리방법'을 제시했으며, 1961년 평안남도 용강군 대안전기공장 현지지도는 '대안의 사업체계'로 전개되었다.

김정일은 1964년 당중앙위원회에 배속된 뒤 3년간 김일성 현지지도에 동행했고,[8] 1974년 후계자로 공인된 뒤에는 단독으로 현지지도했다. 당시에는 '실무지도'였다가 1994년 김일성 사망 이후 '현지지도'로 용어를 바꿨다. '고난의 행군'이 한창이던 1995년 1월 김정일은 다박솔초소 현지지도 이후 선군정치를 표방하며 경제난과 체제 위기를 극복하려 했다. '제2의 천리마 대진군운동'을 내세우는 한편 자강도 현지지도에서는 '강계정신'이라는 구호를 만들었다. '성강의 봉화', '락원의 봉화', '라남의 봉화' 등의 구호가 이어지며 현지지도는 인민을 동원하는 통치의 한 형태가 되었다.

한편 북한의 통신사인 '조선중앙통신'에서는 김일성과 김정일의 현지지도를 수치화했는데, 김일성은 8,000여 차례에 걸쳐 2만 600여 개 단위를 찾아 57만 8,000km의 현지지도 길을 걸었다. 김정일은 167만 4,610리(^{약} 657,665km)의 로정을 거쳐 1만 4,290여 개 단위를 현지지도했다고 밝혔다.[9] 이에 따르면 김일성은 김정일보다 더 많은 현장을 다녔으며, 김정일은 김일성보다 좀 더 긴 거리를 오갔다.

(2) 현지지도의 역할

현지지도는 현지에 직접 내려가 지도하는 것으로 북한 최고지도자의 통치를 보여주

7   김일성, 「내부예비를 최대한으로 동원하여 더 많은 강재를 생산하자: 강선제강소 지도일군 및 모범로동자들의 협의회에서 한 연설(1956년 12월 28일)」, 『김일성저작집 10권』, 평양: 조선로동당출판사, 1980.
8   과학백과사전종합출판사 편, 『조선전사년표 2』, 평양: 과학백과사전종합출판사, 1991, 359~381쪽.
9   「위대한 수령 김일성동지 혁명활동략력」, 「위대한 령도자 김정일동지 혁명활동략력」, 『조선중앙통신』.

는 수단이다. 현지지도에서 하는 김일성과 김정일의 말은 '현지교시'라고 부르며, 김정은의 말은 '현지말씀'으로 일컫는다. '현지지도사적비'나 '현지지도표식비'는 북한에서 김일성, 김정일, 김정은에게만 세워지는 것 등으로 미루어 현지지도는 북한에서 최고지도자에게만 사용되는 용어다.[10]

최고지도자가 현지지도에서 보여주는 것은 통치자의 리더십, 북한 용어로 '령도력'이다. '령도'는 북한 사전에서 "당과 군대와 인민을 혁명위업수행의 한길로 현명하게 령솔하고 지도하는것 곧 혁명력량을 의식화하고 조직화하고 강력한 정치적력량으로 만들고 그들을 투쟁에로 조직동원하며 승리에로 이끌어나가는것"으로 풀이된다. 령도력은 "인민대중을 투쟁에로 조직동원하는 힘"이며, '령도자'는 "당과 군대와 인민을 현명하게 령도하여 승리에로 이끌어나가는 탁월한 지도자"를 의미한다.[11]

이러한 개념에 비추어 북한에서 현지지도의 역할은 ①지도자의 영도력을 보여주는 수단, ②정권의 사상(목표, 방향)을 보여주는 수단, ③지도자의 성과(업적)를 대내외에 보여주는 수단 등으로 정리할 수 있다.

한편 많은 연구에서 현지지도는 지도자가 현지에서 하는 대중지도뿐 아니라 각종 행사, 회의, 공연과 경기관람, 접견, 회담, 기념촬영 등 공개활동을 포괄하는 의미로도 활용되고 있다. 하지만 이 글에서는 북한의 보도에 드러난 최고지도자의 공개활동 가운데 좁은 의미의 현지지도만을 대상으로 한다.

(3) 평양에서 이뤄지는 현지지도

조선민주주의인민공화국의 수도인 평양은 북한에서 혁명의 발원지로 설명되며, 북한과 지도자를 상징하는 단어다. 특히 김정은 시기 평양은 '세계적인 도시'에 비유되어

---

10   사회과학출판사 편, 『조선말대사전(증보판) 4』, 평양: 사회과학출판사, 2017, 146쪽.
11   사회과학출판사 편, 『조선말대사전(증보판) 1』, 평양: 사회과학출판사, 2017, 1743쪽.

지방이 따라 배워야 하는 모델 도시다. 나라가 '사회주의선경'으로 보이기 위해서는 먼저 평양을 제대로 건설해야 한다는 의미이다.

> "우리는 주체조선의 심장이며 선군문화의 중심지인 수도 평양시를 모든 면에서 세계적인 도시로 일떠세우며 지방들에서도 건설의 불바람을 일으켜 도, 시, 군들을 자기의 얼굴이 살아나게 특색있고 아름답게 꾸려 온 나라를 사회주의선경으로 전변시켜야 합니다."[12]

또한 평양은 북한이 내세우는 구호와 이념이 응축된 도시이자 대외적인 메시지를 표현하는 공간으로 기능한다. '사회주의 보건제도의 상징'으로 평양종합병원 건설을 지시하면서 김정은은 "조국의 기상과 혁명의 굴함없는 형세"를 언급한 바 있다.

> "겹쌓인 애로와 격난을 뚫고 수도의 한복판에 솟아오르게 될 평양종합병원은 적대세력들의 더러운 제재와 봉쇄를 웃음으로 짓부시며 더 좋은 래일을 향하여 힘있게 전진하는 우리 조국의 기상과 우리 혁명의 굴함없는 형세를 그대로 과시하는 마당이 될것입니다."[13]

이러한 의미가 있는 평양은 선대 지도자의 상징 건물인 금수산태양궁전과 혁명사적들, 개선문, 주체사상탑 등과 같은 '대기념비적창조물'과 함께 여러 '거리들'로 구성된다. 창광거리, 광복거리, 통일거리, 창전거리, 미래과학자거리, 려명거리는 대내외적으로 평

---

12   김정은, 「당의 주체적건축사상을 철저히 구현하여 건설에서 대번영기를 열어나가자: 건설부문일군대강습 참가자들에게 보낸 서한(2013년 12월 8일)」, 『로동신문』, 2013년 12월 9일.

13   김정은, 「당창건 75돐을 맞으며 평양종합병원을 훌륭히 건설하자: 평양종합병원건설 착공식에서 하신 김정은동지의 연설(2020년 3월 17일)」, 『로동신문』, 2020년 3월 18일.

양을 알리는 대표적인 얼굴이다.[14] 따라서 평양 현지지도는 이렇게 평양의 모습을 보여주는 거리들과 거리를 구성하는 건축물 등이 중심 대상이 된다.

평양에서 이뤄지는 현지지도는 다른 지역으로 전파되는 '본보기'이자 '기준'으로 언급되는데, 이는 평양이 북한의 정통성을 뒷받침하는 상징적 도시이면서 중앙집권적 통치의 핵심 공간이기 때문이다. 따라서 북한 최고지도자의 현지지도 가운데 평양을 선별하여 살펴보는 의미가 있다.

2. 김정은, '어디로, 왜' 다녔나?

1) 김정은 정권 1-1기(2012~2013년)

김정은 정권 초기 4년간(2012~2015년) 평양 현지지도는 전체의 절반이 넘는 148회 이뤄졌다. 높은 빈도를 보이는 이 시기를 좀 더 편하게 살펴볼 수 있도록 1-1기(2012~2013년)와 1-2기(2014~2015년)로 나누어 분석한 뒤 종합할 것이다.

먼저 김정은 정권 1-1기(2012~2013년) 평양 현지지도는 총 77건 이뤄졌다. 2012년 34회, 2013년 43회 등이다. 지도자의 평양 현지지도 목적을 크게 '건설 / 개건' 관련과 '방문 / 시찰' 등 두 가지로 분류했을 때, 이 시기 평양 현지지도 목적의 90%인 70건은 '건설이나 개건'[15]과 관련된 것이었다. 9건은 '방문이나 시찰'에 해당했다.[16]

현지지도 목적을 좀 더 자세히 알아보기 위해 '건설이나 개건' 목적의 현지지도 대상

14　사회과학출판사 편,『조선말대사전(증보판) 3』평양: 사회과학출판사, 2017, 1359쪽.

15　'건설'은 건설이나 시설물을 새로 만드는 것이고, '개건'은 고쳐서 짓는 것을 의미한다.

16　현지지도 횟수는 '보도' 횟수로 집계했다. 그러나 현지지도 목적은 하루에도 여러 기관을 방문했다면 다수 나타날 수 있다. 따라서 현지지도 횟수(77건)보다 현지지도 목적의 총합(79건)이 더 크게 나타났다.

물의 상태를 단계별로 분별해 ①건설 / 개건 지시, ②건설 중, ③완공단계, ④완공 후 시찰 등 4가지로 나누었다.[17] '방문 / 시찰'의 현지지도 목적도 대상별로 세부 목적을 식별했다. 1-1기(2012~2013년) 평양 현지지도 대상과 목적을 로동신문의 보도 날짜[18]별로 제시하면 다음 〈표 4-3〉과 같다.

〈표 4-3〉 1-1기(2012~2013년) 평양 현지지도 대상과 목적

보도일	현장(대상기관)	목적	
		건설 / 개건	방문 / 시찰
2012-01-12	평양민속공원, 영웅거리고기상점	건설 중	
2012-01-25	만경대혁명학원		원아방문
2012-02-23	경기용총탄공장	개건 지시	
2012-03-03	전략로케트사령부		시찰
2012-04-11	국가산업미술중심	완공 후 시찰	
2012-04-11	인민극장	완공단계	
2012-04-26	만수교고기상점	준공식	
2012-04-30	조선인민군 과학기술전람관	완공 후 시찰	
2012-05-01	릉라인민유원지	건설 중	
2012-05-10	만경대유희장	개건 지시	
2012-05-26	개선청년공원유희장	건설 중	

---

17 현지지도 목적의 통계화를 위해 용어를 단순화하여 통합했다. 예를 들어, "설비현대화 과업을 제시"했거나 "개건보수 과업을 제시"한 경우 모두 '건설 / 개건 지시'로 표기했고, "완공을 앞두고 시찰"했거나 "준공식을 지시"했을 경우 '완공단계'로 표기했다. '착공식'은 '건설 / 개건 지시'에 포함했으며, '준공식'은 '완공 후 시찰'에 포함했다.

18 '보도 날짜'란 현지지도가 북한 매체에 보도된 날짜로, 실제 현지지도는 대부분 보도 날짜보다 하루 정도 전날 이뤄졌다.

2012-05-26	류경원, 인민야외빙상장건설사업	건설 중	
2012-05-26	창전거리(초고층살림집, 봉사시설)	완공단계	
2012-05-28	중앙동물원	개건 지시	
2012-05-31	창전거리(아동백화점과 살림집)	완공단계	
2012-05-31	창전거리(창전소학교, 경상탁아소, 경상유치원)	완공 후 시찰	
2012-07-02	릉라인민유원지, 평양산원 유선종양연구소	완공단계	
2012-07-03	평양양말공장, 아동백화점	완공단계	시찰
2012-07-06	평양항공역	개건 후 방문, 건설 중	
2012-07-09	조국해방전쟁승리기념관	개건 지시	
2012-07-16	경상유치원		방문
2012-07-25	릉라인민유원지	준공 앞둠	
2012-07-26	릉라인민유원지	준공식	
2012-07-27	류경원과 인민야외빙상장	완공단계	
2012-09-01	조선인민군무장장비관 전자도서관	새시설 참관	
2012-09-01	해맞이식당	개업 앞둠	
2012-09-05	창전거리살림집		가정 방문
2012-09-08	평양민속공원	준공 앞둠	
2012-09-08	통일거리운동쎈터	준공 앞둠	
2012-09-22	평양남새과학연구소, 평양화초연구소	개건 후 방문	
2012-10-07	만경대유희장, 대성산유희장	개건 후 방문	
2012-11-04	평양산원 유선종양연구소	완공 후 시찰	
2012-11-04	류경원, 인민야외빙상장, 로라스케트장	준공 앞둠	
2012-11-20	조선인민군 제534군부대직속 기마중대 훈련장	개건 지시	
2013-01-20	대성산종합병원	건설 중	

2013-02-22	조국해방전쟁승리기념관	건설 중	
2013-03-09	청춘거리 체육촌	개건 지시	
2013-04-28	해당화관	개업 앞둠	
2013-04-30	양각도축구경기	개건 지시	
2013-05-02	인민보안부		방문 시찰
2013-05-05	국가과학원 생물공학분원 잔디연구소	완공 후 방문	
2013-05-07	조국해방전쟁승리기념관 건설장, 문수물놀이장 건설장, 미림승마구락부 건설장	건설 중	
2013-05-13	만수대창작사		창작사업 지도
2013-05-15	강태호 기계공장	완공 후 시찰	
2013-05-20	평양시묘향산등산소년단야영소	개건 지시	
2013-06-06	보성버섯공장	완공 후 시찰	
2013-06-08	평양기초식품공장	개건 후 방문	
2013-06-11	평양국제축구학교, 릉라인민체육공원	완공 후 시찰	
2013-07-02	과학자살림집건설장	건설 중	
2013-07-02	인민군렬사묘	완공단계	
2013-07-02	조국해방전쟁승리기념관	완공단계	
2013-07-04	강동정밀기계공장	개건 지시	
2013-07-12	조국해방전쟁승리기념관	개관 앞둠	
2013-07-17	아동병원과 구강병원	건설 중	
2013-08-07	평양체육관	개건 중	
2013-08-07	과학자살림집건설장	완공단계	
2013-08-10	미림승마구락부건설장	건설 중	
2013-08-10	문수물놀이장건설장	완공단계	
2013-08-14	김일성종합대학 과학자살림집건설장	완공단계	

2013-08-21	조선인민군과학기술전람관	관람
2013-09-09	은하과학자거리	완공 후 시찰
2013-09-15	릉라인민유원지 유희장(립체률동영화관, 전자오락관)	완공 후 시찰
2013-09-15	평양체육관	완공 후 시찰
2013-09-18	문수물놀이장건설장	완공단계
2013-09-23	문수물놀이장건설장	완공단계
2013-09-23	미림승마구락부건설장	완공단계
2013-09-24	구강병원건설장	완공단계
2013-09-25	5월1일경기장	개건 지시
2013-09-29	김일성종합대학 교육자살림집건설장	완공단계
2013-10-06	아동병원건설장	완공단계
2013-10-08	국가과학원 중앙버섯연구소	완공 후 시찰
2013-10-14	김정숙평양방직공장	개건 지시
2013-10-14	문수물놀이장	준공 준비
2013-10-14	미림승마구락부	준공 준비
2013-10-21	미림승마구락부	준공 준비
2013-11-20	김일성군사종합대학 김정일군사연구원	건설 중
2013-11-27	평양건축종합대학	방문

1-1기(2012~2013년) 이뤄진 평양 현지지도의 주요 목적을 '건설 / 개건' 관련과 '방문 / 시찰' 관련으로 나누어 비율을 보면 다음 〈그래프 4-1〉과 같다.

김정은 정권 1-1기(2012~2013년) 평양 현지지도 목적의 90% 가까이 차지하는 '건설과 개건' 관련 대상기관의 진행 상태는 ①건설 / 개건 지시 11건, ②건설 중 14건, ③완공단계 26건, ④완공 후 시찰 19건 등이다. 현지지도 대상물의 상태별 빈도는 다음 〈그래프

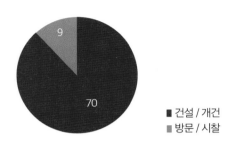

이 시기 평양 현지지도 대상기관의 상태는 '건설 중'(14건)이거나 '완공단계'(26건) 등으로 건설이 진행되고 있는 경우가 전체 70건 가운데 40건으로 57%를 차지했다.

<그래프 4-2> 1-1기(2012~2013년) '건설 / 개건' 관련 대상물의 상태

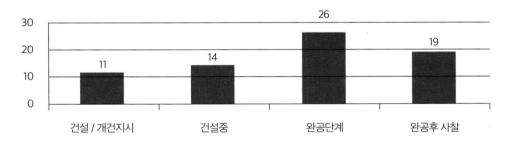

2) 김정은 정권 1-2기(2014~2015년)

김정은 정권 초기 4년 가운데 후반부인 1-2기(2014~2015년) 평양 현지지도는 총 71건 이뤄졌다. 2014년 33회, 2015년 38회 등으로 1-1기(2012~2013년) 77건보다는 약간 줄었으나 비슷한 빈도다. 1-2기(2014~2015년) 평양 현지지도 대상과 목적을 로동신문 보도 날짜별로 제시하면 <표 4-4>와 같다.

〈표 4-4〉 1-2기(2014~2015년) 평양 현지지도 대상과 목적

보도일	현장(대상기관)	목적	
		건설 / 개건	방문 / 시찰
2014-01-15	국가과학원, 연풍호(과학자휴양소 자리)	건설 지시	
2014-02-04	평양시의 육아원과 애육원	건설 지시	
2014-02-12	경기용총탄공장, 메아리사격관	완공 후 시찰	
2014-03-03	평양약전기계공장		시찰
2014-03-10	김일성정치대학		선거
2014-03-12	중앙동물원	개건 중	
2014-03-22	류경구강병원, 옥류아동병원	완공 후 시찰	
2014-04-30	김정숙평양방직공장 로동자합숙	완공 후 시찰	
2014-05-19	대성산종합병원		시찰
2014-05-21	김책공업종합대학 교육자살림집건설장	건설 중	
2014-05-31	만경대학생소년궁전	개건 지시	
2014-06-02	쑥섬(과학기술전당 자리)	건설 지시	
2014-06-02	평양애육원		원아 방문
2014-06-05	대동강과수종합농장, 대동강과일종합가공공장		생산 지시
2014-06-07	만경대혁명학원		원아 방문
2014-06-10	장천남새전문협동농장	완공 후 시찰	
2014-06-20	위성과학자거리건설장	건설 중	
2014-06-20	5월1일경기장개건현장	개건 중	
2014-06-25	평양육아원, 애육원건설장	건설 중	
2014-07-11	평양국제비행장 항공역사건설장	건설 중	
2014-08-07	평양양말공장		시찰

2014-08-13	평양육아원, 애육원건설장	완공단계	
2014-08-13	김책공업종합대학 교육자살림집건설장	완공단계	
2014-10-14	위성과학자주택지구	완공 후 시찰	
2014-10-17	김책공업종합대학 교육자살림집	완공 후 시찰	
2014-10-26	평양육아원, 애육원	완공 후 시찰	
2014-11-01	평양국제비행장건설장	개건 지시	
2014-11-08	정성제약종합공장	개건 지시	
2014-11-11	중앙양묘장		시찰
2014-11-27	조선4.26만화영화촬영소		시찰
2014-12-16	평양어린이식료품공장	개건 지시	
2014-12-20	김정숙평양방직공장	개건 지시	
2014-12-23	평양메기공장	개건 지시	
2015-01-02	평양육아원, 애육원		원아 방문
2015-01-10	평양시버섯공장	완공 후 시찰	
2015-01-16	강동정밀기계공장	개건 지시	
2015-01-18	금컵체육인종합식료공장		시찰
2015-01-21	류원신발공장		시찰
2015-02-05	평양화장품공장		시찰
2015-02-15	미래과학자거리건설장	건설 중	
2015-02-27	과학기술전당건설장	건설 중	
2015-02-28	조국해방전쟁승리기념관에 새로 꾸린 근위부대관	완공 후 시찰	
2015-03-06	평양시양로원건설장	건설 중	
2015-04-08	평양약전기계공장		방문
2015-04-12	평양국제비행장 2 항공역사건설장	완공단계	

2015-05-03	국가우주개발국 위성관제종합지휘소	완공 후 시찰	
2015-05-19	대동강자라공장		료해
2015-06-06	조선인민군 제810군부대산하 평양생물기술연구원		료해
2015-06-09	조국해방전쟁사적지	완공 후 시찰	
2015-06-25	평양국제비행장 항공역사	완공 후 시찰	
2015-06-30	장천남새전문협동농장	완공 후 시찰	
2015-07-03	김책공업종합대학 자동화연구소	완공 후 시찰	
2015-07-07	평양남새과학연구소		료해
2015-07-11	평양대경김가공공장		료해
2015-07-14	락랑위생용품공장		료해
2015-07-20	김종태전기기관차련합기업소	개건 지시	
2015-08-02	평양양로원	완공 후 시찰	
2015-08-18	대동강과수종합농장		시찰
2015-09-01	평양강냉이가공공장	완공 후 시찰	
2015-09-25	창광상점	완공 후 시찰	
2015-09-28	종합봉사선《무지개》호	완공 후 시찰	
2015-10-01	정성제약종합공장		시찰
2015-10-21	미래과학자거리	완공 후 시찰	
2015-10-23	김종태전기기관차련합기업소	개건 후 시찰	
2015-10-28	과학기술전당	완공 후 시찰	
2015-10-31	평양메기공장	개건 후 시찰	
2015-11-14	평양어린이식료품공장	개건 후 시찰	
2015-11-18	이동식그물우리양어장	완공 후 시찰	
2015-11-20	김종태전기기관차련합기업소	새 전동차 시운전	
2015-12-01	만경대학생소년궁전	완공 후 시찰	

평양 현지지도의 주요 목적은 '건설 / 개건' 관련이 50건, '방문 / 시찰' 관련이 21건으로 '건설 / 개건' 관련 현지지도가 2배 이상 많지만, '방문 / 시찰' 관련 현지지도 비중이 1-1기(2012~2013년)보다는 늘어서 현지지도 목적의 30%를 차지한다.

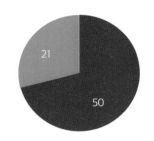

〈그래프 4-3〉 1-2기(2014~2015년) 평양 현지지도의 주요 목적

■ 건설 / 개건
■ 방문 / 시찰

'건설이나 개건' 목적의 현지지도 대상물 상태를 보면 ①건설 / 개건 지시 11건, ②건설 중 9건, ③완공단계 3건, ④완공 후 시찰 27건 등이다. 총 50건 가운데 절반 이상인 27건이 '완공 후 시찰' 목적의 현지지도였다. 1-1기(2012~2013년)에 비해 '완공 후 시찰' 비중이 크다는 특징이 있다. 현지지도 대상기관의 진행 상태를 비교해 보면 다음 〈그래프 4-4〉와 같다.

김정은 시대 1기 전반기(1-1기)와 후반기(1-2기)를 합친 2012~2015년 4년간의 평양 현지지도를 다시 종합해보면, 2012년 34회, 2013년 43회, 2014년 33회, 2015년 38회 등 총

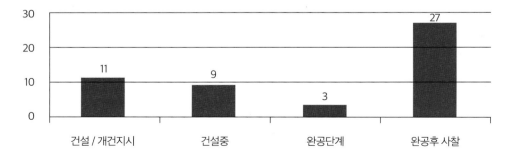

〈그래프 4-4〉 1-2기(2014~2015년) '건설 / 개건' 관련 현지지도 대상물의 상태

148회 이뤄졌다. 이는 전체 기간(2012~2023년 상반기) 이뤄진 229회의 절반 이상이며, 연도별로는 고른 분포를 보인다.

1기 4년간 평양 현지지도에서 많이 찾은 대상기관을 부문별로 살펴보면, ①문화, ②산업, ③주거, ④교육, ⑤연구, ⑥보건, ⑦유통 순이었다. 대상기관명을 키워드 검색으로 조사해 나타난 부문별 대상기관 빈도는 다음 <표 4-5>와 같다.

<표 4-5> 1기(2012~2015년) 현지지도 대상기관의 부문별 방문 빈도

부문(빈도)	대상기관(빈도)
문화(40)	기념관(6), 유원지(5), 승마(5), 물놀이장(5), 유희장(4), 체육(5), 공원(4), 빙상장(3), 동물원(2), 극장(1)
산업(33)	공장(29), 농장(4)
주거(22)	거리(11) 살림집(10), 주택(1)
교육(20)	학원(5), 대학(11), 학교(2), 유치원(2)
연구(10)	연구소(7), 연구원(2), 도서관(1)
보건(9)	병원(7), 제약(2)
유통(6)	상점(3), 백화점(2), 식당(1)

※ 출처: 필자 작성

이 시기 김정은 위원장이 평양 현지지도로 가장 많이 찾은 곳은 문화 부문에서 조국해방전쟁승리기념관(6회)이다. 이어 릉라인민유원지, 문수물놀이장, 미림승마구락부 건설장을 각각 5회 찾았다. 유희장에 해당하는 대상기관은 만경대유희장, 개선청년공원유희장, 대성산유희장 등이 있다. 이밖에 인민야외빙상장, 평양민속공원, 그리고 위의 검색 대상에는 포함되지 않은 류경원 등이 문화 부문에 속한다.

산업 부문에서는 경기용총탄공장, 강태호기계공장, 강동정밀기계공장을 비롯해 보성버섯공장, 평양기초식품공장과 평양양말공장, 김정숙평양방직공장 등 경공업과 중공

평양 문수물놀이장 건설을 현지지도 하는 김정은 위원장(2013.9.23.) ⓒ〈연합〉

업 공장이 모두 포함됐고, 대동강과수종합농장과 장천남새전문협동농장을 각각 2번씩 찾았다.

　　주거 부문으로는 창전거리, 은하과학자거리, 위성과학자거리, 미래과학자거리를 해마다 건설했고, 거리에는 각각 살림집과 주택이 들어섰다. 그밖에 교육과 연구, 보건에 해당하는 대상기관들을 주로 현지지도한 것으로 나타났다.

3) 김정은 정권 2기(2016~2019년)

김정은 정권 중반부인 2기(2016~2019년) 평양 현지지도는 총 58건 이뤄졌다. 이는 1기(2012~2015년)에 이뤄진 148건과 비교하면 약 40% 빈도에 머문다. 2016년 27회, 2017년 19회, 2018년 9회, 2019년 3회 등 해가 갈수록 감소하는 경향을 보인다.

평양 현지지도 목적을 '건설 / 개건' 관련과 '방문 / 시찰' 관련 등으로 구분하여 현지지도 현장(대상기관)과 함께 로동신문 보도 날짜별로 제시하면 다음 <표 4-6>과 같다.

<표 4-6> 2기(2016~2019년) 평양 현지지도 대상과 목적

보도일	현장(대상기관)	목적	
		건설 / 개건	방문 / 시찰
2016-01-02	과학기술전당	준공식	
2016-01-10	인민무력부		방문 연설
2016-01-28	김정숙평양방직공장	완공 후 시찰	
2016-03-18	려명거리건설 현장	건설 지시	
2016-03-28	미래상점과 종합봉사기지	완공 후 시찰	
2016-04-19	민들레학습장공장	완공 후 시찰	
2016-05-21	자연박물관과 중앙동물원	완공단계	
2016-05-27	류경안과종합병원건설장	건설 중	
2016-06-02	평양체육기자재공장	완공 후 시찰	
2016-06-04	만경대소년단야영소	완공 후 시찰	
2016-06-04	룡악산비누공장건설장	건설 중	
2016-06-10	류경김치공장	완공 후 시찰	
2016-06-16	평양곡산공장	완공 후 시찰	
2016-06-21	김정숙평양제사공장		방문

2016-07-03	평양중등학원	완공 후 시찰	
2016-07-06	평양자라공장	완공 후 시찰	
2016-07-14	백두산건축연구원		방문
2016-07-27	천리마건재종합공장		방문
2016-07-30	조선인민군 어구종합공장	완공 후 시찰	
2016-08-18	대동강돼지공장		방문
2016-08-18	대동강과수종합농장		방문
2016-09-15	보건산소공장	완공 후 시찰	
2016-09-24	대동강주사기공장	개건 지시	
2016-09-30	룡악산샘물공장	완공 후 시찰	
2016-10-07	만경대혁명사적지기념품공장	완공 후 시찰	
2016-10-18	류경안과종합병원	완공 후 시찰	
2016-10-29	룡악산비누공장	완공 후 시찰	
2017-01-05	평양가방공장	완공 후 시찰	
2017-01-08	김정숙평양제사공장 (이불생산공정, 로동자합숙)	완공 후 시찰	
2017-01-12	류경김치공장	완공 후 시찰	
2017-01-26	려명거리건설장	건설 중	
2017-02-02	평양초등학원	완공 후 시찰	
2017-02-07	강동정밀기계공장	완공 후 시찰	
2017-03-01	조선인민군 제966대련합부대 지휘부		시찰
2017-03-03	만경대혁명학원		식수
2017-03-11	백두산건축연구원	개건 후 시찰	
2017-03-16	려명거리건설장	건설 중	
2017-03-28	조선혁명박물관	개건 후 시찰	

2017-04-08	평양버섯공장	완공 후 시찰	
2017-04-14	려명거리	준공식	
2017-05-10	락랑영예군인수지일용품공장		방문
2017-08-30	조선인민군 전략군		지도
2017-09-16	로케트연구부문 과학자, 기술자, 조선인민군 전략군		지도
2017-10-13	만경대혁명학원		방문
2017-10-19	류원신발공장	완공 후 시찰	
2017-10-29	평양화장품공장	완공 후 시찰	
2018-01-12	국가과학원	완공 후 시찰	
2018-01-17	평양교원대학	완공 후 시찰	
2018-01-25	평양제약공장	개건 지시	
2018-02-01	평양무궤도전차공장	완공 후 시찰	
2018-02-04	평양무궤도전차공장	전차 시운전	
2018-06-09	평양대동강수산물식당	새로 건설	
2018-08-04	평양무궤도전차공장, 송산궤도전차사업소	전차 시운전	
2018-09-28	김책공업종합대학		방문
2018-10-11	삼지연관현악단 극장	개건 후 시찰	
2019-02-09	인민무력성		방문 연설
2019-04-08	대성백화점	완공단계	
2019-10-09	조선인민군 제810군부대산하 1116호농장		시찰

김정은 집권 2기(2016~2019년) 평양 현지지도의 주요 목적은 '건설 / 개건' 관련이 43건, '방문 / 시찰' 관련이 15건으로, '건설 / 개건' 관련 현지지도가 3배 정도 많다. 1기에 비해 전체적인 빈도는 줄었지만, '건설 / 개건' 관련 현지지도 비중은 여전히 높은 것을 확인할

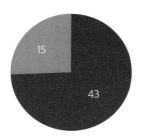

〈그래프 4-5〉 2기(2016~2019년)
평양 현지지도의 주요 목적

- ■ 건설 / 개건
- ■ 방문 / 시찰

수 있다.

'건설 / 개건' 관련 목적의 현지지도 대상물의
상태는 ①건설 / 개건 지시 3건, ②건설 중 4건, ③
완공단계 2건, ④완공 후 시찰 34건 등이다. 준공
식 2건을 포함해 '완공 후 시찰' 목적의 현지지도가
전체 43건 중 34건으로 대다수를 차지했다. 이렇
게 '완공 후 시찰' 비중이 높은 것은 2016년 7차 당
대회를 중심으로 김정은 정권의 업적을 평양 현지
지도를 통해 보여주고 있다는 점을 나타낸다.

〈그래프 4-6〉 2기(2016~2019년) '건설 / 개건' 관련 현지지도 대상물의 상태

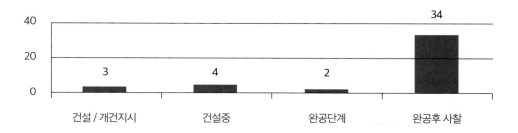

다음으로 현지지도 대상기관의 부문별 방문 빈도를 살펴보면, ①산업, ②교육, ③문
화, ④주거, ⑤보건, 유통, ⑥연구 순이었다. 대상기관명을 키워드 검색으로 조사해 나타
난 부문별 대상기관 빈도는 다음 〈표 4-7〉과 같다.

〈표 4-7〉 2기(2016~2019년) 현지지도 대상기관의 부문별 방문 빈도

부문(빈도)	대상기관(빈도)
산업(30)	공장(27), 농장(2), 사업소(1)

교육(7)	학원(5), 대학(2),
문화(6)	박물관(2), 동물원(1), 극장(1), 체육(1), 사적지(1)
주거(4)	거리(4)
보건(3)	병원(2), 제약(1)
유통(3)	상점(1), 백화점(1), 식당(1)
연구(2)	연구원(2)

※ 출처: 필자 작성

이 시기 김정은 위원장이 평양 현지지도에서 가장 많이 찾은 대상은 산업 부문으로, 공장 27건, 농장 2건, 사업소 1건 등이었다. 공장은 류경김치공장과 김정숙평양제사공

류경김치공장을 현지지도 한 김정은 위원장(2017.1.12) ⓒ〈연합〉

장, 룡악산비누공장, 평양무궤도전차공장을 각각 2번 찾은 것 외에는 평양곡산공장, 평양자라공장, 천리마건재종합공장, 어구종합공장, 대동강돼지공장, 보건산소공장, 대동강주사기공장, 룡악산샘물공장, 만경대혁명사적지기념품공장, 평양가방공장, 강동정밀기계공장, 평양버섯공장, 락랑영예군인수지일용품공장, 류원신발공장, 평양화장품공장, 평양제약공장, 김정숙평양방직공장, 민들레학습장공장, 평양체육기자재공장 등을 1번씩 현지지도하며 인민생활 각 분야 산업을 돌아보았다.

특히 문화 부문 대상기관에 대한 현지지도는 1기(2012~2015년)에 최다빈도를 보인 것에 비해 상대적으로 감소했다.

4) 김정은 정권 3기(2020~2023년 6월)

김정은 정권 후반부인 3기(2020~2023년 6월) 평양 현지지도는 총 23회 이뤄졌다. 연도별로는 2020년 2회, 2021년 5회, 2022년 12회, 2023년 4회 등이다. 이는 2기(2016~2019년) 58회보다 절반 아래로 감소한 것이고, 1기(2012~2015년) 148회와 비교하면 15% 수준이다. 3기(2020~2023년 6월) 평양 현지지도 대상과 목적을 로동신문 보도 날짜별로 보면 다음 〈표 4-8〉과 같다.

〈표 4-8〉 3기(2020~2023년 6월) 평양 현지지도 대상과 목적

보도일	현장(대상기관)	목적	
		건설 / 개건	방문 / 시찰
2020-03-18	평양종합병원건설장	착공식	
2020-07-20	평양종합병원건설장	건설 중	
2021-03-24	평양시 1만세대 살림집건설	착공식, 연설	
2021-03-26	평양시려객운수종합기업소와 평양뻐스공장	새 버스 료해	

2021-03-26	보통문주변 강안지구	건설 지시	
2021-04-01	보통강강안다락식주택구건설장	건설 중	
2021-08-21	보통강강안다락식주택구건설장	건설 중	
2022-02-13	화성지구 1만세대 살림집 착공식장	착공식	
2022-03-16	송신, 송화지구 1만세대 살림집건설장	완공단계	
2022-04-03	보통강강안다락식주택구	완공 후 시찰	
2022-04-12	송화거리	준공식	
2022-04-14	보통강강안다락식주택구	준공식	
2022-05-13	국가비상방역사령부		료해
2022-08-19	4.25문화회관광장		격려, 연설
2022-10-13	만경대혁명학원과 강반석혁명학원		방문, 연설
2022-10-17	만경대혁명학원		방문
2022-10-18	조선로동당 중앙간부학교		방문, 강의
2022-11-19	평양국제비행장		지도 참관
2022-12-01	대규모비행총출동작전 비행사, 당중앙위 본부청사		격려 방문
2023-02-16	화성지구 2단계 1만세대 살림집건설장	착공	
2023-02-16	강동온실농장건설장	착공	
2023-02-26	서포지구 새거리건설장	착공	
2023-04-17	화성지구 1단계 1만세대 살림집	준공식	

김정은 정권 3기(2020~2023년 6월) 평양 현지지도 목적은 '건설 / 개건' 관련이 16건, '방문 / 시찰' 관련이 7건이다. 다른 시기보다 전체적인 현지지도 빈도가 감소한 가운데, '방문 / 시찰' 관련 현지지도 비중은 상대적으로 증가해서 '건설 / 개건'의 절반 정도에 해당한다.

3기에 이뤄진 '건설이나 개건' 목적의 현지지도 대상물 상태를 단계별로 보면 ①건설

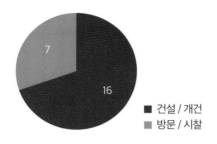

〈그래프 4-7〉 3기(2020~2023년 6월)
평양 현지지도의 주요 목적

■ 건설 / 개건
■ 방문 / 시찰

/ 개건 지시 7건, ②건설 중 3건, ③완공 단계 1건, ④완공 후 시찰 5건 등이다. 새롭게 '건설이나 개건을 지시'하는 대상물의 비중이 다른 시기와 비교해 상대적으로 높은 편이다. 현지지도 대상물의 상태를 비교하면 다음 〈그래프 4-8〉과 같다.

〈그래프 4-8〉 3기(2020~2023년 6월) '건설 / 개건' 관련 대상물의 상태

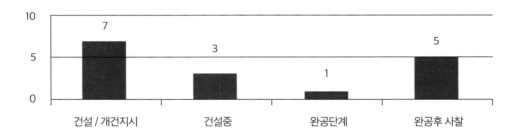

다음으로 현지지도 대상기관의 부문별 방문 빈도를 살펴보면, ①주거, ②교육, ③보건, ④산업 순이었다. 대상기관명을 키워드 검색으로 조사해 나타난 부문별 대상기관 빈도는 다음 〈표 4-9〉와 같다.

〈표 4-9〉 3기(2020~2023년 6월) 현지지도 대상기관의 부문별 방문 빈도

부문(빈도)	대상기관(빈도)
주거(13)	거리(3) 살림집(5), 주택(5)

교육(3)	학원(2), 학교(1)
보건(2)	병원(2)
산업(1)	농장(1)

※ 출처: 필자 작성

이 시기 평양 현지지도 대상기관은 '주거' 부문이 대다수를 차지하는 것이 특징이다. 평양시 1만세대 살림집, 보통강 강안다락식주택구, 화성지구 1만세대 살림집, 송신·송화지구 1만세대 살림집, 화성지구 2단계 1만세대 살림집, 서포지구 새거리 건설장 등을 주로 현지지도했다. 특히 1기(2012~2015년)와 2기(2016~2019년)에 우선순위 현지지도 부문이었

딸과 함께 서포지구 새거리건설 착공식에 참석한 김정은 위원장(2023.2.26.) ⓒ〈연합〉

던 '산업' 관련 대상기관은 강동온실농장 착공 현장이 유일했다. 또한 1기(2012~2015년)에서 최다빈도 부문이던 '문화' 관련 대상기관은 단 한 곳도 없었으며, '연구'나 '유통' 부문도 전무했다.

3. 현지지도 빈도는 줄고, 성과는 확실히

1) 현지지도의 목적

김정은 시기 평양 현지지도의 주요 목적을 이 글에서는 크게 두 가지로 나눴다. 첫째, 대상기관 / 대상물에 대한 '건설 / 개건' 관련 현지지도, 둘째, 대상집단인 인민을 만나는 '방문 / 시찰' 관련 현지지도 등이다. 김정은 시대 평양 현지지도는 총 229건이 이뤄졌고, 이 가운데 '건설 / 개건'은 179

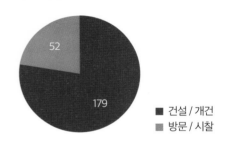

〈그래프 4-9〉 2012~2023년 평양 현지지도의 주요 목적

■ 건설 / 개건
■ 방문 / 시찰

〈그래프 4-10〉 2012~2023년 '건설 / 개건' 관련 현지지도 대상물의 상태

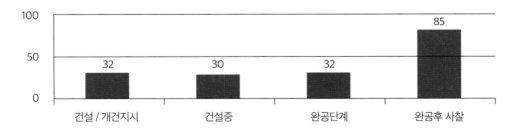

평양 '려명거리' 건설을 현지지도 하는 김정은 위원장(2017.1.26) ©〈연합〉

건, '방문 / 시찰'은 52건을 차지한다.[19]

　　평양 현지지도 목적의 대다수를 차지하는 '건설 / 개건' 관련은 대상기관의 진행 단계를 ①건설 / 개건 지시(착공식 포함) ②건설 중 ③완공단계 ④완공 후 시찰(준공식 포함) 등으로 나눠볼 수 있다. 앞서 시기별로 살펴본 '건설 / 개건' 관련 현지지도 대상기관의 상태를 종합하면 위의 〈그래프 4-10〉과 같다. 김정은 시기 평양 현지지도에서 '건설 / 개건' 관련 현지지도의 세부 목적이 '건설 / 개건 지시'인 경우는 32건, '건설 중'은 30건, '완공단계'는

19　'건설 / 개건'과 '방문 / 시찰'의 총합은 231건으로 평양 현지지도 총 건수 229건보다 2건이 많다. 이는 하루에 현지지도의 목적이 다른 기관들을 다녀온 경우가 포함됐기 때문이다.

32건, '완공 후 시찰'은 85건으로 나타났다.

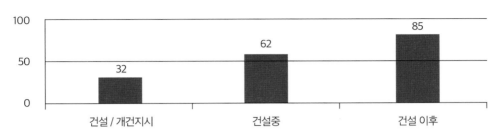

〈그래프 4-11〉 2012~2023년 평양 현지지도 대상기관의 상태

시기별 비교를 위해 이를 다시 단순화하면, 〈그래프 4-11〉에서 보듯이 ①건설 이전(건설 / 개건 지시+착공식), ②건설 중(건설중+완공단계), ③건설 이후(준공식+완공후 시찰) 등 세 단계로 분류할 수 있다. 김정은 시기 평양 현지지도의 대상기관은 '건설 / 개건 지시'가 이뤄지는 사례(32건)보다 '건설 중'인 경우가 더 많고(62건), 이보다 더 많은 경우는 '건설 / 개건'이 이뤄진 성과물(85건)이다.

이를 김정은 정권의 전반 1기, 중반 2기, 후반 3기 등 3개 시기별로 비교해 보면 다음 〈그래프 4-12〉와 같이 나타낼 수 있다.

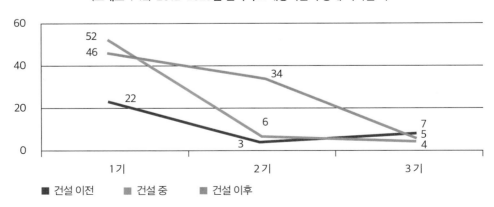

〈그래프 4-12〉 2012~2023년 현지지도 대상기관의 상태 시기별 비교

김정은 정권 초기인 1기(2012~2015년)에는 전반적으로 '건설 / 개건' 대상기관에 대한 현지지도가 많았는데, 상대적으로 '건설 이전'보다 '건설 중'인 경우가 많았다. 2기(2016~2019년)에는 '건설 이전'이나 '건설 중'보다 '건설 이후' 현지지도가 월등히 많았다. 3기(2020~2023년 6월)는 '건설 / 개건' 대상기관 현지지도 빈도 자체가 전체적으로 다른 시기보다 적었다.

이를 해석해보면, 김정은 정권 초반에는 건설 / 개건 지시와 함께 건설중이거나 건설 이후의 성과를 보여주는 현지지도가 전반적으로 많았고, 그중에서도 특히 건설을 독려하는 '건설 중'인 대상기관에 대한 현지지도가 많았다. 그러나 2016년 7차 당대회를 기점으로 평양 현지지도는 건설의 성과를 보여주는 경우가 대부분이었으며, 정권 후반에는 건설 / 개건 관련 평양 현지지도가 전반적으로 줄었지만, 그래도 '건설 / 개건 지시'가 상대적으로 증가한 것을 볼 수 있다.

2) 현지지도의 부문

김정은 시기 평양 현지지도 대상기관들은 산업시설과 문화유희시설, 거리와 살림집, 교육과 보건, 복지 등 다양한 부문에 걸쳐 있다. 부문별 우선순위를 알아보기 위해 평양 현지지도 대상기관명에 대한 키워드 빈도를 조사했다. 앞서 시기별로 실시한 부문 조사를 전체 기간으로 종합하여 2012년부터 2023년 상반기까지 김정은 시기 평양 현지지도 '부문'과 '대상기관' 빈도를 보면 다음 〈표 4-10〉과 같다.

〈표 4-10〉 2012~2023년 현지지도 대상기관의 부문별 방문 빈도

부문(빈도)	대상기관(빈도)
① 산업(69)	공장(57), 농장(7), 기업소(4), 사업소(1)
② 문화(48)	기념관(6), 체육(6), 물놀이장(5), 유원지(5), 승마(5), 유희장(4), 공원(4), 빙상장(3), 동물원(3), 사적지(3), 극장(2), 박물관(2)
③ 주거(37)	거리(17) 살림집(15), 주택(5)

④ 교육(30)	대학(13), 학원(12), 학교(3), 유치원(2)
⑤ 보건(14)	병원(11), 제약(3)
⑥ 복지(13)	애육원(6), 육아원(5), 양로원(2)
⑦ 연구(12)	연구소(7), 연구원(4), 도서관(1)
⑧ 유통(9)	상점(4), 백화점(3), 식당(2)

※ 출처: 필자 작성

김정은 시기 현지지도가 자주 이뤄진 부문은 ①산업, ②문화, ③주거, ④교육, ⑤보건, ⑥복지, ⑦연구, ⑧유통 등의 순으로 나타났다.

먼저 '산업' 부문에서는 '공장'(57건)과 '농장'(7건) 방문이 많았다. '공장'은 대상기관명에 '공장'이 포함된 것인데, 경기용총탄공장, 강태호 기계공장, 평양양말공장, 보성버섯공장, 평양기초식품공장, 김정숙평양방직공장, 평양약전기계공장, 대동강과일종합가공공장, 평양메기공장, 류원신발공장, 평양화장품공장, 락랑위생용품공장, 민들레학습장공장, 류경김치공장, 대동강돼지공장, 보건산소공장, 대동강주사기공장, 룡악산샘물공장, 평양무궤도전차공장 등이 있다. '공장'이 생산하는 장소를 뜻하는 만큼 일상용품, 식품, 의약품, 기계, 교통기관에서부터 농축수산물에 이르기까지 다양한 대상을 아우른다.

김정은 시기 평양 현지지도에서는 '문화' 부문 대상기관인 기념관, 물놀이장, 유원지, 유희장, 공원, 빙상장, 동물원, 사적지, 극장, 박물관 등이 37건으로 나타났다. 여기에 '체육'과 '승마' 키워드를 추가하면 각각 6건과 5건이 포함돼 모두 48건에 이른다. 이밖에 키워드 검색에 포함되지 않은 '로라스케트장, 양각도축구경기' 등 체육 부문 대상기관을 추가할 수 있으며, 평양 현지지도에서 '문화체육유희시설' 부문은 '산업' 부문과 함께 큰 비중을 차지한다.

다음으로 '주거' 부문은 '거리'(17건), '살림집'(15건), '주택'(5건) 등이 포함된다. '거리'에는 살림집과 주택단지가 포함되는 경우가 대부분이므로 실제로 '살림집'이나 '주택' 현지지도는 '거리' 현지지도와 중복되기도 한다.

북한이 사회주의 제도의 특징으로 내세우는 교육과 보건, 복지 부문도 평양 현지지도 대상기관 상위 빈도를 나타냈다. '교육' 부문은 대학(13건), 학원(12건), 학교(3건), 유치원(2건) 등이 있었고, '보건' 부문은 병원(11건), 제약(3건) 등이었다. 아이들과 노인을 위한 복지시설이라고 할 수 있는 '복지' 부문에서는 애육원(6건), 육아원(5건), 양로원(2건) 방문이 이뤄졌다.

이 밖에도 연구소(7건), 연구원(4건), 도서관(1건)을 '연구' 부문으로 묶었고, 상점(4건), 백화점(3건), 식당(2건) 등은 '유통' 부문의 현지지도 대상기관으로 집계되었다.

3) 현지지도의 시기별 특징

김정은 시대 평양 현지지도의 목적과 부문, 대상기관 등을 종합해 시기별 특징을 보면 다음과 같다.

김정은 정권 1기(2012~2015년) 평양 현지지도는 첫째, 양적인 면에서 가장 활발하게 이뤄졌다. 전체 시기의 절반 이상이 이 시기에 이뤄졌다. 둘째, 현지지도 대상기관은 문화 부문에서 두드러졌다. 특히 유원지, 공원, 유희장, 체육시설 등 인민들의 문화와 여가, 휴식 등을 채워줄 수 있는 대상기관에 대한 현지지도가 활발하게 이뤄졌다. 셋째, 김정은의 현지지도를 김일성이나 김정일의 유훈 관철을 위한 행보로 의미를 부여하는 경우가 많았다. 이는 최다빈도를 나타낸 문화 부문에도 해당한다.

다음으로 김정은 정권 2기(2016~2019년) 평양 현지지도의 특징은 첫째, 2016년 5월, 36년 만에 열린 7차 당대회와 관련해 김정은 정권의 성과를 보여주려는 목적이 중심이 되었다. 따라서 건설이나 개건이 완공된 이후의 대상물에 대한 현지지도가 많았다. 둘째, 현지지도 대상기관은 산업 부문이 대부분을 차지했다. 인민생활과 관련한 공장을 다양하게 돌아본 것이 특징이다. 셋째, 현지지도 내용에서 '과학'을 강조하는 대상물이 두드러진다. 새해 첫 현지지도에 신년 목표의 강조점을 담아 미래세대 인민이나 과학, 군사 부문을 앞세우는 경향을 띤다.

마지막으로 김정은 정권 3기(2020~2023년 6월)는 다음과 같은 특징이 있다. 첫째, 1기나 2

기보다 3기로 올수록 평양 현지지도 빈도가 눈에 띄게 감소한다. 둘째, 현지지도 대상이 되는 부문은 거리와 살림집을 중심으로 하는 '주거'가 대부분인데, 2021년 8차 당대회 이후 착공한 건설사업을 중심으로 평양 현지지도가 이어졌다. 셋째, 평양 현지지도에서는 평양의 면모에 집중하며, 수도의 의미 부여를 강조하고 있다.

4. 평양에서 보여주는 리더십과 메시지

이상에서 살펴본 김정은 시기 평양 현지지도의 목적과 시기별, 부문별 특징을 기반으로 평양 현지지도의 내용상 의미를 분석하면 다음과 같다.

첫째, 현지지도는 지도자의 리더십을 보여주는 수단인 만큼 지도자의 통치와 관련된 다양한 상징이 담겨 있다. 유훈통치 시기에는 김정일의 교시를 언급하며 건축물 완공을 지시하기도 했으며, 7차 당대회를 기점으로 하는 본격적인 김정은 시기에는 당 창건일이나 공화국 창건일에 완공을 지시하고, 김일성 생일인 태양절 즈음에 건설을 시작하는 착공식이나 건설을 완성하는 준공식을 열어 최고지도자의 정통성을 보여주는 무대로 삼았다.

"경애하는 김정은동지께서는 평양산원 유선종양연구소건설은 어버이장군님께서 몸소 발기하시고 설계도면까지 친히 보아주시며 특별히 관심하시던 대상이라고 말씀하시였다. … 경애하는 김정은동지께서는 군인건설자들이 건설에서 질보장에 선차적관심을 돌리며 연구소의 특성을 잘 살려 현대적이며 세상에 내놓고 자랑할만한 유선종양연구소를 당창건기념일까지 훌륭히 일떠세우리라는 기대와 확신을 표명하시였다."[20]

---

20 「경애하는 김정은동지께서 완공단계에 이른 룽라인민유원지와 건설중에 있는 평양산원 유선종양연구소를

통치자의 리더십을 보여주는 방법으로 김정은은 현지지도 현장을 직접 활용하기도 했다. 즉 현장을 방문해 시찰, 료해한 뒤 개건을 지시하거나 새로운 대상물의 건설 과업을 제시하고, 이후 반복적인 현지지도를 통해 성과를 끌어내어 평가하고 다시 과업을 제시하는 패턴을 이어 왔다.

둘째, 현지지도는 정권의 사상과 목표, 방향을 보여주는 수단이 되고 있다. 따라서 현지지도 현장에는 김정은 정권의 구호인 인민대중제일주의, 자력갱생, 자강력제일주의, 우리 국가제일주의 등을 드러내는 의미화가 이뤄진다. 또한 청년과 미래세대를 중시하고 과학과 교육, 인재를 강조하는 일련의 흐름은 현지지도에 그대로 담겨 있다.

> "경애하는 최고령도자동지께서는 우리가 최근 해마다 세상에 내놓고 자랑할만
> 한 거리들을 하나씩 건설하였으며 그 규모와 공사량에 있어서 이전의 거리들보다
> 비할바없이 큰 려명거리건설을 우리의 힘, 우리의 기술, 우리의 자재로 진행하고있
> 는것은 당의 두리에 굳게 뭉친 우리 군대와 인민의 일심단결의 불가항력적힘과 한
> 계를 모르는 주체조선의 무진막강한 국력의 일대 과시로 된다고 하시면서 최상의
> 문명이 응축된 려명거리가 완공되면 우리 공화국의 자력자강의 힘에 대한 찬탄의
> 목소리가 또다시 온 세상에 울려퍼지게 될것이라고 말씀하시였다."[21]

셋째, 현지지도는 지도자의 성과와 업적을 대내외에 보여주는 수단으로서 특히 수도 평양이 갖는 의미는 본보기이자 표준, 기준으로서 기능하고 있다. 따라서 공장, 농장, 살림집, 문화시설 등 평양 현지지도의 대상기관을 '본보기'로 삼아 다른 지역과 전국으로 일반화시키려는 지시가 많았다.

현지지도하시였다」, 『로동신문』, 2012년 7월 2일.
21 「경애하는 최고령도자 김정은동지께서 려명거리건설장을 현지지도하시였다」, 『로동신문』, 2017년 1월 26일.

"총비서동지께서는 보통강강안다락식주택구건설은 평양시를 보다 현대적이고 문명한 도시로 훌륭히 꾸리는데서 중요한 대상이라고 강조하시면서 건설을 질적으로 다그쳐 도시주택건설의 본보기로 만들어야 한다고 말씀하시였다."[22]

세계적 규모와 수준을 평양 현지지도에 새기는 것으로써 북한의 사회주의제도 우월성을 보여주는 의도를 담고 있다. 사회주의제도의 우월성은 사회주의보건과 사회주의교육을 기본으로 하는데, 여기에 김정은 시대에는 특히 문화정서생활기지를 강조하는 것으로써 '사회주의문명국'의 목표를 향한 그림을 만들고 있다.

"교육, 보건시설들을 훌륭히 일떠세우는것은 과학기술로 사회주의강국의 기초를 굳건히 다지고 과학기술의 기관차로 부강조국건설을 다그쳐나가려는 우리 당의 결심과 의지를 온 세상에 과시하고 높은 과학기술의 소유자가 되려는 인민의 강렬한 지향을 세계앞에 보여주며 우리 인민들모두가 건강하고 튼튼한 몸으로 사회주의문명을 마음껏 누려나가도록 하기 위한 매우 중요한 사업이다."[23]

현지지도의 성과물들은 '로동당시대의 기념비적창조물, 기념비적건축물, 본보기건축물' 등으로 언급함으로써 통치자의 현지지도가 역사적 업적으로 명명되고 있다.

"이민위천, 일심단결, 자력갱생의 기치높이 부흥강국의 새세상, 새시대를 확신성있게 당겨오는 조선로동당의 숭고한 의지에 받들려 솟아난 송화거리는 더욱 웅장

---

22 「경애하는 김정은동지께서 보통강강안다락식주택구건설사업을 현지지도하시였다」,『로동신문』, 2021년 8월 21일.
23 백명일,『인민대중제일주의의 성스러운 력사를 펼쳐가시는 위대한 령도』, 평양: 과학백과사전출판사, 2018, 209쪽.

화려하게 변모될 수도 평양의 래일과 더불어 위대한 김정은시대 인민사랑의 기념
비로 길이 빛날것이다."[24]

평양에 대한 현지지도는 인민에 대한 통치를 상징적으로 보여주면서도 주로 건설을
통해 대내외에 메시지를 전달하는 경향이 강하다고 정리할 수 있다. 이상에서 살펴본 김
정은 시기 평양 현지지도의 분석 자료를 바탕으로 연구를 심화시키는 한편, 추이를 지속
관찰하는 것으로 북한 지도자의 통치활동을 추적해 나갈 수 있을 것이다.

---

[24] 「우리식 사회주의문명부흥의 새 전기를 펼친 인민사랑의 기념비 송화거리 준공식 성대히 진행, 경애하는
김정은동지께서 준공테프를 끊으시였다」, 『로동신문』, 2022년 4월 12일.

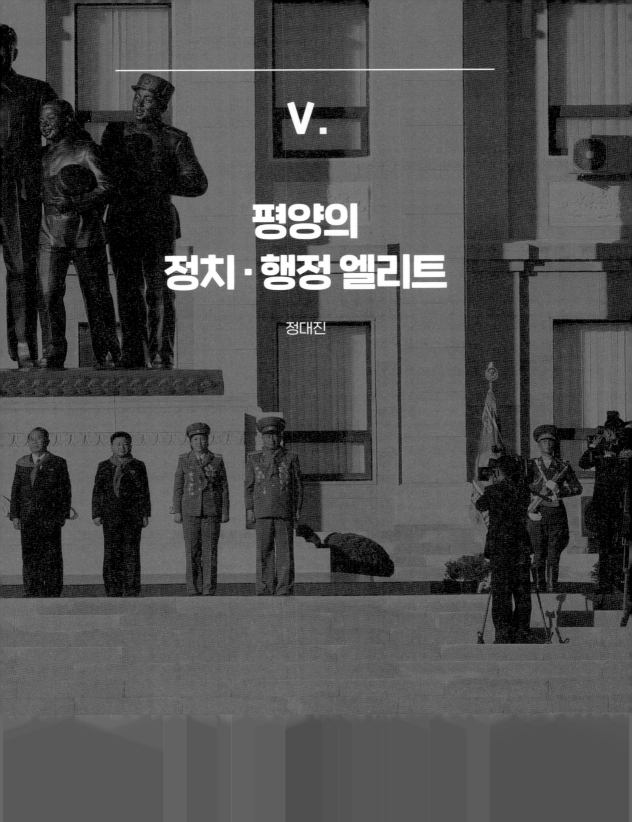

V.

평양의
정치·행정 엘리트

정대진

만경대학원을 방문한 김정은 ⓒ〈연합〉

V.
평양의
정치·행정 엘리트

1. 평양을 움직이는 사람들

"간부가 모든 것을 결정한다"

혁명투쟁과 건설사업에서 나서는 모든 문제는 결국 수령과 당앞에 끝없이 충실하며 정치리론적으로, 기술실무적으로 튼튼히 준비된 능력있는 간부에 의하여 해결된다는 뜻으로 (혁명과 건설에서 간부의 임무와 역할이 매우 중요하다는 것)을 이르는 말[1]

---

1   사회과학출판사, 『조선말대사전(증보판) 1』, 평양: 사회과학출판사, 2017, 117쪽.

"간부가 모든 것을 결정한다"는 자유민주주의 사회에서는 거부감이 들 수 있는 말이다. 하지만 북한에서는 이 표현의 뜻을 사전에서 별도로 개념 규정하고 있을 정도로 간부의 영향력과 중요성을 공식적으로 인정하고 있다.

북한에서의 정치・행정 엘리트의 개념은 간부 개념과 거의 동일한 것으로 파악된다. 사회주의를 표방하고 있는 북한에서는 '엘리트'라는 용어를 자본주의 사회의 지배계층으로 인식하고 있는데 이에 해당하는 개념을 '간부'라는 용어로 사용하고 있다.[2]

북한에서 인식하는 간부는 "① 당 및 국가기관, 사회단체 등의 일정한 책임적지위에서 사업하는 핵심일군. 당의 핵심역량이며 당정책을 조직집행하는 혁명의 지휘성원이며 대중의 교양자이다. ② 국가가 정한 기준자격을 가지고 일정한 조직체나 기관, 집단 등에서 일하는 일군. 당과 국가기관, 사회단체 등의 일정한 책임적 지위에서 사업하는 핵심일군, 당의 골간역량이며 당 정책을 조직・집행하는 혁명의 지휘성원이며 대중의 교양자"로 정의된다.[3]

전자의 정의는 핵심적인 소수의 정치엘리트를 지칭하는 의미에 가깝고, 후자의 정의는 우리가 일반적으로 생각하는 관료의 개념에 가깝다고 할 수 있다. 유의해야 할 것은 북한에서는 '관료'나 '관리'는 다소 부정적인 의미[4]를 가진 용어로 쓰인다는 점이다. 이 장에서는 정치・행정 엘리트를 칭할 때 북한에서 생각하는 '간부'의 의미로 쓰고자 한다.

한편, 우리 언론에서 언급되는 북한 간부들은 핵심간부라고 할 수 있는데 이들은 다시 '영도핵심'과 '지도핵심'으로 구분되기도 한다. 영도핵심은 북한 권력의 최상층부로 전

---

2 서석민, 「김정일 시대의 핵심엘리트 연구: 충원과 인적 구성을 중심으로」, 『서강대학교 박사학위논문』, 2007, 25~26쪽.

3 사회과학출판사, 『조선말대사전(증보판) 1』, 평양: 사회과학출판사, 2017, 117쪽.

4 북한에서 '관료'는 "① 낡은 사회에서, 지배계급의 리익을 옹호하면서 인민대중을 억압착취하는 상층관리. ② 같은 관직에 있는 동료"로 '관리'는 "낡은 사회에서, 지배계급의 리익을 옹호하고 인민대중을 억압착취하는 반동통치기관에 일정한 국가적직위를 가지고 복무하는 자"로 규정하고 있다. 사회과학출판사, 『조선말대사전 1』, 평양: 사회과학출판사, 2017, 932쪽.

체 관리조직의 목표를 결정하고 하위 관리에게 영향력을 행사한다. 당 정치국 위원, 후보위원, 당 비서국 비서, 최고인민회의 의장, 총리, 부총리, 국방위원회 간부, 차수급 장령, 당 부장 등의 자리를 차지한다.

지도핵심은 영도핵심의 아래 단계로 영도핵심이 결정한 정책목표를 구체적 정책으로 작성하여 집행하는 세력으로, 당 중앙위원회 위원과 후보위원, 군 대장급, 당 중앙위원회 부장 및 부부장급, 도당 책임비서급, 내각의 상급, 내각의 부상, 중앙재판소장, 중앙검찰소장, 주요 대중 단체장 등을 들 수 있다.[5]

북한은 당이 국가와 사회를 지배하고 정치가 다른 모든 영역을 지배하는 체제이므로 정치엘리트가 압도적인 영향력을 갖고 있음은 널리 알려진 사실이다. 평양의 엘리트도 마찬가지이다.

이 장은 '평양을 움직이는 사람들은 누구이고, 그들은 어떠한 조직과 기관에서 일하고 있을까?'라는 질문에 기초적인 정보를 제공하는데 목적이 있다. 이 장은 평양의 정치와 행정에 직접적으로 연관된 기관의 목록과 현재 파악가능한 담당자를 정리·제공하고자 한다.

평양이 북한의 수도이다 보니 국가의 주요기관이 평양에 대부분 소재하고 있는 것이 사실이다. 평양 소재 기관의 목록과 해당 기관의 책임자 목록을 정리하는 것은 사실 북한의 정치·행정 엘리트 전반을 연구하는 것에 가깝지, 평양의 정치·행정 엘리트를 연구하는 것과는 다른 범주의 문제이다. 따라서 평양 소재 정치·행정 기관을 모두 정리하는 것은 본 장에서는 다루지 않는다.

현재까지 평양과 직접 연관된 정치·행정 엘리트만을 주요 연구대상으로 하여 진행된 북한의 엘리트 연구는 전무한 것으로 파악된다. 북한 엘리트 연구는 대부분 김일성-

---

5   박형중, 『북한의 정치와 권력』, 서울: 백산자료원, 2002, 81쪽; 박형중 외, 『김정일 시대 북한의 정치체제: 통치이데올로기, 권력엘리트, 권력구조의 지속성과 변화』, 서울: 통일연구원, 2004, 52쪽.

김정일-김정은 시대의 권력 엘리트 변동 양상이나 최고지도자의 엘리트 집단 운용 특징, 최고지도자와 엘리트와의 관계 등 최고지도자를 중심으로 한 동학 관계를 중심으로 하고 있다. 이에 비해 본 장은 당, 중앙 및 지방(평양) 정권기관, 당외곽 및 사회단체 중 '평양' 자체를 움직이는 데 직결된 기관과 인물을 구별하여 정리하고 서울시와 상응하는 기관과 담당자를 최대한 식별할 수 있는 기초자료를 제공하는 한편 향후 평양의 정치·행정 엘리트의 변천 및 동학을 연구하는 데 활용할 수 있는 기반을 제공하는데 목적을 두고자 한다. 따라서 이 장의 구성도 당(堂)과 평양 운영과 직결된 평정권기관을 우선 정리하고 중앙정권기관 내 평양 관련 조직 및 인사구성을 정리하는 순서를 취한다.

이 장에 해당되는 정리 범위로는 ▲당에서 조선노동당 평양시당을 다룬다. ▲정권기관에서 평양정권기관으로 평양직할시 인민위원회, 구역·군 인민위원회를 다룬다. 중앙정권기관으로 내각 성(省) 내 평양 관련 조직과 국(局) 단위 내 평양 관련 조직(중앙은행 포함), 검찰·재판소의 평양 조직을 다룬다. ▲최고인민회의에서 평양 구역별 인민회의 대의원 조직을 정리한다. 다음 <그림5-1>은 당-정의 기본 조직 구성을 정리한 것이다. 이하에서 세부 기관 및 담당자를 이를 확인할 수 있는 2023년 현재 가장 공신력 있는 문헌인 통일부 『2022 북한 기관별 인명록』, 『2022 북한 주요 인물정보』 및 일본 라디오프레스Radiopress 발간 『조선민주주의인민공화국 조직별인명부 2023朝鮮民主主義人民共和國 組織別人名簿 2023』을 기준으로 평양의 정치·행정 엘리트와 조직 구성을 일람하고자 한다.

〈그림 5-1〉 평양 관련 당-정 기구도

당	정	

	중앙정권기관	중앙정권기관

평양직할시당책임비서	평양건설위원회 위원장	평양직할시인민위원회 위원장
직할시당비서 21명	당책임비서 1명 산하위원장 2명 국장 3명 / 소장 2명	1부위원장 1명 부위원장 22명

낙랑구역	대동강구역
대성구역	동대원구역
만경대구역	모란봉구역
사동구역	삼석구역
서성구역	선교구역
순안구역	역포구역
용성구역	은정구역
중구역	평천구역
형제산구역	강남군
	강동군

기계공업성(1)	대외경제성(1)
도시경영성(2)	문화성(2)
보건성(4)	상업성(12)
석탄공업성(1)	육해운성(1)
정보산업성(9)	철도성(3)
중앙은행(1)	국가관광총국(1)
국가설계총국(1)	수도여객운수 지원국(8)
출판지도국(1)	혁명사적 지도국(8)
기상수문국(2)	대외봉사국(1)
국가비상방역 사령부(1)	평양국제새기술 정보센터(1)

※ ( ): 평양관련 산하기관 수

지구계획 위원회	가금지도국	건설건재 공업총국	건설관리국
건설지도국	건재관리국	계획국	고려봉사 관리국
고려봉사 지도국	고려약생산 관리국	교육도서 및 기자재관리국	국영목장 관리국
국토환경보호 관리국	능라도무역 총국	대동강건설 관리국	대동강건설 총국
대동강 과수관리국	도로원림 관리국	도시경영총국	무역관리국
문화국	보건국	사회급양 관리국	산림관리국
산업미술국	상하수도 관리국	석탄공업 관리국	식료일용공업 관리국
양어관리국	여객운수 관리국	인민보안국	인민봉사 지도국
원림관리국	원예지도국	일용수매 관리국	임업관리국
재정총국	전화국	정보기술국	중앙과학기술 보급국
지구계획국	지방공업 관리국	창광봉사 관리국	평양시체육국
8.3국	편의봉사 관리국	평양이동통신 운영국	피복공업 관리국
혁명사적 관리국	혁명사적지 건설지도국	기술설비처	도매사업 관리처
설비처	수도건설 지휘부	소속불명	

구역 · 군인민위원회 20개 구역별협동농장경영위원회 24개 시인민위원회산하조직 61개

※ 출처: 통일부 『2022 북한 기관별 인명록』 참고하여
　필자 작성

2. 당: 조선노동당 평양직할시당

〈그림 5-2〉 평양시당 기구도

당

평양직할시당 책임비서
김수길[6]

당비서 21명
조직부비서 1명
부장 15명 / 부부장 13명
과장3명

구역	책임비서	구역	책임비서
낙랑구역	최봉준	선교구역	강명호
대동강구역	전금철	순안구역	김정길
대성구역	송정철	역포구역	정용남
동대원구역	김창진	용성구역	신경원
만경대구역	리일배	은정구역	불명
모란봉구역	허원철	중구역	김창진
보통강구역	조상호	평천구역	유경일
사동구역	박혁	형제산구역	봉선권
삼석구역	불명	강남군	김종일
서성구역	조재윤	강동군	김기남

※ 출처: 통일부 『2022 북한 기관별 인명록』 참고하여 필자 작성

---

6   김수길 평양직할시당 책임비서 ⓒ〈연합〉

2023년 현재 조선노동당 평양직할시당 책임비서를 맡고 있는 김수길은 평양시당을 두 번째 맡고 있는 것으로 유명하다. 2014년부터 2021년까지 첫 번째 평양시당 책임비서, 2022년 12월부터 다시 평양시당 책임비서를 맡았다. 김수길은 1950년 출생으로 알려져 있다.[7] 군인 출신으로 1992년 4월 인민군 소장으로 진급하며 공식기록에 등장하기 시작했다. 2010년 4월 인민군 중장으로 진급했고, 2013년에 인민군 총정치국 조직국 부국장직을 맡으면서 북한군의 전반적인 조직 생활 관리도 하였다. 2013년 5월, 총정치국장 최룡해의 방중에 국제부 부부장 김성남, 외무성 부상 김형준과 동행하기도 했다.

2014년 4월 당 정치국 회의에서 평양시 책임비서에 임명되었으며, 2016년 5월에는 조선로동당 제7차 대회에서 정치국 후보위원으로 선출되었다. 이때 비서 직함이 위원장으로 개편되면서 김수길의 직함도 평양시 당위원장으로 개편되었다. 2018년 5월 14일부터 24일까지 평양시 당위원장 자격으로 조선노동당 친선 참관단에 포함돼 중국을 방문하였으며, 시진핑 국가주석 면담 및 중국 현지 개혁개방 현장을 시찰했다.

2018년 5월 당 중앙군사위 7기 1차 확대회의에서 중앙군사위원회 위원에 보선되어 김정각의 뒤를 이어 조선인민군 총정치국장에 임명되었고 육군 대장으로도 진급했다. 2021년 1월 조선로동당 제8차대회에서 총정치국장직에서 물러나 강원도당 책임비서로 임명되었으며 같은해 9월에는 국무위원회 위원으로도 소환되었다.

2022년 12월 조선노동당 중앙위원회 제8기 제6차 전원회의 확대회의에서 평양시 책임비서로 이동하는 한편 정치국 후보위원에도 선출되었다.[8] 새로 평양시당 책임비서로 선임된 직후 평양시에서 식량을 거의 소진한 '절량세대'를 조속히 파악하여 10일분의 식량을 긴급지원하라는 특별지시를 내리기도 했다.[9]

---

7 1939년생설도 존재하나 80대 고령에 현직 활동을 하는 경우가 극히 드문 점을 고려하면 1950년생으로 보는 것이 타당해 보인다.

8 통일부, 『2022 북한 주요 인물정보』, 서울: 통일부, 2022, 124~125쪽.

9 데일리NK, 「신임 평양시당 책임비서, 절량세대 식량 공급 지시…민심 공략?」, 2023년 1월10일. (https://

김정은 위원장의 평양중등학원 현지지도를 수행 중인 김수길 ⓒ〈연합〉

    한편, 조선노동당의 각급 당위원회는 상하의 당위원회에 대해 철저한 위계구조를 형성하면서 동시에 동급의 여타 기관 및 사회단체에 대해 절대적 지배력을 행사하는 수직과 수평의 지배관계가 함께 구조화된 형태를 이루고 있다.[10]

---

www.dailynk.com/20230110-5/)

10   이에 따라 평양시당 책임비서는 위와 같이 각급 행정기관인 인민위원회에 직접 지시를 내릴 수 있는 것이다. 평양시당의 지도는 단순한 자문이나 권고 수준이 아니라 직접 해당 인민위원회와 산하기관, 기업소 등에 지시를 내리고 관리·감독하는 전반적인 권한 행사를 의미한다. 따라서 각급 인민위원회는 우리나라식의 시청이나 구청과는 정확하게 일치하는 성격을 가진 것은 아니며 선출직이 아니기에 더욱 그 본질이 다르다. 서울시청 및 구청의 카운터파트를 굳이 지정하자면 평양시 인민위원회보다는 평양시당을 중심으로

이러한 각급 지역의 당 비서에게 각 단위 지역 내 권력이 집중되어 있는 것이 일반적인 현상이다. 하지만 조선노동당은 하부 조직체계에 관한 상세한 통계자료를 공개하지 않고 있다. 다만 행정지역과 단위를 모체로 구성되는 당 조직체계에 준해 13개의 시·도 당위원회와 200여 개의 시·군 당위원회, 수천 개의 초급 당위원회, 수만 개의 당 세포조직 등으로 구분하는 것으로 파악된다. 그리고 조선인민군과 당위원회와 각급 성·중앙기관 단위에는 별도의 당위원회 조직체계를 구성하는 것으로 알려져 있다.[11]

평양에도 이 조직체계 원리에 입각해 당 조직이 구성되어 있으며, 평양직할시당 책임비서 하에는 비서 21명과 조직부비서(심인성), 선전선동부장(리석철) 등의 간부가 있으며 소속불명 부장 14명과 부부장 13명도 존재하는 것으로 파악된다. 각 구역별 책임비서와 비서, 부장, 부부장 등의 수는 다음과 같이 파악된다.

〈표 5-1〉 평양시당 주요 조직구성

구분	조직구성(간부인원)
평양직할시당	비서(21), 조직부비서(1), 부장(15), 부부장(13), 과장(3)
낙랑구역	비서(2), 선전선동부 부부장(4), 소속불명 부장(1), 부부장(1), 과장(1)
대동강구역	비서(4), 선전선동부 부장(1), 부부장(1)
대성구역	비서(5), 소속불명 부장(1)
동대원구역	비서(2), 교육사업부 부장(1), 선전부 부장(1), 부부장(1),소속불명 부장(2), 부부장(2)
만경대구역	비서(3), 소속불명 부장(2), 부부장(7)
모란봉구역	비서(7)

고려해볼 수 있으며 평양관련 당·정기관의 관계와 특수성을 감안하여 사안에 따라 능동적인 대응이 필요해 보인다.

11   통일부 국립통일교육원, 『2023 북한이해』, 서울: 국립통일교육원, 2023, 67~68쪽.

보통강구역	비서(3), 교육부 부장(1), 소속불명 부장(2), 부부장(6), 과장(1)
사동구역	비서(3)
삼석구역	불명
서성구역	비서(5), 소속불명 부장(3), 부부장(2)
선교구역	비서(3), 조직부 비서(1), 교육부부장(1), 소속불명부부장(3)
순안구역	비서(1), 소속불명 부장(1)
역포구역	비서(1)
용성구역	비서(4), 소속불명 부부장(1)
은정구역	불명
중구역	비서(6), 선전부 부장(1), 소속불명 부장(5), 부부장(7)
평천구역	비서(5), 소속불명 부장(1), 부부장(2)
형제산구역	비서(1), 소속불명 부장(2)
강남군	비서(1)
강동군	불명

※ 출처: 통일부 『2022 북한 기관별 인명록』 참고하여 필자 작성

3. 정: 평양 관련 정권기관

평양 관련 정권기관은 평양을 직할하는 평양정권기관과 중앙정권기관으로 크게 구별해볼 수 있다. 평양정권기관에는 평양직할시 인민위원회[12]와 산하기관을, 중앙정권기관으로는 내각 성省 내 평양 관련 조직과 국局 단위 평양 관련 조직과 중앙은행 지점, 검찰

---

[12] 북한 헌법 제145조는 인민위원회를 "도(직할시), 시(구역), 군인민위원회는 해당 인민회의 휴회 중의 지방주권기관이며 해당 지방주권의 행정적 집행기관"이라고 규정하고 있다. 즉, 입법권과 행정권이 명확하게 분리되지 않은 북한 지방조직의 특징을 보여준다.

· 재판소의 평양 조직을 들 수 있다. 이하에서 평양정권기관과 중앙정권기관으로 구분하여 살펴보도록 한다.

1) 평양정권기관

지방정권기관에 해당하는 평양정권기관으로는 평양직할시 인민위원회, 구역 · 군 인민위원회, 구역별 협동농장경영위원회, 평양시인민위원회 산하조직을 정리하면 아래와 같다.

〈그림 5-3〉 평양정권기관 구성도

평양정권기관			

평양직할시인민위원회 위원장 최희태			
1부위원장 1명 부위원장 22명			

지구계획위원회	가금지도국	건설건재공업총국	건설관리국
건설지도국	건재관리국	계획국	고려봉사관리국
고려봉사지도국	고려약생산관리국	교육도서및기자재관리국	국영목장관리국
국토환경보호관리국	능라도무역총국	대동강건설관리국	대동강건설총국
대동강과수관리국	도로원림관리국	도시경영총국	무역관리국
문화국	보건국	사회급양관리국	산림관리국
산업미술국	상하수도관리국	석탄공업관리국	식료일용공업관리국
양어관리국	여객운수관리국	인민보안	인민봉사지도국
원림관리국	원예지도국	일용수매관리국	임업관리국
재정총국	전화국	정보기술국	중앙과학기술보급국
지구계획국	지방공업관리국	창광봉사관리국	평양시체육국
8.3국	편의봉사관리국	평양이동통신운영국	피복공업관리국
혁명사적관리국	혁명사적지건설지도국	기술설비처	도매사업관리처
설비처	수도건설지휘부	소속불명	
구역 · 군인민위원회 20개 구역별협동농장경영위원회 24개 시인민위원회산하조직 61개			

※ 출처: 통일부 『2022 북한 기관별 인명록』 참고하여 필자 작성

(1) 평양직할시 인민위원회

평양시 인민위원회 위원장 최희태는 초기이력이 잘 알려져 있지 않지만 2011년 9월 제5차 양저우 세계운하명성도시박람회 및 세계도시설계회의에 북한 대표단장으로 참석한 것으로 확인된다.

2013년 12월 평양 모란봉구역 인민위원장으로 건설부문일군대강습 사업총화회의에 참석했으며, 2020년 9월까지 모란봉구역 인민위원장으로 재직하였다. 2019년 3월에 제14기 최고인민회의 대의원에 선출되었고 2020년 1월에 조선노동당 7기 과업 관철을 위한 평양시 궐기대회에 참석했다.

2020년 9월에 평양시 인민위원장 자격으로 태풍피해복구 수도당원사단을 환송하면서 평양시 인민위원장에 임명된 것이 확인되었다. 2021년 1월 8차 당대회에서 중앙위원회 후보위원에 선출되었다. 2023년 6월 당 중앙위 8기 8차 전원회의에서 당중앙위원회 위원으로 보선되었다.[13]

이밖에 평양직할시 인민위원회에는 1명의 1부위원장, 22명의 부위원장, 1명의 초급당비서가 확인된다. 시인민위원회 산하에 71명의 국장급 간부(소속불명 17명 포함)가 확인된다.[14]

〈표 5-2〉 평양시 인민위원회 주요 조직구성

구분	직함	성명	조직구성(간부인원)
인민위원회	위원장	최희태	1부위원장(1), 부위원장(22), 초급당비서(1)
지구계획위원회	위원장	송주규	생산종합처 부처장(1)
가금지도국	국장	김영남	당책임비서(1)

---

13 통일부, 『2022 북한 주요 인물정보』, 서울: 통일부, 2022, 945쪽.

14 통일부, 『2022 북한 기관별 인명록』, 서울: 통일부, 2022, 18~22쪽.

건설건재공업총국	총국장	렴춘운	부총국장(1), 당비서(1)
건설관리국	국장	불명	기사장(1), 청년동맹위원장(1), 상하수도건설사업소기사장(1)
건설지도국	국장	김응관	부국장(6), 초급당비서(1), 기사장(1), 직업동맹위원장(1), 교량건설사업소, 지배인(1), 초급당비서(1), 대학건설사업소 초급당비서(1), 기사장(1), 소속불명 처장(8)
건재관리국	국장	불명	부국장(2), 당책임비서(1), 당비서(1), 처장(1)
계획국	부국장	윤순원	-
고려봉사관리국	부국장	김춘원	-
고려봉사지도국	부국장	양명집	-
고려약생산관리국	국장	리용규	초급당비서(1), 기사장(1), 기술과장(1), 약초생산과장(1). 자재공급과장(1), 자재상사사장(1), 소속불명 과장(3)
교육도서및기자재관리국	국장	김영학	-
국영목장관리국	국장	김송남	-
국토환경보호관리국	국장	고용성	-
능라도무역총국	총국장	박규흥	-
대동강건설관리국	당책임비서	강경식	-
대동강건설총국	기사장	주수죽	건설사업소 지배인(1)
대동강과수관리국	당책임비서	곽철호	-
도로원림관리국	기사장	최영일	-
도시경영총국	총국장	양춘섭	부국장(1)
무역관리국	초급당비서	김신원	처장(1)
문화국	부국장	정근섭	문화보존처장(1)
보건국	국장	정현	위생방역소 소장(1), 부소장(1), 초급당비서(1), 방역과장(1), 위생과장(1) 소속불명 실장(1), 과장(2)

사회급양관리국	국장	조규식	부국장(1)
산림관리국	과장	장광명	-
산업미술국	국장	배경남	-
상하수도관리국	국장	라명호	부국장(1), 초급당비서(1)
석탄공업관리국	국장	김태규	기사장(1)
식료일용공업관리국	국장	불명	초급당비서(1), 백리향공예작물가공사업소 지배인(1)
양어관리국	국장	박경남	초급당비서(1), 기사장(1), 소속불명과장(1)
여객운수관리국	국장	변성원	부국장(1), 당책임비서(1), 당비서(1), 기사장(1),직업동맹위원장(1), 후방물자공급소장(1), 소속불명처장(1)
인민보안국	국장	불명	교통지휘대장(1), 정치부장(1)
인민봉사지도국	총국장	박정순	부총국장(2), 국장(1), 당책임비서(1), 인민생활공채상무위 처장(1), 청년동맹위원장(1)
원림관리국	부국장	김철웅	기사장(1)
원예지도국	국장	공덕창	부국장(1)
일용수매관리국	국장	박정순	-
임업관리국	국장	불명	관리과장(1)
재정총국	총국장	양덕기	-
전화국	국장	김광철	초급당비서(1) 기사장(1)
정보기술국	국장	최경호	초급당비서(1), 붉은별연구소장(1) 정보화연구소장(1), 카드연구소장(1) 소속불명실장(1)
중앙과학기술보급국	국장	불명	중국해양기술교류사장(1)
지구계획국	국장	정길수	-
지방공업관리국	국장	홍인호	서성식료공장 지배인(1), 시공조직설계사업소장(1), 소속불명처장(1)

창광봉사관리국	국장	박경호	부국장(2), 초급당비서(1), 기사장(1), 평천냉동공장 지배인(1), 소속불명처장(1)
평양시체육국	국장	불명	소속불명처장(1)
8.3국	국장	고인실	-
편의봉사관리국	국장	불명	기술준비소장(1)
평양이동통신운영국	국장	불명	-
피복공업관리국	국장	김동혁	초급당비서(1), 기사장(1), 피복기술준비소장(1), 여자옷실장(1), 남자옷실장(1), 소속불명처장(4), 부처장(1)
혁명사적관리국	국장	불명	소속불명처장(1)
혁명사적지건설지도국	국장	류정남	당책임비서(1), 기사장(1), 연유공급소장(1)
기술설비처	처장	리종린	기사장(1)
도매사업관리처	처장	장도웅	부처장(1)
설비처	처장	송정남	-
수도건설지휘부	당책임비서	리승호	당부부장(1), 참모장(1), 직업동맹위원장(1), 청년동맹위원장(1)
소속불명	국장	17명	부국장(4), 처장(4)

※ 출처: 통일부 『2022 북한 기관별 인명록』 참고하여 필자 작성

2) 중앙정권기관

평양 운영과 관련된 중앙정권기관으로는 평양건설위원회와 내각 성(省)내 산하기관들과 중앙은행 평양시지점 및 국(局) 단위, 기관 검찰 및 재판소를 들 수 있다.

〈그림 5-4〉 평양 관련 중앙정권기관 구성도

중앙정권기관

평양건설위원회 위원장 조석호
당책임비서 1명, 산하위원장 2명, 국장3명, 소장2명

※ ( ): 평양 관련 산하기관 수

기계공업성(1)	대외경제성(1)	도시경영성(2)	문화성(2)
보건성(4)	상업성(12)	석탄공업성(1)	육해운성(1)
정보산업성(9)	철도성(3)	중앙은행(1)	국가관광총국(1)
국가설계총국(1)	수도여객운수지원국(8)	출판지도국(1)	혁명사적지도국(8)
기상수문국(2)	대외봉사국(1)	국가비상방역사령부(1)	평양국제새기술정보센터(1)

※ 출처: 통일부 『2022 북한 기관별 인명록』 참고하여 필자 작성

평양건설위원회(구 수도건설위원회) 위원장 조석호는 2015년 5월 1일 5.1 수도건설자들 체육경기를 수도건설위원회 위원장 자격으로 관람한 것이 보도되면서 모습을 드러냈다.[15]

2016년 9월 6일 만경대 알루미늄 창 공장 창립 30주년 기념보고회, 같은 해 9월 20일 제16차 '5·21 건축 축전' 개막식에 수도건설위원장 자격으로 참가한 것으로 확인된다.[16]

2017년 5월 12일에 청년중앙회관에서 열린 제15차 5.21건축축전 개막식에 국가건설감

---

15   통일부, 『주간 북한동향』 제1254호, 2015. 4. 25~5. 1, 22쪽.
16   통일부, 『주간 북한동향』 제1327호, 2016. 9. 17~9. 23, 28쪽.

독상 권성호, 국토환경보호상 김경준, 도시경영상 강영수, 조선건축가동맹 중앙위원장 심영학 등과 함께 참석하기도 했다.[17] 2022년 1월 당 중앙위원회 후보위원으로 보선되었고, 같은 해 2월에 제2차 건설부문일군대강습 참가자들을 위한 실무강습에 참석했다.[18]

(1) 내각 성(省) 내 평양 관련 조직

내각 성(省)급 부서 43개 중 11개에 평양 관련 조직이 설치되어 있으며 평양건설, 보건, 상업, 정보체신, 철도 관련 부문에 집중되어 있다.

〈표 5-3〉 평양 관련 중앙정권기관 주요 조직구성

구분	직함	성명	조직구성(간부인원)
평양건설위원회[19]	위원장	조석호	부위원장(3), 당책임비서(1), 당비서(1), 참모장(1), 부참모장(1)
	직업동맹위원장	한계일	–
	청년동맹부위원장	김주현	
	류경건설관리국 국장	김창림	참모장(1), 부참모장(1), 류경중기계사업소지배인(1)
	운수관리국 국장	불명	–
	낙랑대외기능공양성사업소 소장	불명	3직장 부직자장(1)
	수도건설설계연구소 소장	불명	
	소속불명 국장(6)		소속불명 부국장(1), 처장(1)
기계공업성	평양증착공구개발회사 사장	박명성	실장(1)
대외경제성	평양대외건설자양성사업소 소장	김철수	초급당비서(1)

---

17   통일부, 『주간 북한동향』 제1360호, 2017. 5. 6~5. 13, 9쪽.
18   통일부, 『2022 북한 주요 인물정보』, 서울: 통일부, 2022, 801쪽.
19   수도건설위원회 → 평양건설위원회 개편 추정(22. 2월 이후)

도시경영성	평양잔디연구소 소장	최윤수	잔디재배연구실장(1), 소속불명실장(8)
	평양화초연구소 지배인	로광선	초급당비서(1), 말린꽃제작소장(1), 재배2연구실장(1), 화초도매소장(1), 원림기술준비소장(1), 소속불명, 소장(1), 부소장(2), 처장(1), 실장(7)
문화성	평양시민족유산보호관리소 소장	변혁	-
	평양시문화유적관리소 소장	불명	-
보건성	평양시의약품관리소 소장	강득신	초급당비서(1)
	만경대구역의약품관리소 소장	양춘경	-
	평천구역의약품관리소 소장	량성숙	-
	강동군의약품관리소소장	홍정애	-
상업성	평양시문화및가정용품도매소 소장	리인철	-
	평양시식료품도매소 지배인	함희순	계획과장(1)
	평양시식료품및수산물도매소 지배인	황문덕	
	평양시신발도매소 지배인	홍옥별	초급당비서(1)
	평양시직물도매소 지배인	홍응표	-
	낙랑구역채과도매소 지배인	림만근	-
	선교구역채과도매소 지배인	송순화	-
	평양시상업관리소 소장	불명	-
	사동구역상업관리소 소장	리창숙	초급당비서(1)
	역포구역상업관리소 소장	김명실	초급당비서(1)
	용성구역상업관리소 소장	김혜경	초급당비서(1)
	강동군상업관리소 소장	우길선	초급당비서(1)
석탄공업성[20]	평양석탄공업관리국 국장	김태규	-

---

[20] 2006. 10. 26자로 전기석탄공업성에서 전력공업성과 석탄공업성으로 분리, 직제 및 구성원 미상이나 기존 전기석탄공업성을 토대로 재구성한 추정자료임.

육해운성	대동강갑문관리국 국장	김창송	소속불명처장(1)
정보산업성[21]	평양우편국 국장	불명	초급당비서(1), 경상체신분소장(1), 역전체신분소장(1)
	평양전화국 국장	김광철	-
	대동강구역 체신소 소장	김성화	-
	모란봉구역 체신소 소장	김준건	전우체신분소장(1)
	보통강구역 체신소 소장	백미옥	-
정보산업성	사동구역체신소 초급당비서	리흥철	
	선교구역체신소 소장	리경덕	-
	강남군체신소 소장	불명	-
	강동군체신소 소장	진승권	초급당비서(1)
철도성	평양항공역 역장	불명	수출입품검사검역분소장(1)
	평양철도국 국장	류원성	부국장(2), 참모장(1), 직업동맹위원장(1), 청년동맹위원장(1), 부위원장(1), 정치부장(1), 기관차처장(1), 수송지휘처장(1), 철길처부처장(1), 사령자동화지휘소장(1), 지하철도관리국장(1), 북창철도분국장(1), 계획과장(1), 기술과장(1), 평양기관사전문학교장(1), 평양철도건설여단 직맹위원장(1), 대건객화차대장(1), 서평양기관차대장(1), 정주기관차대장(1), 평양객차대장(1), 평양객화차대장(1), 평양기관차대장(1) 평양전철대장(1), 평양조차장객화차대 평양철길대장(1), 평양통신대장(1), 기동예술선동대장(1) 체육단장(1), 동평양역장(1), 서평양여객역장(1), 송신역장(1), 명당역장(1), 평양역장(1), 평천역장(1), 자재상사 사장(1), 소속불명처장(2)

※ 출처: 통일부 『2022 북한 기관별 인명록』 참고하여 필자 작성

---

[21] 21년 신설 및 체신성 흡수·통합 반영

특히 철도성 평양철도국에 조직과 인력이 상당수 배치되어 있고, 상업성 중앙도매관리소와 중앙상업관리소 산하에 품목별, 구역별로 조직이 세분화하여 산재되어 있다.[22]

(2) 국(局) 단위 내 기관(중앙은행 포함)

중앙은행 및 국 단위에서는 총 25개 조직이 식별되며, 평양 주민 교통을 제공하는 수도여객운수지원국에 총8명의 간부가 파악된다. 혁명사적지도국도 8개의 보직이 확인되지만 그중 6명이 불명으로 파악된다.[23]

〈표 5-4〉 평양 관련 국 단위 기관 (중앙은행 포함)

구분	직함	성명	조직구성 (간부인원)
국가가관광총국	대동강유원지 관리소 지배인	장경운	-
국가설계총국	평양원림설계연구소 실장	강철남	-
수도여객운수지원국	수도여객운수 국장	김광진	당책임비서(1), 평양버스공장 지배인(1), 초급당비서(1), 기사장(1), 궤도전차수리직장장(1), 평양운수기술연구소 부소장(1)
	낙랑궤도전차사업소 지배인	황인건	차장(1)
	문수궤도전차사업소 지배인	김일남	-
	사동버스사업소 지배인	정주철	-
	삼마버스사업소 소장	불명	-
	여객운수새기술도입소 소장	김철성	과학부소장(1)
	운수설계연구소 실장	서경일	-

22   통일부, 『2022 북한 기관별 인명록』, 서울: 통일부, 2022, 69~139쪽.
23   통일부, 『2022 북한 기관별 인명록』, 서울: 통일부, 2022, 162~189쪽.

수도여객운수지원국	평양무궤도전차공장 지배인	김해성	부지배인(1), 초급당비서(1), 초급당부비서(1), 기사장(1), 공업시험소장(1), 전동기직장장(1), 전차조립직장장(1), 소속불명직장장(1)
출판지도국	평양시출판물관리국 국장	김창선	-
혁명사적지도국	만경대혁명사적지관리소 소장	불명	-
	만경대혁명사적지보존사무소 소장	불명	-
	만경대혁명사적지 유희시설사업소 소장	불명	-
	문수봉혁명사적지관리소 소장	정금옥	-
	평양시중구역혁명사적지관리소 소장	불명	-
	평양시평천혁명사적지 건설사무소 소장	불명	-
	평양시혁명사적지 건설사무소 소장	불명	-
	평양시혁명사적지 보전사업소 지배인	림호경	-
기상수문국	대동강수문관측소 소장	리정숙	-
	평양중화국수문관측소 소장	불명	-
대외봉사국	평양대외봉사학원 원장	불명	-
국가비상방역사령부	평양시비상방역사단 사단장	김수길 (추정)	-
평양국제새기술정보센터	소장	불명	-
중앙은행	평양시지점 지배인	불명	대성지점지배인(1), 모란봉지점지배인(1), 과장(1)

※ 출처: 통일부『2022 북한 기관별 인명록』참고하여 필자 작성

철도 관련 조직과 마찬가지로 수도여객운수지원국에 상당한 인력과 조직이 배치되어 있음을 알 수 있으며, 국 단위 행정기관에서도 평양 관련 조직이 다수 확인되고 있다.

(3) 검찰 및 재판소

검찰에서는 평양시검찰소장과 4개 구역 검찰소장이 재판소는 평양시재판소장과 보통강구역인민재판소 부소장이 확인된다. [24]

〈표 5-5〉 평양 내 검찰 및 재판소

구분	직함	성명
검찰	평양시검찰소 소장	불명
	동대원구역검찰소 소장	리완우
	보통강구역검찰소 소장	정영철
	평천구역검찰소 소장	최명남
	강남군검찰소 소장	리광호
재판소	평양시재판소 소장	불명
	보통강구역인민재판소 부소장	김영남

※ 출처: 통일부 『2022 북한 기관별 인명록』 참고하여 필자 작성

4. 평양지역 최고인민회의 대의원

최고인민회의는 우리의 국회의 해당하나 실질적인 입법권이 있다기보다는 노동당

---

[24] 통일부, 『2022 북한 기관별 인명록』, 서울: 통일부, 2022, 198~200쪽.

이 결정한 사항을 추인하는 역할만 한다. 평양만수대 의사당에서 대의원들이 일제히 대의원증을 들어 보이며 만장일치 찬성투표를 하는 보도를 종종 접할 수 있다. 대의원 임기는 5년이며 2019년 선출된 14기 대의원은 총 687명이다.[25]

〈표 5-6〉 평양지역 최고인민회의 대의원 (이름 앞 일련번호는 선거구 번호)

구분	이름
평양직할시	19. 김현실, 40. 리지훈, 56. 최성애, 68. 김영춘, 71. 류 순, 112. 허명금, 116. 정환철, 123. 김준모, 171. 리현광, 182. 강남익, 189. 김능오, 200. 허현조, 211. 리영일, 284. 김홍영
낙랑구역	182-8. 차명렬, 189-65. 김춘심, 200-138. 박영남
대동강구역	171-60. 김경철
대성구역	-
동대원구역	-
만경대구역	19-115. 전교진
모란봉구역	-
보통강구역	71-6. 박미옥
사동구역	-
삼석구역	-
서성구역	112-140. 신순태
선교구역	116-34. 안춘화, 123-98. 손현철
순안구역	284-91. 김동석
역포구역	-
용성구역	-

---

25   통일부 국립통일교육원, 『2023 북한이해』, 서울: 국립통일교육원, 2023, 73쪽.

은정구역	211-1. 김혜림
중구역	40-59. 현순옥
평천구역	56-44. 최강성, 68-155. 김정향
형제산구역	-
강남군	-
강동군	-

※ 출처: 통일부 『2022 북한 기관별 인명록』 참고하여 필자 작성

　총 687명의 대의원 중 평양지역 최고인민회의 대의원은 직할시에 14명, 10개 구역에 14명의 대의원이 있는 것으로 파악된다.[26]

5. 평양의 엘리트가 더 궁금하다면

　이 장은 '평양을 움직이는 사람들은 누구이고, 그들은 어떠한 조직과 기관에서 일하고 있을까?'라는 질문에 기초적인 정보를 제공하고자 평양의 정치와 행정에 직접적으로 연관된 기관의 목록과 현재 식별 가능한 담당자를 정리·제공했다.
　정리 결과 당정국가인 북한의 체제 특성상 당을 중심으로 한 정치엘리트가 압도적인 우위를 보이고 있음을 확인할 수 있었다. 동시에 평양과 관련해서 하부단위에서 매우 다양하고 폭넓은 조직과 기관이 존재함을 알 수 있었다.
　이 장은 북한의 엘리트를 정치적 동학관계 중심으로만 보아온 연구경향을 벗어나 하부단위에서 미시적으로 작동하고 있을 다양한 정치·행정 기관과 엘리트 중심으로 새롭

26　통일부 『2022 북한 기관별 인명록』, 서울: 통일부, 2022, 272~274쪽.

게 살펴볼 수 있음을 암시하고 있다. 지면관계상 이 장에 다 포함하지 못한 사회주의애국청년동맹, 조선직업총동맹, 조선농업근로자동맹, 조선사회주의여성동맹 등 당 외곽 및 사회단체 엘리트에 대한 연구를 진행할 수도 있다. 또한 북한이 사상교양을 강조하고 있는데도 평양의 역사 사적 기관은 담당자가 공석이거나 불명인 경우가 많은데 그 이유는 무엇인지를 연구해보거나, 특정기관을 대상으로 과거 해당 기관의 담당 엘리트 변천을 정리하며 특이동향을 추출하여 왜 그런 동향이 나왔는지를 연구해 볼 수 있다. 그리고 기본적으로 서울과 평양의 지방행정조직을 비교해보고 향후 직접 상대해야 할 해당 기관과 담당자를 식별하는 것은 물론 평양의 지방행정조직 특성을 파악하는 추가연구도 해볼 수 있을 것이다. 이 같은 새로운 연구접근을 하는데 본 장의 정리내용이 연구개시 참고자료로 활용되고 향후 다양한 북한의 정치·행정 엘리트 연구가 진행되기를 기대해 본다.

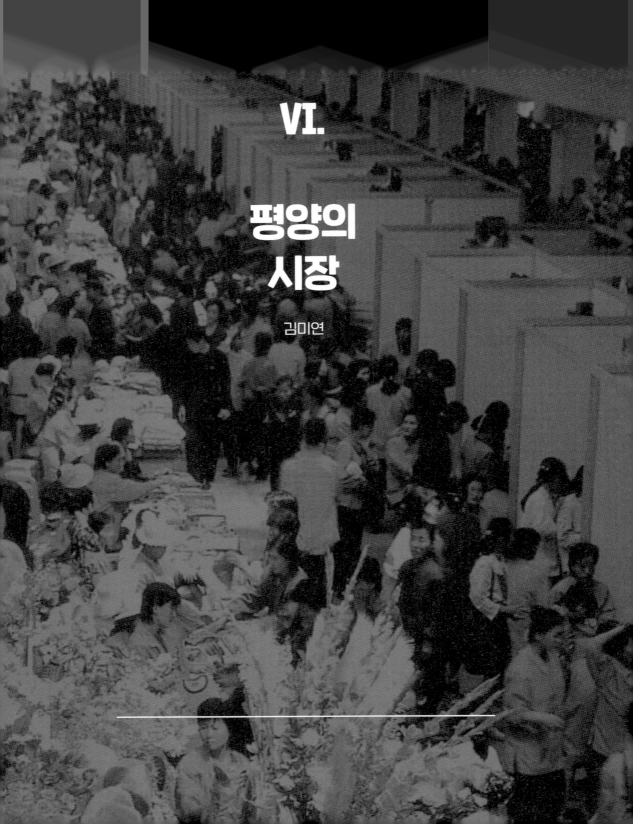

VI.

평양의
시장

김미연

평양시 통일거리시장 〈연합〉

VI.
평양의
시장

1. 시장 연구 왜 필요할까?

북한에서 시장은 계획경제와 배급제를 대체하는 경제영역으로 부상하고 있다. 시장은 북한 주민 경제활동의 중심 영역으로 자리 잡았으며 정치적 안정성과 사회적 변화를 적극적으로 반영하는 지표이기도 하다. 특히 평양에 위치 한 '송신시장'은 북한 시장의 성공모델이 되어 북한 전역에 시장을 확대하는 동력으로 작용했다.[1]

이처럼 1990년대 식량난을 비롯한 경제위기의 상황에서 북한 주민의 생계를 쥐고 있는 핵심 경제 공간으로 자리 잡은 시장은 그 중요성에도 불구하고 관련 정보는 그리 풍부하지 않다. 왜냐하면 북한 당국이 문헌을 통해 시장에 대해 직접적으로 설명한 내용을

---

[1]   홍민 외, 『북한 전국 시장 정보: 공식시장 현황을 중심으로』, 서울: 통일연구원, 2016, 75쪽.

확인하기 어렵기 때문이다.

단지 북한은 사전, 교과서류 문헌에서 '시장', '상품유통'에 관해 설명하고 있으며 이는 북한 당국이 시장을 어떻게 인식하고 있는지에 대한 자료로서의 가치를 지닐 뿐이다.[2]

북한의 시장, 특히 우리가 엿보고자 하는 평양의 시장에 대한 구체 정보를 북한의 공식 문헌 등을 통해 확인할 수 없는 근본적인 한계는 토대연구의 필요성을 더욱 체감하게 한다. 그나마 탈북민 인터뷰를 통해 얻은 시장에 대한 기억 정보를 토대로 위성 이미지를 통해 공간 정보를 추가한 내용이 우리가 북한의 시장을 알아볼 수 있는 유일한 자료이다.

다행히도 최근 통일연구원에서 공간·구술·시각 정보를 기반으로 2022년 기준 북한의 공식시장 현황을 정리하여 공개한 자료[3]는 북한 시장을 이해할 수 있는 중요한 기초자료로 활용할 수 있다.

김정은 집권 초기부터 코로나19 발생 이전 시기까지 북한 당국은 경제 분야에서의 자율, 분권적 요소를 도입하였으나 최근 중앙의 통제를 강화하는 모습을 나타내고 있다. 이러한 경제 운영에서의 정책변화는 시장의 규모, 운영 방식, 활성화 정도 등에 영향을 주었을 것으로 예상할 수 있다.

이 글에서는 평양에 위치한 총 31개의 공식시장을 중심으로 김정은 집권 초기와 코로나19 이후 시장 형태가 어떻게 변화했는지를 파악하고자 한다. 이를 위해 먼저 평양에 위치한 31개 시장을 소개하고 시장의 크기를 기준으로 시장을 분류한다. 다음으로 시장 규모별 대표적인 시장의 외형적 변화 모습을 위성 이미지를 통해 살펴보고 그 특징을 살펴보고자 한다.

한편, 김정은이 지속적으로 강조해 온 주민의 생활 향상 정책은 대체로 의식주 생활

---

2 박찬홍·정광진, 「해방 이후 1960년대 북한 시장에 관한 문헌적 고찰: 북한 문헌에 나타난 시장 인식과 법제 전개의 상관성」, 『북한법연구』 제24호, 2020, 162~163쪽.

3 홍민 외, 『2022 북한 공식시장 현황』, 서울: 통일연구원, 2022, 1~155쪽.

에서의 개선과 맞닿아 있다. 예컨대 질 좋은 경공업 제품 생산, 쌀 이외에 밀재배 독려를 통한 식생활 다변화, 대규모 살림집 건설 등은 주민 생활 향상을 위한 김정은의 의지가 엿보이는 대표적 사례이다.

이처럼 김정은 집권 이후 주민 생활 향상을 위한 다양한 시도들이 진행되는 가운데 백화점과 같은 편의시설에 대한 개선도 이루어졌을 것이라 짐작된다. 북한의 공식 매체를 통해서도 소개되는 백화점은 시장을 통해 볼 수 없는 평양의 변화를 알려주는 역할을 할 것이다. 이에 이 글에서는 평양의 시장과 함께 평양에 위치한 주요 백화점들에 대한 소개도 담고자 한다.

2. 평양에는 어떤 시장이 있을까?

앞서 언급한 통일연구원(2023) 자료에 따르면, 평양에 위치한 공식시장은 모두 31개로 2016년과 비교하면 6개 시장에서 이전, 확장, 축소 등의 변동이 있었으며, 기존 30개의 시장에서 1개의 시장이 증가한 것으로 집계되었다.[4]

평양 소재 공식시장은 평양시 내 2개 군(강남군, 강동군)과 19개 구역(대동강구역, 대성구역, 동대원구역, 낙랑구역, 역포구역, 용성구역, 만경대구역, 모란봉구역, 보통강구역, 사동구역, 삼석구역, 서성구역, 선교구역, 순안구역, 은정구역, 중구역, 평천구역, 화성구역, 형제산구역), 1개 동(방현동) 중 화성구역과 방현동을 제외한 2개군, 18개 구역에 위치하고 있다.

---

[4]   홍민 외, 『2022 북한 공식시장 현황』, 서울: 통일연구원, 2022, 29쪽.

<표 6-1> 2022년 평양 소재 공식시장 현황

(시장명: 가나다 순)

연번	시장명	면적		위치
		m²	평(3.3m²)	
1	강남시장	4,772	1,446	강남군 강남읍
2	강동시장	17,870	5,415	강동군 강동읍
3	고비구시장	1,531	464	강동군 고비노동자구
4	과학동시장	2,389	724	은정구역 과학1동
5	낙랑시장	8,344	2,528	낙랑구역 관문동
6	남교동시장	8,027	2,432	서성구역 남교동 → 하당2동
7	능라2동시장	8,180	2,479	대성구역 능라2동
8	당상시장	7,654	2,319	만경대구역 당상동
9	대리구시장	6,559	1,988	강동군 대리노동자구
10	대흥동시장	7,428	2,251	선교구역 대흥동
11	문신1동시장	7,575	2,295	동대원구역 문신1동
12	배산동시장	2,094	635	은정구역 배산동
13	붉은거리2동시장	3,049	924	보통강구역 붉은거리2동
14	삼석시장	3,765	1,141	삼석구역(읍) 문영동
15	상리구시장	622	188	강동군 상리노동자구
16	서포2동시장	8,073	2,446	형제산구역 서포2동
17	석박동시장	3,873	1,174	순안구역 석박동
18	소룡1동시장	7,372	2,234	대동강구역 소룡1동 → 랭천1동
19	송가리구시장	6,504	1,971	상동군 송가리노동자구
20	송신시장	12,971	3,931	사동구역 송신동
21	신간2동시장	3,539	1,072	형제산구역 신간2동
22	역포시장	12,151	3,682	역포구역 장진동
23	용궁2동시장	6,149	1,863	용성구역 용궁2동

24	용흥시장	7,551	2,288	대성구역 용흥동
25	원암동시장	1,492	452	낙랑구역 원암동
26	인흥시장	3,673	1,113	모란봉구역 인흥1동
27	중구시장	4,745	1,438	중구역 오탄동
28	칠골시장	11,184	3,389	만경대구역 칠골동
29	통일거리시장	16,032	4,858	낙랑구역 통일거리동
30	평천시장	10,593	3,210	평천구역 안산2동
31	하신시장	11,094	3,362	서성구역 중신동

※ 출처: 홍민 외, 『2022 북한 공식시장 현황』(서울: 통일연구원, 2022), p. 139.

위치별 시장 분포 개수를 기준으로 나누어 살펴보면 강동군(5개), 낙랑구역(3개), 형제산·만경대·서성·대성·은정구역(각 2개), 역포·선교·대동강·순안·동대원·용성·삼석·모란봉·평천·보통강·사동·중구역 및 강남읍(각 1개) 순으로 시장이 분포하고 있다.

〈그래프 6-1〉 위치별 시장 분포

(단위: 개)

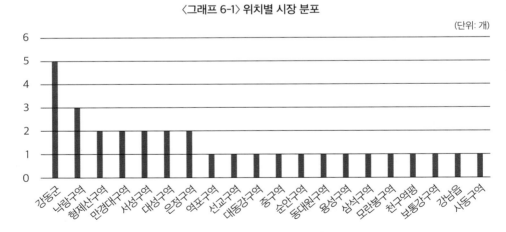

※ 출처: 필자 작성

평양 소재 주요 시장

평원군

평성시

석박동시장

과학동

순안구역

은정

룡성구역

용궁2동시장

신간2동시장

대동군

형제산구역

서포2동시장

서성구역

대성구역

남교동시장

당상시장

붉은거리2동시장

하신시장

용흥시장

능라2동시장

칠골시장

안흥시장

대동강구역

소룡1동시장

평천시장

문신1동시장

만경대구역

중구시장

대흥동시장

중구역

선교구역

역포시장

사

통일거리시장

력포구역

원암동시장

낙랑시장

강남읍시장

강남군

중

황주군

은산군　평　안　남　도

성천군

삼석구역

삼석시장

상리구시장

강동시장

고비구시장

회창군

강동군

승호군

대리구시장

송가리쿠시장

황　해　북　도

상원군

연산군

시장의 크기별로는 1천 평 미만(6개), 1천 평 이상 2천 평 미만(9개), 2천 평 이상 3천 평 미만(9개), 3천 평 이상(7개)로 강동군 강동읍에 위치한 강동시장(17,870㎡, 약 5,415평)이 가장 큰 규모의 시장에 해당한다.

〈표 6-2〉 규모별 시장 현황

구분	시장 명
3천 평 이상	강동시장, 통일거리시장, 송신시장, 역포시장, 칠골시장, 하신시장, 평천시장
2천 평 이상 3천 평 미만	낙랑시장, 능라2동시장, 서포2동시장, 남교동시장, 당상시장, 문신1동시장, 용흥시장, 대흥동시장, 소룡1동시장
1천 평 이상 2천 평 미만	대리구시장, 송가리구시장, 용궁2동시장, 강남시장, 중구시장, 석박동시장, 삼석시장, 인흥시장, 신간2동시장
1천 평 미만	붉은거리2동시장, 과학동시장, 배산동시장, 고비구시장, 원암동시장, 상리구시장

※ 출처: 필자 작성

2016년까지만 해도 평양에서 가장 큰 규모의 시장은 낙랑구역 통일거리동에 위치한 통일거리시장이었다. 그러나 강동군 동쪽 외곽의 하천 옆에 위치하고 있었던 강동시장이 2015년경 폐쇄되고 2016년 서쪽 중심부 인근으로 이전함과 동시에 규모를 확장하면서 약 5,415평 규모의 평양 내 가장 큰 시장으로 부상하였다.

아래 그림과 같이 현재 강동시장이 위치한 2011년 당시 부지는 일반 경작지 형태임을 확인할 수 있다. 현재 부지로의 이전 직후인 2016년과 2020년 기간 사이에 강동시장의 외형적 변화는 보이지 않으며, 청색 계통의 지붕으로 덮인 시장 형태를 갖추고 있음을 알 수 있다.

현재 위치로 변경한 강동시장은 많은 주민들이 거주하고 있는 강동군, 강동읍지구개

발지역과 가까운 거리에 위치하여 시장 접근성이 높아진 것이 특징이다.[5]

2000년대 초부터 현재까지 이어져 오고 있는 북한 공설시장의 외형적 특징은 반원통형 지붕구조로 대표된다.[6] 대흥동시장은 앞서 살펴본 대규모 강동시장에 비해 지붕을 하나로 연결한 건물 형태로 탈바꿈하는 시기가 다소 늦은 것으로 보인다. 반면에 건물 형태의 시장이 한 공간에 집중적으로 밀집한 모습을 엿볼 수 있다. 이는 대규모 시장에 비해 상대적으로 크기가 작지만 시장이 발달하는 과정에서 효율성과 편의성을 극대화한 형태로 시장 외형이 갖추어졌을 가능성이 있다.

한편, 대흥동시장과 같이 중규모 시장에 해당하는 문신1동시장도 2020년에서야 지붕을 씌운 형태의 시장 외관을 갖추었고, 창고의 역할로 짐작되는 건물도 새로 등장했다. 외관상으로 드러나는 공통적 특징으로 볼 때 평양

〈사진 6-1〉 대규모 시장 사례
강동시장 시기별 변화(2011년 → 2016년 → 2020년 순)

39°08′19.65″북 126°05′42.32″동, 출처: Google Earth(2023.7.26. 기준)

5   홍민 외, 『2022 북한 공식시장 현황』, 서울: 통일연구원, 2022, 97쪽.
6   홍민 외, 『북한 전국 시장 정보: 공식시장 현황을 중심으로』, 서울: 통일연구원, 2016, 65쪽.

내 중규모 시장도 2016년부터 확대되었을 가능성이 있다.

〈사진 6-2〉 중규모 시장 사례
대흥동시장 시기별 변화(2011년 → 2016년 → 2020년 순)

〈사진 6-3〉 소규모 시장 사례
고비구시장 시기별 변화(2011년 → 2016년 → 2020년 순)

39°00′03.38″북 125°46′07.71″동, 출처: Google Earth(2023.7.26. 기준)

39°05′55.78″북 126°01′20.38″동, 출처: Google Earth(2023.7.26. 기준)

소규모 시장의 경우 시장이 입지한 위치에 따라 외관의 큰 차이를 나타낸다. 중구시장, 붉은거리2동시장, 인흥시장과 같이 도로 주변에 위치하여 교통이 발달한 지역에 위치한 시장은 규모가 작음에도 불구하고 외관 형태는 여느 중·대규모 시장에 비해 뒤처지지 않는다. 특히 중구시장은 2010년 이전부터 이미 지붕을 얹은 번듯한 건물 형태로 시작하여 그 형태를 유지해 오고 있다. 마찬가지로 대리구시장, 송가리구시장처럼 노동자구에 입지한 시장은 중심부에서 떨어져 있지만 2010년부터 이전부터 시장이 발달해 왔으며 알록달록한 색깔의 지붕을 갖춘 모습을 찾을 수 있다.

반면에 500평 미만의 거의 비슷한 규모인 고비구시장과 원암동시장을 비교해 볼 때 노동자구에 위치한 고비구시장과 달리 원암동시장은 2020년에 이르기까지 지붕을 얹은 건물 형태의 시장 외관을 갖추고 있지 않다.

3. 평양 시장의 변화, 특징 엿보기

1) 주로 도심에 분포

강동군에 위치한 5개의 시장과 강남군에 위치한 1개 시장을 제외하면 구역을 포함한 평양 내 도심에 시장이 집중적으로 분포되어 있다. 2022년 4월 용성구역의 화성지구를 화성구역으로 분리해 구역에 추가하고, 평양시에서 150㎞ 떨어진 월경지로 미사일 개발 시설이 있어 상주자들에게 특권을 부여하기 위해 기존 구성시에서 평양시로 편입한 방현동을 예외로 하면 모든 구역에 시장이 입지한 셈이다. 특히 기본적인 소비인구가 많은 노동자 인구를 다수 보유하고 있는 노동자구에 입지한 시장은 규모, 외양적 형태 면에서 타 시장보다 현대화되어 있음을 알 수 있다.

〈사진 6-4〉 노동자구 입지 시장 외관(2020년)

대리노동자구(대리구시장)   송가리노동자구(송가리구시장)

2) 2016년 전후 뚜렷한 외형적 변화 관찰

2016년을 전후로 시장의 규모와는 별개로 시장 외관의 변화가 뚜렷하게 나타나는 것을 볼 수 있으며, 2020년에는 일부 시장을 제외하고 대부분이 지붕을 얹은 건물 형태의 시장의 모습을 찾을 수 있다.

시장을 이용하는 주민들의 접근성, 편리성 등을 고려할 때 시장 외관의 변화는 시장 활성화의 정도를 가늠할 수 있는 하나의 기준으로 삼을 수 있다. 수요가 없는 시설을 개량, 보수하지는 않을 것이기 때문이다. 따라서 평양에 위치한 시장의 외형적 변화를 통해 우리가 알 수 있는 점은 시장은 여전히 주민 경제활동의 주요 장으로 기능할 가능성이 높다는 것이다.

특히 2016년 이후 시장 건물 외관의 개보수가 활발하게 진행된 점을 감안하면 이 시기만 해도 북한 당국이 시장을 억제하기 위한 조치들을 크게 취하지 않았다는 것도 짐작할 수 있다. 아마도 2012년 6.28방침, 2014년 5.30방침을 통해 기업과 협동농장에 자율적인 경영 권한을 부여함에 따라 원자재 수급 및 원활한 상품 판매를 위해서는 시장에 대한 폭넓은 허용이 필요했을 것이다.

그러나 2019년 노동당 중앙위원회 제7기 제5차 전원회의에서 '정면돌파전'과 '자력갱생'을 강조하고 2021년 8차 당대회 이후 보수화가 진행되고 있다는 진단에 대해서는 시기별 시장의 외관 변화를 통해 설명하기는 어렵다. 향후 상품의 유통, 주민의 시장 이용 횟수 등 시장의 활성화를 가늠할 수 있는 자료가 뒷받침된다면 평양 내 시장의 변화를 검토하는 과정은 북한 경제의 변화를 가늠할 수 있는 기초자료로 활용될 수 있을 것이다.

3) 시장 확산과 축소에 따른 공간 재배치 가능성

이시효(2016)의 연구에 따르면 시장이 도입되는 시기에 평양의 공간이 재배치되었다고 설명한다. 시장을 중심으로 상거래가 진행됨에 따라 기존에 볼 수 없던 자발적인 생산과 소비, 그리고 노동활동이 이루어진다. 이러한 변화는 공간 배치에도 변화를 가져오는데 예컨대 2002년 당시 시장이 활성화되기 시작한 시기의 평양은 대동강 북쪽 구도심 지역인 중구역, 보통강구역, 평촌지역에는 출신성분과 재력이 좋은 주민이 거주하는 양상이 나타났다. 한편 평양 도심의 북쪽 외곽 지역은 북한 당국과 중국의 돈주들이 거주하고, 공업지역으로 남아 있던 대동강 남쪽지역에 거주하는 주민의 출신과 재력은 대동강 북쪽에 비해 낮은 형태가 나타났다고 설명한다.[7]

앞서 설명한 것과 같이 평양 내 시장은 구역별 입지를 비롯하여 규모 면에서도 차이를 나타낸다. 이러한 시장의 위치, 규모의 격차는 시장에서 유통되는 상품을 중심으로 소득과 소비의 격차를 자연스레 형성한다. 시장에서의 장사를 통해 주민들은 실질적인 수입을 얻게 되고 이는 다시 소비로 이어짐에 따라 시장의 활성화는 곧 해당 지역의 경제 활성화로 이어진다. 따라서 평양에 분포한 공식시장의 확대, 축소는 초기 시장이 형성될

---

7   이시효, 「시장도입 초기 평양 공간의 재배치」, 『북한학연구』 제12권 제2호, 2016, 80~82쪽.

시기와 마찬가지로 지역 공간의 재배치를 가져올 수 있다.

자생적인 시장의 유지, 확대이든 북한 당국에 의한 시장 재배치이건 간에 시장의 분포 그리고 외형적 변화는 개별 구역의 경제적 변화를 반영하고 있다는 점에서 시장에 주목할 필요성을 강화시킨다. 특히 평양은 지방에 비해 상대적으로 경제적 수준이 높다는 것을 감안하면 평양 내 구역별 경제 수준 격차도 후속 연구 과제가 될 수 있겠다.

4. 시장 너머 평양의 백화점

시장을 통한 다양한 상품의 유통, 거래는 북한 주민들의 식생활에 편의를 제공하는 한편 인간의 소비 욕구를 충족하는 기능도 수행한다. 특히, 대규모 종합쇼핑 공간인 백화점은 소비 욕구 충족 이외에도 백화점이 제공하는 쾌적한 서비스 향유 등을 통해 양질의 삶을 누리고 있다는 만족감도 얻을 수 있다. 백화점은 북한 주민의 즐거움과 삶의 가치를 실현하는 공간으로 활용되고 있다는 뜻이다.

북한의 공간(4) 문헌에서 '시장'에 대한 언급을 찾을 수 없는 것과 달리 평양에 위치한 '백화점'에 대한 내용은 당 기관지인 『로동신문』과 내각 기관지인 『민주조선』에서 찾아볼 수 있다. 주민 생활 향상을 최우선 과제로 제시하고 실질적인 성과를 중시하는 북한 당국의 입장에서도 쾌적하고 안락한 공간으로서의 대표 시설인 백화점은 자랑할 만한 공간일 수 있다.

평양에 위치한 주요 백화점은 평양제1백화점, 평양역전백화점, 평양아동백화점, 서평양백화점, 대성백화점, 광복백화점 등이 있다. 지하층, 지상 9층의 연건평 약 4만㎡ 규모로 평양에서 가장 큰 백화점인 평양제1백화점은 중구역 승리거리에 위치하고 있다. 상품창고를 비롯하여 매장(1~5층), 회의실, 영사실 및 식당 등 다양한 시설을 갖추고 있다. 한편 만경대구역 광복거리 입구 3호 구획에 위치한 광복백화점은 4층의 연건평 약 3만㎡ 규모로 판매 상품별로 층을 구분하고 있다. 매장홀, 휴게실, 여러 개의 방들로 구성된 평

양아동백화점을 제외하고 나머지 백화점들도 광복백화점과 유사한 형태로 구성되어 있다.[8]

<표 6-3> 평양 소재 주요 백화점

구분	위치	건설 시기
평양제1백화점	평양시 중구역	1940년대
평양역전백화점	평양시 중구역	1950년대
평양아동백화점	평양시 중구역	1960년대
서평양백화점	평양시 모란봉구역	1950년대
대성백화점	평양시 대동강구역	2010년대
광복백화점	평양시 만경대구역	1990년대

※ 출처: 통일부 북한정보포털, http://unikorea.go.kr; 『로동신문』, 『민주조선』 각 호.

『로동신문』과 『민주조선』에 수록된 기사 내용을 토대로 백화점이 설립된 대략적인 시기를 살펴보면, 1940년대에 처음으로 평양제1백화점이 건설된 것으로 짐작된다. 『민주조선』에 수록된 기사에 따르면 2008년에 김정숙이 평양제1백화점을 방문한 60주년을 기념하여 보고회를 개최한 것으로 보도하고 있기 때문이다. 평양제1백화점은 매년 정기적으로 상품전시회를 개최하고 출품 상품들에 대한 소개를 주요 내용으로 하여 2021년 최근까지도 보도되고 있으며 보도 빈도가 가장 높다.

---

8   통일부 북한정보포털, http://unikorea.go.kr.

평양 소재 주요 백화점

서평양백화점

모란봉구역

대성구역

대성백화점

아동백화점

평양제1백화점

대동강구역

중구역

평양역전백화점

선교구역

사동구역

력포구역

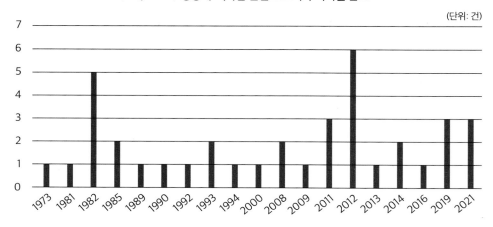

〈그래프 6-2〉 평양제1백화점 관련 보도기사 시기별 분포

(단위: 건)

※출처: 필자 작성

　　1950년대에는 서평양백화점과 평양역전백화점이 있었다. 1958년 이후로 평양역전백화점에 대한 보도 내용이 없었던 반면 서평양백화점은 1959년까지 기사에 수록되다가 한참 후인 2020년에야 다시 보도되었다. 다음으로 1960년대에는 평양아동백화점이 건설되었는데 1993년 김정일의 현지지도 30주년이라는 보도 내용을 통해 미루어 짐작할 수 있다. 2020년까지 평양아동백화점에 대한 보도는 김일성과 김정일의 현지 지도 50주년 기념보고회, 아동상품전시회장 관련 보도 등으로 지속된다.

　　한편, 광복백화점은 1991년에 김정일이 개업을 앞둔 백화점을 방문한 기사 내용을 통해 1990년대 초반에 건설되었음을 알 수 있고, 이듬해 1992년에는 악기상점과 지하 식당을 마련했다고 보도하였다. 광복백화점 관련 기사는 2009년까지 지속되다가 이후 보도 내용은 찾아볼 수 없다. 가장 최근에 2019년에 준공식을 진행한 대성백화점은 2021년까지 보도를 지속하고 있다.

평양제1백화점 상품전시회에 출품된 제품들(2022.11.12.) ⓒ〈연합〉

1) 가장 오래된 최대 규모의 '평양제1백화점'

평양제1백화점은 매년 두 차례 상품전시회를 열고 새로운 제품들을 선보인다. 북한이 평양제1백화점에 기대하는 역할은 주민들이 언제나 백화점을 즐겨 찾아 질 좋고 다양한 경공업 제품들을 구입하도록 하는 것이다. 2016년 평양제1백화점 창립 70주년 기념 보고회에 노동당 중앙위원회가 보낸 축하문 내용에서도 평양제1백화점의 기능을 엿볼 수 있다.

"평양제1백화점은 우리 인민들에게 갖가지 질좋은 상품이 차례지게 하시려고
온갖 심혈을 기울이신 위대한 수령님들의 따사로운 손길과 불멸의 령도 업적이 깃
들어있는 대규모상업 봉사기지이며 나라의 경공업발전면모를 집약적으로 보여주

는 인민소비품전시장, 경공업전시관이라고 강조하였다."[9]

또한, 평양제1백화점 지배인을 포함하여 부지배인, 층장, 소속 종업원이 백화점 운영에 대한 다짐을 표현하는 내용에도 북한이 평양제1백화점에 거는 기대가 반영되어 있다.

> "날로 확대발전하는 경공업생산수준에 맞게 상품보장사업을 짜고들며 우리 상표를 단 다양한 명상품들을 매대들에 가득 채워놓고 판매하여 인민들이 언제나 즐겨찾는 평양제1백화점의 명성을 계속 떨쳐나갈데 대하여 그들은 언급하였다. 그들은 인민의 편의와 리익을 최우선, 절대시하는 원칙에서 안내봉사, 이동봉사, 주문송달봉사 등 다양한 봉사형식과 방법들을 적극 받아들이고 모든 경영활동을 정보화, 컴퓨터화하며 설비들의 관리운영을 정상화하고 백화점의 면모를 일신시켜 나갈것이라고 말하였다."[10]

이처럼 평양제1백화점은 북한이 자체적인 연구와 기술로 생산한 식품, 섬유제품, 문화용품 등 다양한 소비품들을 전시하는 공간이자 주민 생활 향상이 최우선 목표라는 것을 북한 당국의 의지를 보여주는 공간이기도 하다. 특히 2019년 7월에 개최된 제11차 평양제1백화점상품전시회에서 다종화, 다양화, 다색화, 경량화, 경험교환, 기술경쟁 등 경공업 제품 생산에서 중요하게 생각해야 할 부분들을 이전 시기에 비해 상세히 언급하고 있다는 점에서 특징적이다. 주민들이 직접 제품을 사용해 본 후 평가한 내용을 제품 생산에 반영하여 제품의 질을 향상시켜야 한다는 점을 강조한다. 또한 소비자와 생산자가 의견을 교환할 수 있는 공간으로 평양제1백화점상품전시회를 활용하고 있다. 백화점은

9   「평양제1백화점창립 70돐 기념보고회 진행」, 『로동신문』 2016년 11월 28일 4면.
10   「평양제1백화점창립 70돐 기념보고회 진행」, 『로동신문』 2016년 11월 28일 4면.

주민들의 욕구를 만족시키기 위한 공간으로서의 역할을 담당한다.

> "인민들은 엄격한 검열관, 심사관이다. 인민들의 눈길을 끌고 평이 좋은 단위의 신발제품들에서 공통적으로 찾아보게 되는 점은 다름아닌 다종화, 다양화, 다색화, 경량화였다. 결국 전시회는 어느 단위가 당정책 관철에서 앞장섰는가 하는 것을 인민에게서 평가받는 계기이기도 한 것이다."[11]

한편, 코로나19 발생 이후 『로동신문』 보도기사를 통해 확인할 수 있는 평양제1백화점 소식은 건물 내 곳곳을 소독하고 있는 방역작업 사진뿐이다. 최근 마스크를 벗고 활동하는 주민들의 모습이 북한 관영매체에서 관찰된다는 국내 언론 보도를 감안하면 평양제1백화점은 곧 활기를 되찾고 운영될 것으로 보인다.

2) 가장 최신의 '대성백화점'

대성백화점은 2019년 개업을 앞두고 김정은이 직접 방문할 만큼 북한이 '현대판' 백화점으로 많은 기대를 갖고 있다. 『로동신문』에 컬러사진으로 소개된 대성백화점 곳곳은 화려하고 세련된 모습으로 단장되어 있다. 2면에 걸쳐 보도된 대성백화점은 1층부터 5층까지 식품, 의류, 가정용품, 일용잡화, 화장품 매장들이 입점해 있고 에스컬레이터, 휴게공간 등 편의시설도 갖추고 있다. 북한이 현대판 백화점으로 소개할 만큼 한국의 백화점 모습과 별반 다르지 않은 것을 느낄 수 있다.[12]

북한은 대성백화점을 건설한 목적이 평양제1백화점과 같이 오직 주민을 위한 시설

---

11 「나날이 높아가는 명제품, 명상품개발열풍」, 『로동신문』, 2019년 7월 19일 3면.
12 「경애하는 최고령도자 김정은동지께서 개업을 앞둔 대성백화점을 현지지도하시였다」, 『로동신문』, 2019년 4월 8일 1~2면.

대대적인 리모델링을 끝낸 대성백화점의 모습(2019.4.8.) ⓒ〈연합〉

이라는 점을 강조한다. 김정은은 주민들의 백화점 이용이 편리할 수 있도록 각 층 매장에 진열한 상품들의 배치법까지 일일이 당부하는 한편 주민들에 대한 친절한 봉사를 백화점의 경영전략으로 삼아야 한다고 언급한다.

• 대성백화점을 방문한 김정은의 당부

백화점으로 들어서신 경애하는 원수님께서는 대성백화점도 광복지구상업중심처럼 인민을 위한 상업봉사기지로 전환하여야 한다고 하신 위대한 장군님의 유훈을 받들어 1층을 슈퍼마케트로 꾸렸다고 하는데 잘하였다고 하시며 우리가 만든

식료품들을 보기만 하여도 흐뭇하다고, 식료품들의 포장이 제일 멋있고 마음에 든다고 하시였다.

랭동고기식품매대에서는 인민들의 식생활에 리용될 랭동제품의 온도가 잘 보장되는가를 헤아리시였고 일용잡화매대에 이르시여서는 손님들이 필요한 것을 쉽게 찾을수 있게 상품을 품종별로 진렬대에 걸어놓는 식으로 진렬해놓은 것을 평가해주시였다.

손님들의 요구에 따라 상품 포장을 여러 가지 형식으로 잘해주어야 한다는데 대하여서까지 세세히 가르쳐주시는 경애하는 원수님의 말씀은 실로 하나부터 열까지 다 인민들이 좋아하겠는가, 인민들의 편의보장을 선차로 놓았는가, 인민들의 문명생활에 이바지되는가 하는 것으로 일관되여있었다. 그러시며 경애하는 원수님께서는 우리들에게 봉사성을 높이고 친인민적인 봉사법을 받아들일데 대하여 간곡히 당부하시였다.[13]

한편, 대성백화점도 평양제1백화점과 마찬가지로 코로나19 발생 이후 『로동신문』 보도기사에서 건물 내 방역작업 사진만을 확인할 수 있다.[14]

13　「그날의 당부 심장에 새기고」, 『로동신문』, 2020년 10월 12일 5면.
14　「대성백화점에서」, 『로동신문』, 2021년 4월 27일 4면; 2021년 10월 14일 4면.

5. 시장과 백화점이 보여주는 평양

출퇴근 길 여의도를 오가며 보았던 붉은 띠를 두른 타워형 고층빌딩에 MZ 세대의 핫한 장소로 불리우는 공간이 있다는 이야기를 전해 들었다. 기존 쇼핑 공간으로서의 역할만 담당하던 백화점의 다소 경직된 이미지를 탈바꿈해 문화 복합공간으로 거듭났다는 평가가 덧붙여졌다. 이곳에서 점심과 저녁을 먹다 보면 연주를 들을 수 있고 쇼핑 중에도 문화 체험을 할 수 있는 등 상품의 중개처, 소비처 기능을 뛰어 넘어 다양한 역할을 해내고 있는 듯 하다.

서울에서 멀찌감치 떨어진 부산에도 소비자의 니즈를 만족시키기 위해 새로 단장한 백화점이 있다는 소식이 들렸다. 고객의 동선을 고려한 맞춤형 공간 배치, 실내 색감, 다양한 편의시설 등으로 눈길을 끌 만한 요소로 가득 차 있다.

대한민국 서울과 부산, 그리고 곳곳에 고객 맞춤형 쇼핑 공간이 있다면, 북한에는 평양을 중심으로 점차 확대 중인 복합 쇼핑몰이 등장하고 있다. 북한에서 시장이라고 하면 한국의 오래된 재래시장의 모습을 떠올리곤 한다. 그러나 앞서 살펴본 것과 같이 평양 곳곳에 위치한 시장과 백화점의 모습은 빠른 속도로 변하고 있다.

주민들이 다양한 상품을 직접 보고 고를 수 있는 최근 북한의 시장과 백화점은 외형적 측면에서도 현대화, 도시화를 상징하고 있으며, 공급자 위주에서 벗어난 고객 중심의 공간으로 거듭나고 있다. 북한 매체를 통해 전해진 현대화된 상점들에서 쇼핑하는 북한 주민들의 모습에서 만족도 또한 크게 느껴진다.

이처럼 김정은 집권 이후 시장과 백화점, 그리고 소비문화의 변화는 시장화를 일정 부분 허용하고 있는 북한의 경제, 사회 변화를 오롯이 나타낸다. 바코드를 통해 상품을 식별하고 현금이 아닌 카드로 구매하는 모습은 상점 판매원에게 이야기해야 물건을 받을 수 있는 과거의 모습과 사뭇 다르다. 새로워진 시장, 백화점을 통해 경제와 주민들의 민심을 얻겠다는 김정은의 의지도 가늠할 수 있다.

그러나 평양의 변화가 지방 곳곳에까지 확산될 것인가에 대해서는 자신 있게 답하기 어렵다. 여전히 북한 스스로가 농촌지역을 비롯하여 평양에서 떨어진 지방 환경개선에 힘써야 한다고 강조하고 있기 때문이다. 오히려 도시와 농촌 간, 그리고 계층 간 격차가 크게 벌어지는 상황도 우려하지 않을 수 없다. 그럼에도 불구하고 평양의 시장과 백화점을 통해 엿본 김정은 시대 북한은 변하고 있다.

'서면 앉고 싶고, 앉으면 눕고 싶고, 누우면 자고 싶은 것이 사람의 욕심'이라는 익숙한 말이 있다. 인간의 욕구를 외력으로 누르기 힘들다는 뜻이다. 2016년부터 지속된 강도 높은 경제제재 속에 주민들의 마음을 얻어야만 하는 김정은의 입장에서 이미 현대화, 도시화가 진행 중인 시장의 물결 속에 누워서 자고 싶은 생각을 떠올려본 주민들을 억지로 일으켜 세우기는 어려울 것이라는 생각이 스친다.

VII.

평양의
기업

정유석

위대한 김정은동지께서 결심하시면 우리는 무조건

김정숙방직공장 ⓒ연합

VII.
평양의
기업

1. 평양의 기업을 보면 북한 산업이 보인다!

북한의 '혁명의 수도'라고 불리우는 평양에는 어떠한 기업들이 있을까? 계획된 도시 평양의 기업을 통해 북한은 어떠한 모습을 연출하고 싶었을까? 과연 북한의 수도였으며 한반도에서 가장 오래된 대표 도시 평양의 산업 구조를 통해 북한 정권이 그려놓은 밑그림을 통해 미래를 예측해 보고자 한다.

조선 시대에 평양은 한성에 견줄 만큼 큰 도시였다. 역사적으로 평양은 고조선과 고구려의 수도이자 고려 시대에는 명실상부한 제2의 수도로 불렸다. 예로부터 인구와 각종 인프라가 집중되면서 자연스럽게 상업과 산업이 발달하기 시작하였다. 이러한 연유로 남북 분단이 있기 전 대한제국 시대에는 전략적으로 평양을 육성하려는 시도도 있었다. 4천여 년의 역사를 간직한 한반도의 대표 고도古都였던 평양이 북한 당국의 독재와 그들만의 독특한 사회주의 방식의 경제 정책을 거치면서 인위적으로 변모하고 말았다.

북한에서 평양은 수도를 넘어 국가 그 자체라고 해도 과언이 아니다. 평양은 북한에 존재하는 단 하나의 통치 이념인 유일사상체계가 발현되는 정치와 사상의 성지聖地라 할 수 있다. 정치와 경제, 문화와 여가의 중심으로 북한의 모든 정책이 최초로 도입되는 실험 공간이 바로 평양이다. 북한은 사회주의 소유제도에 기초를 둔 계획경제를 고수하고 있다. 게다가 북한식의 독특한 경제 정책이 가미되면서 그들만의 방식으로 경제 재건을 위해 다양한 노력을 하고 있다. 그간 북한에서는 국내외 정세에 따라 수많은 경제 정책이 발표되었는데, 대부분이 평양을 주된 대상으로 한다. 그러한 이유로 평양이라는 공간은 북한의 권력자들의 경제 정책의 공과功過와 시행착오가 고스란히 담겨 있다.

평양은 전쟁을 겪고 폐허가 된 도시를 재건하였다는 특수한 상황을 차치하더라도 다른 나라의 도시와 산업 구조에 비해 확연한 특징을 가지고 있다. 일반적으로 지형, 자원, 노동인구 등의 비교 우위를 고려하여 국가의 산업 단지를 구상하는 것과는 달리 북한의 산업은 평양에 집중되어 있다. 물론 지하자원과 수산 산업 등 재원 조달이 결정적인 산업과 관련한 기업은 해당 지역에서 집중적으로 육성된다. 하지만 이를 제외한 대부분의 기업이 평양에 집중되어 있는 것은 전 세계적으로도 유례를 찾기 힘들다. 이는 평양이 북한의 체제 유지를 위한 정치적인 수도인 동시에 이를 든든하게 받쳐줄 경제 산업의 중심지라는 것을 확인할 수 있는 대목이다.

〈그래프 7-1〉 북한과 평양 산업 구조 비교

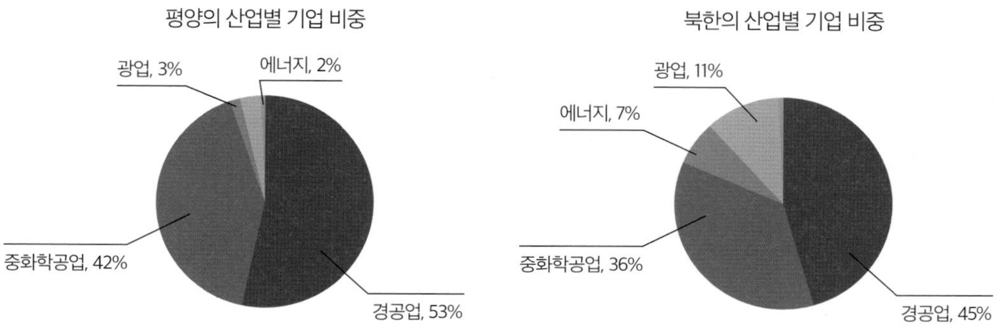

평양의 산업별 기업 비중

광업, 3%
에너지, 2%
중화학공업, 42%
경공업, 53%

북한의 산업별 기업 비중

광업, 11%
에너지, 7%
중화학공업, 36%
경공업, 45%

※ 출처: 산업연구원 「북한의 산업·기업 DB」 자료에 기초하여 작성

평양은 경공업과 중공업이 집중된 종합 공업도시이자 집약화된 농업지역으로 북한 최대의 경제중심지이다. 정치·사회적인 중요성과 함께 부근에 매장된 풍부한 원료자원과 에너지원, 공업용수 및 수송의 중심지라는 이점을 가지고 전력, 금속, 화학, 방적, 건재, 건설공업 등이 발달해 있다. 특히 남포지역과 함께 대동강 종합개발계획을 추진하면서 지방공장도 많이 유치해 경공업과 중공업이 집중된 종합산업지구이다.

주요 업종으로는 기계·연료동력·건재 등의 중공업과 방직·신발·식품 등의 경공업이 발달되어 있다. 기계공업으로는 수송기계·공작기계·정밀기계·광산기계·전기기계공장이 있으며, 연료동력공업으로는 평양화력발전소, 건재공업으로는 시멘트공장이 있다. 경공업으로는 종합방직공장·견직공장·제사공장·피복공장·고무공장·정유공장 등이 있다.

주요 기업으로는 김종태전기기관차 공장, 평양전기공장, 전력케이블선을 생산하는 평양전선공장, 무궤도전차공장, 베어링과 재봉틀, 시계 등을 생산하는 1급 기업소인 평양정밀기계공장, 평양제침공장, 만경대공작기계공장, 승호리시멘트공장, 평양목재가공공장 등 유수한 기업들이 집중해 있다. 그 외에도 북한 최대의 섬유 공장인 평양종합방직공장을 비롯하여 평양제사공장, 평양곡물공장, 용성육류가공공장, 평양고무공장 등이 있다.

산업시설이 집중되어 있는 이유는 평양의 편리한 교통 인프라를 통한 원료 및 제품의 신속한 공급과 수송, 공업용수와 노동력의 동원, 화력발전소의 전력 등 공업 입지의 최적화된 조건을 갖추고 있기 때문이다. 또한 농업 및 관련 가공산업의 경우 평양 동쪽에는 넓은 대동강 수계 구역과 남쪽의 낙랑준평원 등 비옥한 들판을 끼고 있어서 채소·과일·원예 등 근교농업이 발달하였고, 양돈·양계도 활발하며, 쌀·콩·조 등의 농산물 산출도 많다. 광업으로는 부근의 사동, 장산, 감북, 삼신 등지의 무연탄 매장량이 많은데, 탄층의 바깥쪽 암석은 알루미늄의 원료인 알루미나셰일로 되어 있다. 그 밖에 석회암, 사금, 흑연, 고령토 등도 대량 산출되고 있다고 알려져 있다.

평양은 일제강점기의 산업정책으로 인하여 상당 규모의 시설들이 집중적으로 건설되어 있었다. 또한 외부로부터 자원 조달이 용이한 수송 인프라 덕분에 빠른 속도의 경제 발전이 가능하였다. 이후 북한이 사회주의 경제 체제를 채택하면서 평양에 내부 자원을 총동원하는 자력갱생의 산업 정책이 본격적으로 시행되었다. 초기에는 노동력에 기반한 기업들이 설립되었고 여기에 비교적 충분한 자원인 석탄과 철광석 등을 이용한 중화학 공업이 육성되었다. 여기서 생산된 설비를 이용하여 경공업이나 농업 부문에서 소비재와 식량을 생산하는 내부 지향적 공업화 전략을 강력하게 추진하였다. 이러한 산업 정책은 어느 정도 성공하여 1980년 전후까지는 2차산업이 일정 수준 발달한 산업구조를 형성하였다.

이 장에서는 평양의 기업 및 산업의 현황을 살펴보고, 지역별 산업 시설 분포와 연혁별 변화를 고찰해 봄으로써 평양의 경제 공간을 조망해 보고자 한다. 나아가 철저하게 계획된 도시인 평양의 모습을 통해 북한 전역의 산업 구조의 특징과 변화 및 향후 모습을 예측해 보려 한다.

기업은 경제의 기초단위이다. 그럼에도 불구하고 북한의 기업에 대한 정보는 상당히 제한적이다. 그 일차적인 원인은 북한 당국이 기업 정보를 투명하게 공개하고 있지 않은 이유이다. 하지만 산발적으로나마 북한 매체를 통해 공개되고 있는 기업의 정보에 대하여 체계적으로 수집하고 데이터를 축적하는 전문기관의 부재의 원인도 상당하다. 북한은 경제 개혁의 일환으로 다소 파격적으로 자본주의 요소를 담은 기업 관련 법제를 제·개정하여 새로운 경제정책을 제시하며 향후 기업을 통한 전향적인 협력 가능성 제시하였다. 반면 우리는 북한의 기업에 대하여 제한된 정보로 인해 북한에서 언론 등을 통해 공개한 최소한의 자료만이 축적되어 있다. 최근 산업연구원이 구축한 북한 기업 정보 포털에 공개되어 있는 평양의 기업을 기준으로 살펴보았다.[1] 북한의 대표적인 언론매체인

1　산업연구원은 2021년 「북한 기업·산업DB」을 개설하여 약 3,860여 개의 기업 정보를 수록하고 있으며 이 중 평양에 위치한 기업 555여 개에 대한 데이터를 제공하고 있다.

로동신문을 중심으로 공개되어 있는 기업 정보가 제공되고 있으며 특히 평양의 경우에는 550여 개의 비교적 풍부한 자료가 수록되어 있다. 이에 기초하여 평양에 실제로 존재하고 가동되고 있는 기업의 현황을 파악하고 통일부와 통계청에서 제공하는 북한 기업 정보를 참조하였다.

평양은 북한 산업이 가장 활발히 진행되는 경제적 공간이면서도 R&D 시설의 투자가 집중되는 대도시이다. 즉 평양은 북한 산업의 현재의 모습이면서도 동시에 그들이 미래에 어떠한 산업을 펼쳐나갈지 예측 해볼 수 있는 지역이기도 하다. 결국 평양의 산업 구조와 기업 분포를 분석하여 변화의 모습을 알아보는 것은 북한 경제의 향후 모습을 가늠해 볼 수 있는 바로미터가 될 수 있다.

2. 평양에는 어떤 기업들이 있을까?

평양은 남포, 송림, 사리원을 포함하는 북한 최대의 공업지구이다. 주요 업종은 방직, 의류 식료 등을 중심으로 전기·전자, 기계, 철강, 조선, 시멘트, 판유리, 신발 등의 전 부분의 생산 시설이 집중되어 있다. 평양은 경공업과 중공업이 잘 조화를 이룬 도시이다. 경공업은 의류와 방직 등 피복 공업에 특화된 기업들이 분포되어 있으며, 중공업은 기계공업이 주를 이룬다. 이는 평양만의 특징이라고 할 수 있는데 다른 지역과는 달리 경공업과 중공업이 함께 발달한 복합 산업 도시라고 하겠다. 또한 북한의 평양 우선 개발 정책의 영향으로 다양한 산업 기반 시설들이 집중되어 있고 은률, 재령 등 주변 지역으로부터 철광석과 같은 풍부한 지하자원의 조달에 유리하다. 특히 평양에는 현대적인 설비를 갖춘 대규모의 공장이 밀집되어 있다. 곡산공장, 밀가루 가공공장, 김치공장, 밥 공장, 빵공장, 맥주공장 등 식료가공 공장이 대표적이다.

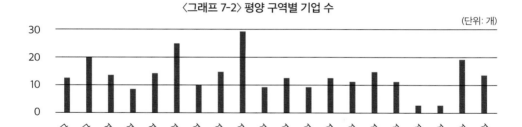

〈그래프 7-2〉 평양 구역별 기업 수

(단위: 개)

※ 출처: 산업연구원 「북한의 산업 · 기업 DB」 자료에 기초하여 작성

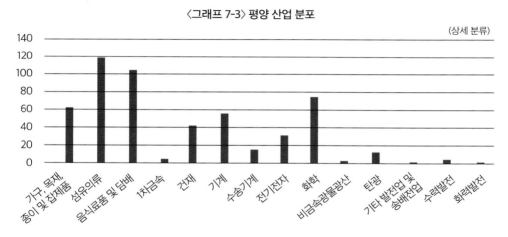

〈그래프 7-3〉 평양 산업 분포

(상세 분류)

※ 출처: 산업연구원 「북한의 산업 · 기업 DB」 자료에 기초하여 작성

    평양에는 경공업과 중화학공업 부문의 기업 분포가 비교적 고르다. 경공업(279개)과 중화학공업(225개) 기업의 비율은 약 1.2:1로 이는 북한 전체에서의 비율과 유사하다. 경공업 내에서는 섬유의류의 기업수가 120개로 가장 많으며 이는 평양의 기업수의 22%에 해당하는 큰 규모이다. 음식료품 및 담배업종의 기업수도 102개로 많은 편이다. 중화학공업에서는 화학, 기계, 건재, 전기전자의 기업이 많다. 북한의 거의 모든 세부업종의 기업

수는 평양이 가장 많으며, 평양 인근의 평안남도와 평안북도에도 많은 편이다. 기업의 수로만 평가할 때 북한 제조업의 중심지는 평양이라고 하겠다.

<표 7-1> 평양 기업 분류

(546개, 2022년 기준)

대분류	중분류	기업수(개)	비율(%)
경공업	가구, 목재, 종이 및 잡제품	61	11.3
	섬유의류	120	22.3
	음식료품 및 담배	104	19.3
	소 계	285	53.0
중화학공업	1차금속	6	1.1
	건재	42	7.8
	기계	56	10.4
	수송기계	16	3.0
	전기전자	32	6.0
	화학	73	13.6
	소 계	225	41.9
광업	비금속광물광산	3	0.6
	탄광	14	2.6
	소 계	17	3.2
에너지	기타 발전업 및 송배전업	1	0.2
	수력발전	5	0.9
	화력발전	2	0.4
	소 계	8	1.5
미 상		2	0.4
합 계		537	100

※ 출처: 산업연구원 「북한의 산업 · 기업 DB」 자료에 기초하여 작성

평양은 경공업 중에서도 섬유 및 의류 산업이 큰 비중을 차지한다. 섬유의류 기업은 120개가 집중되어 있으며 이는 평양의 기업 중 22.3%를 차지한다. 또한 북한 전역에 있는 섬유 산업 기업이 480여 개가 있는 것으로 파악되고 있어서 이중 평양에 약 25% 정도가 집중되어 있는 것을 확인할 수 있다.

평양에는 기계 업종 역시 밀집되어 있다. 평양에는 56개의 기계 업종이 기업이 확인되었으며 이는 평양의 전체 기업의 11%를 차지한다. 북한의 대표적인 기계 공업 지대는 함경남도나, 평안과 인접한 평안도를 포함하면 기계 업종 역시 평양을 중심으로 밀집되어 있다는 것을 알 수 있다.

음식료품 및 담배 업종의 기업 평양 이외의 지역에도 다수 존재한다. 기업의 수만 보면 음식료품 및 담배 업종의 기업이 102개로 평양시 기준 2위이나, 북한 전체의 기업 비중인 20%에 비해 평양시에서의 비중(15%)이 낮은 편이다.

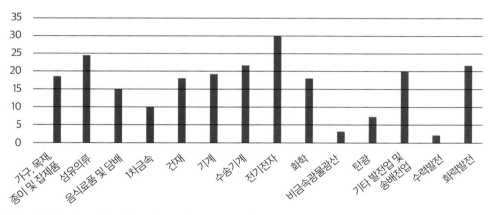

〈그래프 7-5〉 평양의 산업별 기업 수의 전국 대비 비중(%)

※ 출처: 산업연구원 「북한의 산업 · 기업 DB」 자료에 기초하여 작성

기업으로 본 평양은 어떤 특징이 있는 공간일까? 먼저 평양에는 북한의 계획된 산업 정책이 투영되어 있다고 할 수 있다. 그 이유로 경공업과 중화학 기업의 분포가 유사한

북한 자료로 본 **평양학개론**

점이다. 경공업 기업은 285개이며, 중화학공업 기업은 225개로 나타났다. 평양은 북한 당국에 의하여 철저하게 설계된 대표적인 공업도시로 경공업과 중화학공업의 비율을 비슷하게 조정함으로써 외부 지역의 별도의 지원 없이 균형 있는 산업 재원의 조달을 설계하였을 가능성이 있다.

또한 평양은 자본과 인력, 기술과 인프라가 집중되어 있는 제조업의 밀집 도시이다. 평양에는 북한의 전체 인구의 약 15% 정도가 거주하고 있어 무엇보다도 풍부한 인적자원을 갖추고 있다. 또한 각종 산업 시설을 안정적으로 운용할 수 있는 인프라가 다른 지역에 비해 월등하게 갖춰져 있다. 첨단 산업의 기초가 되는 연구지원 시설도 대부분이 평양에 몰려있어 제조업이 발달하기 최적의 입지라 할 수 하겠다. 이러한 기반 시설은 단기간에 구축할 수 있는 것이 아니라는 점에서 평양이 북한 제조 산업 부문에서의 독보적인 위상은 쉽게 바뀌지 않을 전망이다.

〈그래프 7-4〉 북한 지역별 기업 분포와 비중

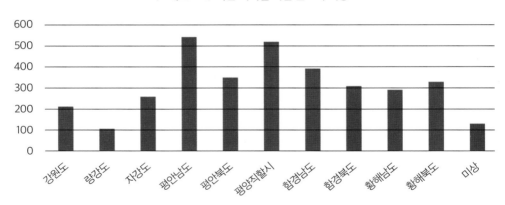

마지막으로 평양의 전통적인 대표 산업인 섬유 산업과 더불어 전기·전자 산업의 약진이 기대된다. 김정은 정권 이후 북한은 전기·전자 중심의 첨단 산업 육성에 집중하고 있다. 북한은 여전히 제조업 중심의 1차 산업 위주의 구조이지만, 평양을 중심으로 한 신

산업의 비중이 늘어나고 있다. 특히 첨단 산업의 필수적인 대학교 및 연구소가 밀집해 있는 평양은 북한의 새로운 산업 구조 확장을 위한 시험대가 될 가능성이 매우 높다.

3. 기업으로 본 평양의 모습과 미래

평양에는 상당 부분의 기업이 집중되어 있다. 수도에 다양한 시설들이 집중되어 있는 것은 여느 나라에서도 있을 수 있는 일이다. 하지만 평양의 경우와 같이 기업이 한 도시에 집중되어 있는 모습을 찾기는 쉽지 않다. 게다가 산업 제반 시설과 재원 등을 고려하지 않은 채 수도라는 이유로 산업을 집중하는 경우는 더욱 발견하기 어렵다. 이처럼 평양은 산업 유치의 가장 중요한 요소인 비교 우위와 경쟁력 등이 고려되지 않은 전시성 기업 도시라고 할 수 있다.

만약 자연재해나 코로나19와 같은 긴급 상황으로 불가피하게 평양이 봉쇄될 경우 다른 지역에 큰 피해를 미친다. 평양에는 특히 제조업과 의류 섬유업이 집중되어 있는데 이는 대부분 주민의 삶과 연관된 생필품이다. 평양으로의 원자재 조달과 생산품이 유통이 원활하지 못할 경우에는 마땅한 대체 생산 지역을 찾기 어려운 상황이다. 재해재난과 의료체계에 취약한 북한의 실상을 고려한다면 평양에 생필품 생산 기업이 집중되어 있는 것은 긴급한 상황을 가정했을 때는 바람직하지 않다.

따라서 평양이 북한의 경제를 이끌어갈 모범적인 경제 공간이 되기 위해서는 상당한 변화가 필요하다. 먼저 장기적인 관점에서 산업 재배치가 불가피하다. 이를 위해 북한 전 지역을 대상으로 산업 입지 조건을 파악하고, 비교 우위를 통해 기업을 이전하여야 하겠다. 평양에 밀집되어 있는 기업과 산업시설을 경쟁력 있는 지방으로 이전하여 선순환 구조를 마련해야 한다. 이는 김정은 집권 이후 강조되고 있는 지방 경제 활성화 정책과도 연관이 있다. 우선 외곽 지역의 대도시를 중심으로 특성에 맞춘 산업을 집중적으로 육성하고 이를 기점으로 유통망을 강화하는 방향으로 정책을 마련하여야 하겠다. 물론

평양시 평천구역 평양326 전선공장의 노동자들 ⓒ〈연합〉

북한의 당면한 경제 위기를 벗어나기 위하여 평양을 중심으로 하는 회복 정책은 단기적으로는 불가피하겠지만, 중장기적 경제 성장 계획은 반드시 필요하다. 결국 평양의 보여주기식 경제 활성화 정책보다는 궁극적으로 지방의 주요 공업도시를 중심으로 한 집중 개발 형태로 전환하는 것이 바람직하다.

한편 평양의 기업으로 본 북한의 산업정책에 맞춰 우리가 준비해야 할 것이 있다. 먼저, 북한의 산업 중심지인 평양과의 협력을 염두에 두고 협력 정책을 마련해야 한다. 하지만 평양 소재 기업과의 협력을 위해서 해결해야 할 문제들이 산적해 있다. 평양은 살펴본 바와 같이 다른 지역보다는 산업 인프라 등이 잘 갖추어져 있어 협력에 유리한 조건을 갖추고 있다. 초기 단계에는 위탁 가공과 임가공 방식으로 시작하는 것이 유리하다. 특히 우리의 입장에서는 평양의 섬유·의류 및 음식료 관련 기업과의 협력 투자를 통해 중국의 좋은 대체지로 활용이 가능할 것이다.

평양시 '려객운수종합기업소' 생산품인 버스 ⓒ〈연합〉

　　결국 평양의 산업 경쟁력을 높이기 위해서는 원료 조달, 생산, 물류비용을 낮추고 효과적인 방식으로 생산하여 내부로 유통하는 것이 필수적이다. 현재 상황에서는 이를 위한 막대한 인프라 건설 비용을 감당할 수 없어 외부와의 협력이 필수적이다. 하지만 북한으로의 국제 사회의 투자에는 상당한 시간이 더 소요될 것이 분명하다. 북한의 정치적인 상황이 우선되어야겠지만, 일정한 요건이 갖춰지면 우리 정부가 국제사회와의 협력을 전제로 평양과의 우선적인 협력에 나서야 하겠다. 평양을 대상으로 투자할 경우, 북한 경제에 미치는 파급 효과와 중장기적인 경제 발전 정책을 수립하여 북한과의 공동 투자 형식으로 진행하는 것이 바람직하다.

　　무엇보다도 국제 사회의 보편적인 가치 실현에 부합하여 동의와 지지를 확보하고, 협력으로 인한 혜택과 이익이 남북의 주민에게 실제적인 효과가 있는 원칙이 중요하다. 이러한 원칙과 전제가 있어야 국제사회와의 분쟁을 피할 수 있고 국내적으로도 대북 지

북한 자료로 본 **평양학개론**

원에 대한 소모적인 논쟁으로 인한 갈등의 소지도 최소화할 수 있을 것이다.

　　결국 평양이 북한의 대표적인 경제 공간으로서 제 기능과 역할을 다하기 위해서는 변화는 불가피하다. 평양이 보여주기식 전시성 경제 정책에서 벗어나 북한의 산업 자원에 기초한 발전 전략을 수립하는 것이 중요하다.

VⅢ.

평양의
역사유적

허선혜

이 저서는 2021년 대한민국 교육부와 한국연구재단의 지원을 받아 수행된 연구임
(NRF-2021S1A5B5A16077620)

대동문 ⓒ〈연합〉

Ⅷ.
평양의
역사유적

1. 북한의 문화재와 평양의 역사유적 알아보기

1) 북한의 문화재: 민족유산

우리나라에서 문화재란, 「문화재보호법」 제2조에 의하면 '인위적이거나 자연적으로 형성된 국가적 · 민족적 또는 세계적 유산으로서 역사적 · 예술적 · 학술적 또는 경관적 가치가 큰 대상'을 말한다.

북한에서 문화재란, '문화적가치가 있는 유물이나 유산들의 재보'[1]를 말한다. 현재 북한에서 문화재는 2014년에 김정은이 "민족유산보호사업은 우리 민족의 역사와 전통을

---

1   사회과학출판사, 『조선말대사전(증보판) 1』, 평양: 사회과학출판사, 2017, 302쪽.

빛내는 애국사업"이라는 담화를 발표한 후 민족유산의 보호와 관련하여 2015년에 《민족유산보호법》을 제정하여 관리되어 오고 있다. 동법 제2조에 의하면 민족유산이란, '우리민족의 유구한 력사와 찬란한 문화전통, 민족의 정기와 넋이 깃들어있으며 력사적 및 예술적, 학술적, 경관적가치를 가지는 나라의 귀중한 재부'로 정의하고 있다. 그리고 이는 다시 물질유산, 비물질유산, 자연유산으로 구분된다.

동법 제3조를 보면 물질유산은 '원시유적, 성, 봉수대, 건물, 건물터, 무덤, 탑, 비석, 질그릇 및 도자기가마터, 쇠부리터' 등과 같은 역사유적과 '노동도구, 생활용품, 무기, 조형예술품, 고서적, 고문서, 인류화석' 등과 같은 역사유물을 일컫는다. 비물질유산에는 구전전통과 표현, 전통예술과 의술, 사회적관습, 예식 및 명절행사, 자연과 우주에 관한 지식과 관습, 전통수공예 기술과 같은 것이 속한다. 자연유산은 이름난 산, 호수, 폭포, 계곡, 동굴, 섬, 특이한 동식물, 화석, 자연바위, 강천, 노두와 같은 명승지와 천연기념물이라고 규정하고 있다.

북한에서 민족유산은 역사적, 예술적, 학술적, 경관적 가치를 가지는 대상을 일컫는다는 점에서 우리의 문화재와 비슷하지만, 북한 민족유산보호는 '주체성의 원칙과 력사주의원칙, 과학성의 원칙'을 기본원칙으로 삼고 있다는 점에서 우리나라 문화재의 개념과 차별된다.

또한 북한은 민족유산을 통하여 역사와 문화를 과학적으로 밝힐 뿐만 아니라 애국주의 교양을 강화하는데(제7조) 활용한다. 따라서 북한에서 문화재는 철저한 당의 지도하에 선택적으로 등록되고 관리되고 있다.

"우리들은 선조들이 남긴 문화유산이 우리 민족의 자랑이며 귀중한 문화적 재부로된다는 것을 똑똑히 인식하고 그것을 옳게 계승 발전시켜야 합니다. 때문에 파괴된 고대 건축물을 원상대로 복구하고 잘 보존 관리하는 것은 우리 앞에 나서는 매우 중요한 사업입니다."[2]

특히 평양은 역사적으로 고구려의 부수도, 수도였고 역대 왕조의 도읍지였으며 고려와 조선시대에는 서북방면을 담당한 군사요충지이였기 때문에 문화재가 풍부할 뿐 아니라, 북한의 수도이기 때문에 평양의 문화재는 북한당국의 문화재 등록 및 관리의 정수라 볼 수 있다. 그래서 북한은 '평양과 그 일대에는 장구한 인류역사와 더불어 이곳에 삶의 터전을 내리고 찬란한 문화를 창조하여온 조선민족이 남긴 수많은 유적, 유물들이 있다'[3]고 홍보한다.

북한당국은 그 중에서도 특히, 유적을 계승발전 시키는것은 '온 사회를 주체사상화 하는 역사적 위업'이면서 동시에 '사상, 기술, 문화의 3대혁명'에 따라 '인민과 후대에 절실한 문제'이기 때문에 역사유적에 대하여 잘 알려주는 것을 강조하고 있다.[4]

이에 본 글은 평양에 있는 역사유적지 현황과 특징에 대하여 살펴본다. 그리고 대표적 역사유적지 다섯 곳에 관하여 해당 유적의 성격과 위치, 년대, 연혁, 건축기술과 그곳에 깃들어 있는 예술성, 애국주의 정신, 전설 등 개황을 간략히 소개한다.

2) 평양의 역사유적에 관한 북한자료 현황

평양의 역사유적에 관하여 다루고 있는 북한에서 발간한 북한 원문자료는 통일부 북한자료센터에서 확인할 수 있다. 북한자료센터에 입수되어 열람가능한 자료를 중심으로 하여 평양 유적에 관해 북한에서 발간된 자료의 현황을 분류해보면 다음과 같다.

첫째, 유적발굴보고서이다. 1950~1960년대에는 과학원 고고학 및 민속학연구소가

---

2 박동진, 『민족문화유산을 귀중히 여기시어』, 평양: 사회과학출판사, 1991.

3 김광철, 『평양(력사유적, 유물)』, 평양: 외국문출판사, 2018, 1쪽.

4 문화보존연구소, 『우리나라 력사유적』, 평양: 과학백과사전출판사, 1983, 6쪽.

주도하여 작성하였고 과학원출판사에서 출간해왔다.『안악 제3호분 발굴 보고: 유적발굴보고 제3집』,『태성리 고분군 발굴보고: 유적발굴보고 제5집』등이 있다. 1970년대에는 사회과학원 고고학연구소 자연사연구실에서 편집하여 과학백과사전출판사에서 발간하고 있다. 그리고 1980년대 이후에는 1985년에 김신규가 지은『평양부근동굴유적발굴보고: 유적발굴보고 제14집』등이 있다.

둘째, 유적일람표 및 지명표이다. 1958년에 과학원 고고학 및 민속학 연구소에서『조선 원시 유적 지명표』를 발간하였다. 이후 2009년 사회과학원 고고학연구소에서 강승태가 저술한『유적유물일람표: 부록1』에서 발굴된 유적과 유물의 목록을 일괄적으로 정리해놓았다.

셋째, 개별 유적소개서 이다. 1995년 문화보존사에서 발간한『조선의 명승고적Scenic Spots and Historic Relics in Korea』와 같이 대표적 유적을 모아 소개한 서적도 있고,『단군릉과 고대 성곽 및 제단: 고대편1』,『고대조선의 고인돌무덤』,『대동강류역에서 새로알려진 동암동 유적의 성격』,『보성리벽화무덤』등 개별 제단, 무덤, 왕릉, 건축 등의 유적을 소개한 책과 기사가 있어서 그 내용을 확인해 볼 수 있다.

넷째, 도감이다. 1980년에 문화보존사에서『조선력사유물』도감을 발행한 바 있고, 이후에는 조선유적유물도감편찬위원회에서 1988년『조선유적유물도감1: 원시편』을 시작으로 하여 1995년 발간된『조선유적유물도감19: 민속편』과 1996년『조선유적유물도감 20: 색인』에 이르기까지 매년 꾸준히 시대별 도감서를 발간해왔다.

다섯째, 시대별 편서 이다. 사회과학원 고고학연구소에서는 시대별로 원시편서, 고대편서, 중세편서, 고생물학편서, 청동기시대서 등 시대별 편서류를 발간해왔다. 원시편서로『대동강류역일대의 신석기시대유적: 원시편3』, 고대편서로『평양시 고대집자리: 고대편2』, 중세편서로『고구려의 성곽: 중세편4』,『고구려의 건축: 중세편5』등에서 지역별 분류를 통해 평양일대의 유적에 관한 정보를 소개하고 있다.

여섯째, 연구서이다. 북한에서는 유적, 유물, 문화재에 관한 연구논문을 담은 학술잡지로『민족유산』을 과학백과사전출판사에서 계간으로 발행하고 있다.[5] 연구논문 중에서 『리천리유적의 문화갖춤새를 통하여 본 평양일대 신석기시대 문화의 발전상』등 평양의 유적을 다룬 내용을 여럿 찾아볼 수 있다.

일곱째, 수령서, 령도자서 등 북한 최고지도자의 교시와 노작이다. 『위대한 수령 김일성동지께서 동방강국 고구려의 유적유물들을 과학적으로 발굴고증하기 위한 사업을 현명하게 령도하여주신 불멸의 업적』, 『위대한 령도자 김정일동지께서 우리 민족의 력사유적 유물을 널리 소개선전하기 위한 사업을 이끌어주신 현명한 령도』등의 노작은 직접적으로 유적에 관한 학술적 정보를 다루고 있지는 않으나 북한당국의 문화재 정책의 방향성을 결정하는 것으로 정책성격과 위상을 확인할 수 있다는 점에서 참고할 수 있다.

여덟째, 기타 대중서, 홍보서, 개관서 등이다. 먼저, 전설서에서 유적에 얽힌 설화적 내용을 확인할 수 있다. 대표적으로 1997년 민형, 김경호가 지은『명소에 깃든 전설』의 일부에서 을밀대 등 평양의 문화재에 깃든 전설과 이야기를 소개하고 있다. 그리고 2007년 발간된『조선우표목록Korean Stamp Catalogue 1946-2006』과 같은 stamp서에서는 대표적 유적과 문화재에 관한 이미지를 확인해볼 수 있다. 외국문출판사에서 발간하는『평양개관』, 『평양: 력사유적, 유물Pyongyang: Historical Relics and Remains』등과 같은 평양 소개, 개관서에서 평양의 대표적 유적과 문화재에 관한 컬러 이미지와 함께 간략한 소개내용을 확인해볼 수 있다.

---

5   최초 발간호부터 2018년까지는 자료의 서명이『민족문화유산』이었으나 2019년 1호부터『민족유산』으로 변경되었고, 발행처도 2003년 제4호까지는 조선문화보존사였으나, 2004년 제1호부터는 과학백과사전출판사로 변경되었다.

2. 평양에는 어떤 역사유적이 있을까?

최근까지 입수되어 국내에서 확인 가능한 북한의 원문자료를 종합해본 결과 평양의 유적지는 총 748건이다.[6] 그중에서 국보급 유적은 40건, 보존급(준국보급) 유적은 53건이고, 일반 유적지는 655건이다. 그러나 일반 유적지의 경우 상세정보에 대한 확인과 검증에 한계가 있으므로, 이 글에서는 비교적 명확하게 개황 확인이 가능한 국보급과 보존급 유적에 한하여 소개한다.

1) 평양의 국보급 역사유적 현황과 특징

(1) 유형별 평양의 국보급 역사유적 현황과 특징
평양에 위치하고 있는 국보급 유적 40건을 유형별로 분류해보면, 일반건축 13건, 고분 8건, 누정 5건, 사찰 5건, 기타 9건이다.

〈표 8-1〉 평양에 위치한 국보급 국가지정문화재 (40건)

유형		유적명
일반건축(13)	성곽(5)	평양성, 대성산성, 대성산남문, 황대성, 안학궁지
	문루(4)	보통문, 대동문, 칠성문, 전금문
	사당(2)	숭인전, 숭령전

---

6 평양의 행정구역은 지도출판사(2012)를 기준으로 하였다. 따라서 본 글은 대동강구역, 대성구역, 동대원구역, 낙랑구역, 역포구역, 용성구역, 만경대구역, 모란봉구역, 보통강구역, 사동구역, 삼성구역, 서성구역, 선교구역, 순안구역, 은정구역, 중구역, 평천구역, 화성구역, 형제산구역의 19개 구역, 강남군, 강동군의 2개 군, 방현동의 1개동에 위치한 유적을 대상으로 한다.

일반건축(13)	서원(1)	용곡서원
	다리(1)	고구려대동강다리터
고분(8)		무진리고구려고분군, 단군릉, 향단리돌널무덤, 황대성과 고인돌, 동명왕릉, 진파리제1호분, 진파리제4호분, 호남리사신총
누정(5)		연광정, 부벽루, 을밀대, 청류정, 최승대
사찰(5)		광법사, 금강사지, 법운암, 용화사, 정릉사
기타(9)		대성산연못떼, 평양종, 홍복사6각7층탑, 평양성글자새긴성돌, 중흥사당간지주, 영명사불감, 광법사8각5층탑, 고산동고구려우물, 정릉사8각7층탑

※ 출처: 필자 작성

일반건축류가 가장 많은 비중을 차지하는데, 구체적으로 성곽 5건, 문루 4건, 사당 2건, 서원 1건, 다리 1건이 존재한다. 아무래도 수도 방위의 핵심적 기능을 담당하는 성곽과 문루가 국보급 유적으로 등록되어 있음을 확인할 수 있다. 평양이 가지고 있는 자연지리적 요건인 험한 산세, 큰 강과 절벽, 벌판 등을 이용하여 지은 성과 성곽, 그리고 교통의 요충지로서 출입과 경계를 위하여 설치된 곳곳의 설치한 문이 해당된다. 사당인 숭인전과 숭령전의 경우 '정교 우아한 구조와 양식이 건축 력사 상에서와 건축 구조학 상으로 귀중한 존재'[7]를 가지기 때문에 고적으로 가치를 인정받아 국보유적으로 지정되었다. 그 외에 1656년에 건립된 서원으로 조선시대 교육제도와 서원 건축양식 연구에 가치를 가지는 용곡서원, 5세기 초 고구려 왕궁인 안학궁앞쪽에 있던 대동강다리터가 발전된 고구려의 건축술을 보여주는 것으로 인정받아 국보급 유적으로 등록되어 있다.

다음으로 큰 비중을 차지하고 있는 국보급 유적은 고분유적으로 총 8건이다. 특히 평양 일대 대동강 유역을 중심으로 문명을 이룬 최초의 고대국가를 세운 단군조선의 능으로 주장하고 있는 단군릉과 고구려 시조 동명왕의 무덤인 동명왕릉 등을 북한정권이 역사적

---

7   물질문화유물보존사업소, 『우리나라 주요 유적』, 평양: 과학백과사전출판사, 1963, 18쪽.

정통과 평양의 위상을 확립하기 위하여 발굴 이후 성대하게 개건하여 관리해오고 있다.

평양 중구역 금수산과 그 일대를 끼고 흐르는 대동강, 문수거리 방향으로 펼쳐진 트인 풍광으로 인하여 국보급으로 지정된 누정도 5곳이 있다. 뛰어난 풍광으로 평양팔경의 장소가 된 을밀대와 부벽루, 금수산 봉우리 중 가장 높은 모란봉에 동평양과 서평양 모습이 한눈에 들어오는 최승대, 트인 입지적 요건으로 인하여 평양성 군사지휘처로서의 역할을 하기도 한 청류정, 관서팔경의 하나인 연광정이 이에 포함된다.

다음으로 사찰건축은 평양 내에서 총 5곳이 국보급 유적으로 분류되어 있다. 이 중 법운암과 광법사는 삼국시대에 창건된 것이고, 용화사는 1935년에 창건되었다. 북한에서 사찰은 종교활동을 위한 종교시설이라기 보다는 문화유적지로서 의의를 가진다. 그 외에 연못떼, 종, 탑, 성돌, 당간지주, 불감 등이 국보급으로 등록되어 있다.

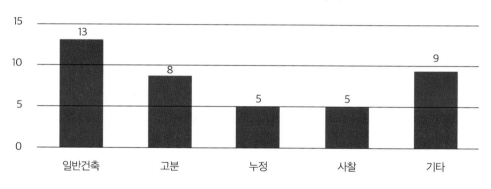

〈그래프 8-1〉 평양 국보급 유적의 유형별 통계

(2) 분포지역별 평양의 국보급 역사유적 현황과 특징

국보급 유적을 소재지별로 분류해 보면, 중구역 13건, 대성구역에 10건, 역포구역에 6건, 강동군에 4건, 모란봉구역 3건, 만경대구역에 2건, 삼석구역 1건, 평천구역 1건이다.

중구역에 가장 많은 국보급 유적이 위치하고 있는데, 이 구역의 유적 구성을 구체적으로 살펴보면 다음과 같다. 먼저, 연광정(국보급 제16호), 부벽루(국보급 제17호), 을밀대(국보급 제19호),

청류정(국보급 제20호), 최승대(국보급 제21호)가 있어 누정이 5건으로 많은 비중을 차지하고 있다. 이어서 보통문(국보급 제3호), 대동문(국보급 제4호), 칠성문(국보급 제18호), 전금문(국보급 제22호)이 있어 문루가 4건으로 두 번째로 많은 비중을 차지하고 있다. 평양에 있는 국보급 유적 중 누정과 문루는 모두 중구역에 위치하고 있음을 확인할 수 있다.

이는 대동강과 청류벽을 끼고 있어 수려한 경관가치로 인하여 누정이 가장 많은 비중으로 분포하고 있고, 평양성곽을 따라 문루가 발견되기 때문이다.

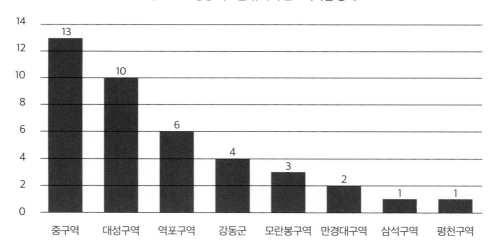

〈그래프 8-2〉 평양 국보급 유적의 분포지역별 통계

(3) 시대별 평양의 국보급 역사유적 현황과 특징

국보급 유적을 시대별로 분류해 보면, 청동기 3건, 삼국시대 25건, 고려시대 4건, 조선시대 6건, 근현대 1건, 미상 1건이다.

평양에 위치한 국보급 유적 중에서는 삼국시대의 유적이 25건으로 가장 많다. 삼국시대 유적은 대부분이 고구려 시대 유적으로서, 평양성(국보급 제1호), 대성산남문(국보급 제10호), 황대성(국보급 제183호)로 성곽이 3건, 이어서 보통문(국보급 제3호), 대동문(국보급 제4호), 전금문(국보급 제

평양의 국보급 유적 분포

은산군

평 안 남 도

성천군

회창군

31

담석구역

강동군

30

승호군

38

39

황 해 북 도

40

44
36

상원군

연산군

22호)로 문루 3건, 법운암(국보급 제13호), 중흥사당간지주(국보급 제147호), 광법사(국보급 제164호)로 사찰 3건, 연광정(국보급 제16호), 부벽루(국보급 제17호)로 누정 2건이 있고, 그 외 고구려대동강다리터 (국보급 제160호) 1건, 무진리고구려고분군(국보급 제15호), 대성산연못떼(국보급 제11호), 평양성글자새 긴성돌(국보급 제140호), 영명사불감(국보급 제148호)가 있다.

평양의 국보급 역사유적을 시대별로 살펴보았을 때 고구려 시대의 유적이 가장 많은 배경으로는 고구려가 427년 수도를 평양으로 옮긴 후 688년까지 평양이 고구려의 수도로 서 오랜시간 중심지였기 때문에 양적으로 남아 있는 유적이 많았을 것으로 사료된다. 또 한 북한 당국은 평양에 관하여 인류문명발상지~고조선~고구려로 이어지는 단일민족계 승의 중심지로서 역사적 정통성을 세우는데 주력하고 있었기 때문에[8] 평양에 위치한 고 구려 역사유적에 대한 발굴 및 국보급 제정에 더 공을 들였을 가능성도 존재한다.

〈그래프 8-3〉 평양 국보급 유적의 시대별 통계

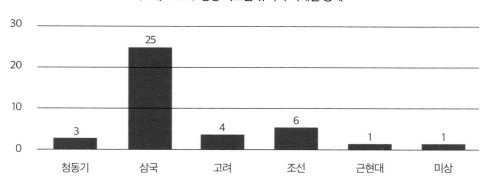

8   허선혜, 「평양에 대한 북한의 인식과 태도:『민족문화유산』에 나타난 평양 소재 문화재 기사를 중심으로」,
     『서울도시연구』 제17권 4호, 2016, 106쪽.

2) 평양의 준국보급 역사유적 현황과 특징

(1) 유형별 평양의 준국보급 역사유적 현황과 특징

다음으로 평양에 위치하고 있는 보존급(준국보급) 유적 53건을 유형별로 분류해보면, 일반건축 11건, 고분 28건, 사찰 2건, 기타 12건이다.

〈표 8-2〉 평양에 위치한 보존급 국가지정문화재 (53건)

유형		유적명
일반건축(11)	성곽(10)	적두산성, 락랑토성, 예성, 마고성, 강동읍성, 간천리성, 고방산성, 광덕리 옛성, 덕산토성, 바위성
	문루(1)	현무문
고분(28)	고인돌(4)	화강리1호 고인돌무덤, 문흥리 고인돌무덤, 광탄마을고인돌, 송석리 고인 돌무덤
	무덤(20)	내리 1호 무덤, 내리고구려무덤, 도덕리샘골고구려무덤, 용궁동무당골무덤, 락랑2호 무덤, 락랑11호 무덤, 토성동 45호 무덤, 락랑 19호 무덤, 락랑 24호 무덤, 남사리 29호 무덤, 정백동 53호 무덤, 정백동 62호 무덤, 락랑 70호무덤, 락랑 77호무덤, 락랑 9호 무덤, 토성동 4호무덤, 락랑 41호무 덤, 정오동 1호무덤, 정오동 5호무덤, 순창리굴발위돌널무덤떼
	고분(4)	토포리고구려고분군, 광대산고구려고분군, 광덕리고분군, 청계동월봉산 고분군
사찰(2)		동금강암사, 의열사
기타(12)		자비사당간지주, 자비사부도, 문가봉봉수, 봉화산봉수, 독자산봉수, 무학 산봉수, 봉화리봉수터, 동금강암중건비, 대동문중수비, 보통문중건비, 연 광정중수비, 평양종각

*출처: 필자 작성

고분유적이 28건으로 가장 많이 분포하고 있으며, 세부적으로는 나무곽무덤, 벽돌무덤, 귀틀무덤, 고인돌, 고분군 등 다양한 형태의 고분이 보존급 유적으로 등록되어 있다.

평양을 중심으로 고구려 역사가 누적되어 있기 때문에 왕릉, 귀족의 무덤도 다수 위치하고 있다. 고분 중에서 벽화고분과 진파리 고분 등을 포함한 63기의 고분군은 '인류의 탁월한 창조성, 동아시아 역사 발전단계를 보여주는 대표적 가치, 벽화의 미적美的 우수성, 능묘 천장 등 독특한 건축구조' 항목에서 우수한 평가를 받아 2004년에 세계문화유산으로 등재되기도 하였다.

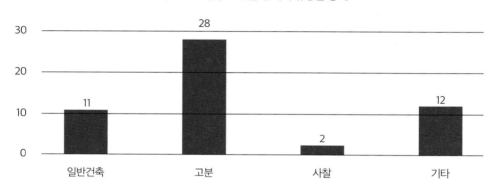

〈그래프 8-4〉 평양 보존급 유적의 유형별 통계

(2) 분포지역별 평양의 준국보급 역사유적 현황과 특징

보존급 유적을 소재지별로 분류해 보면, 낙랑구역 17건, 강동군 9건, 삼석구역 8건, 순안구역 6건, 중구역에 5건, 강남군 2건, 용성구역 2건, 만경대구역 2건, 대성구역 1건, 은정구역 1건이 위치하고 있다.

보존급 유적은 낙랑구역에 17건으로 가장 많이 위치하고 있는데 이 중 15건이 고분 유적인 것이 특징적이다. 다음으로 강동군에 9건의 보존급 유적이 있는데, 역시 고분유적이 5건으로 큰 비중을 차지하고 있다.

유형별 분류와 마찬가지로 분포지역별 분류에 있어서도 고분 유적이 가장 많이 발견되는 특징이 있다.

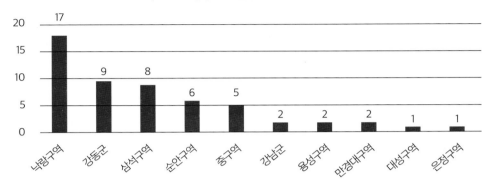

〈그래프 8-5〉 평양 보존급 유적의 분포지역별 통계

(3) 시대별 평양의 준국보급 역사유적 현황과 특징

보존급 유적을 시대별로 분류해 보면, 신석기 시대 1건, 철기 시대 7건, 낙랑국 시기 8건, 삼국시대 14건, 고려 시대 5건, 조선 시대 6건, 미상 12건이다.

삼국시대의 유적이 14건으로 가장 많은데, 이 중 10건이 고분유적이고, 성곽 3건, 문루 1건이다. 이는 역시 전술하였듯 고구려 시대의 고분 유적이 평양에 다수 위치하고 있기 때문이다.

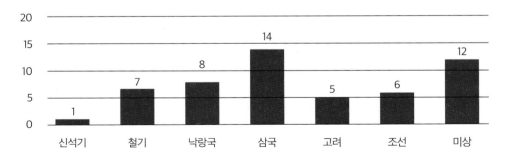

〈그래프 8-6〉 평양 보존급 유적의 시대별 통계

3. 평양의 대표 역사유적 나들이[9]

1) 국보 제1호 평양성(平壤城)

평양성은 고구려 시대 수도성이다. 427년(고구려 장수왕 15년)에 고구려가 수도를 평양으로 옮긴 후, 적의 침략으로부터 수도를 지켜내기 위하여 도시 전체를 포괄하는 큰 규모의 평양성을 552~586년 사이에 축조하였다.

성의 북쪽에 금수산이 있고, 동·서·남의 세면은 대동강과 보통강에 의해 둘러쌓여 천연 요새지대에 입지한다. 대동강과 보통강이 합쳐지는 곳에 남북으로 긴 지대를 차지하고 있다. 지역적 범위는 중구역, 모란봉구역, 외성 구역 및 평천 구역을 포괄한다.

성의 둘레는 약 16㎞이고 성벽의 총 연장길이는 약 23㎞이다. 성 가운데에 성벽을 쌓아서 크게 두 부분으로 나뉘어 지는데, 성의 안 부분을 내성, 성의 바깥부분을 외성이라 한다. 조선시대에 들어서는 고려 시기 내성 규모를 줄여서 외성과 사이에 중성을 만들고 기존에 있던 성 북쪽 바깥으로 북성을 새로 쌓았다. 그래서 현재 내성, 외성, 중성, 북성의 네 부분으로 성이 나뉘어 지게 되었다.

내성은 〈여지승람輿地勝覽〉에 따르면 길이가 총 24,539척이고 높이는 12척이며 모두 돌로 쌓았다고 한다. 그러나 조선시대에 기존의 내성 서남 부분에 성벽을 가로 쌓아서 새롭게 구획했는데, 그 범위는 을밀봉에서 만수대 남쪽 언덕을 따라 신암동에서 동쪽으로 돌아 대동문 아래쪽에서 평양성 동쪽벽과 만나는 부분까지 이다. 성문은 남쪽에 주작문, 서쪽에 정해문이 있고 기타 암문暗門, 급수문, 포루, 장대, 무기고 등의 시설이 있다. 내성의 문터가 모란봉극장 계단부근에서 발굴되었고, 만수대언덕에서 긴 회랑자리와 집

9　문화보존연구소, 『우리나라 력사유적』(평양: 과학백과사전출판사, 1983)과 물질문화유물보존사업소, 『우리나라 주요 유적』(평양: 과학백과사전출판사, 1963)을 참고하여 필자가 수정·보완함.

평양성의 국보유적 제1호 표식비. ⓒ〈연합〉

자리가 발견되었는데 이로 미루어보아 내성은 궁전들이 있는 궁성이었다.

중성은 안산, 창광산, 해방산 등의 자연지세를 이용하여 안산으로부터 대동교까지 동서로 긴 지역을 말한다. 중성 안에는 중앙관청들이 있었는데, 정양문터에서 고구려시기 커다란 주춧돌이 발견되었다.

외성은 중성의 남쪽 대동강안까지의 지대이다. 전면에 강자갈을 깐 큰길이 질서정연하게 배치되어 있고 좌우로는 도랑을 내었던 주민지대였던 것으로 보고 있다.

북성은 1714년(숙종 40년)에 지형이 험하고 복잡한 금수산 주봉 일대를 중심으로 기존의 성 북쪽에 이어 쌓았다. 그 둘레는 을밀봉에서 현무문을 지나 모란봉을 돌아 부벽루를 거치고 전금문을 지나 청류벽 마루를 따라 동암문으로 올라 내성벽에 이어진 구역을 말한다.

<고려사高麗史>를 보면, 고려는 산을 의지해서 성을 만들었기 때문에 쉽게 공격할 수 없다고 하였고, 또 평양성이야말로 험준하고 견고해서 함락시키기가 어렵다고 하였다.[10]

이러한 평양성은 북한사람들에게 있어서 을지문덕 장군이 승리로 이끈 612년 수 나라와의 전쟁, 연개소문 장군이 지휘했던 645년 당 나라와의 전쟁, 1952년 임진왜란 등 '인민의 승리를 보장하는데 거대한 군사적 역할'을 한 장소적 배경으로서 평양의 대표 역사유적지로 꼽힌다.

2) 국보 제 3호 보통문(普通門)

보통문은 평양시 중구역 보통문동에 있는 평양성平壤城 중성의 서문으로, 평양성의 6대문인 대동문, 보통문, 경창문, 칠성문, 함구문, 정양문 가운데 하나이다. 6세기 중엽 고구려가 수도성인 평양성을 쌓을 때 세워진 것으로 지금의 건물은 여러 차례 보수·개건되어오다가 1473년에 고쳐 지은 것이다. 보통문은 평양성 서북쪽 방향으로 통하는 관문으로서 국방상, 교통상 요지에 있어서 역사적으로 매우 중요시되어 왔다.

보통문을 옛날에는 우양관又陽關이라 하였는데, 이는 보통문의 위치에서 아침 해는 늦고 짧은데 저녁에는 보통강 건너 보통벌 위에 지는 해가 마치 아침 해돋이와 같이 보여서 아침 해를 다시 본다는 뜻이다.

보통문은 화강석을 다듬어 쌓은 축대와 그 위에 2층 문루로 이루어져 있다. 축대 가운데에는 너비 4.4m, 높이 4.5m의 무지개 문길을 냈고, 문길 앞쪽으로는 널문을 달았다. 문 위에는 정면 3칸(총 길이 14.8m), 옆면 3칸(총 길이 9.15m)의 2층 다락 건물을 세웠다.

이런 보통문은 북한 사람들에게 애국적 투쟁 사적이 깃들어 있는 곳으로 상징되고 있다. 임진왜란 당시 일본군이 퇴각하면서 평양 성내를 불질렀는데 이로 인해 수 많은

10　『谿谷先生集』卷3, 雜著.

보통문의 모습 ⓒ〈연합〉

주택과 건물이 불에 타 없어졌으나 사람들의 노력으로 보통문은 화재를 면하였다. 〈북원록〉에 실린 1760년의 기록에서도 이 사실을 찾아볼 수 있다.

"보통문 성안에 있는 누각은 장중하고 화려하였다. 그런데 계사년에 있었던 전란에 다 불에 타 없어졌고, 홀로 이 문에 불화살이 모인 것이 고슴도치의 털과 같았는데 우뚝하게 홀로 남아 있었으니 중국 사람들이 칭찬하여 말하기를, '신성한 문이다.'라고 하였다."[11]

북한은 이를 '신神이 만든 문 또는 신이 지키는 문'이라는 뜻으로 해석하기도 한다.[12]

한편 옛날에는 성문 안팎으로 돌다리가 있고 문루 밖에 보통강을 건너는 나무가 있어서 정서적 풍경이 펼쳐졌고, 동시에 평양시 서쪽의 정문으로 동쪽의 대동문과 함께 사람들 통행이 가장 많은 곳이었다. 그래서 보통문은 평양팔경의 하나인 보통송객普通送客으로 알려진 곳으로 평양을 출발하는 대가를 전송하며 하직[13]하는 이별의 장소이기도 하였다.

현재 보통문은 북한에서 보존급 유적지로 애국적이며 유서깊은 역사적 건물로서 보존되고 있다.

3) 국보 제8호 대성산성(大城山城)

대성산성은 3~5세기에 쌓은 고구려의 산성으로 고구려 시기 산성들 가운데 가장 큰 것의 하나이다. 평양 대성구역에 있는 대성산의 자연지리적 요건을 이용하여 쌓았다. 성의 북쪽은 산줄기가 험준하고, 동쪽과 서쪽은 급경사지이며, 남쪽에는 대동강 방향으로 골짜기가 있어서 침략은 어렵고 방어는 용이한 유리한 구조적 강점을 가진다.

지리적 강점 외에 역사문화적으로도 대성산은 의미가 큰데, 〈해동역사海東繹史〉에는 대성산을 평양의 진산鎭山[14]이라고 했고, 〈세종지리지世宗實錄地理志〉에는 명산名山[15]으로 꼽고 있다. 그리고 남쪽의 소문봉 기슭에는 고구려 왕궁인 안학궁의 옛 터가 있고 주작봉 아래

11   李義鳳, 『北轅錄』 卷1.
12   물질문화유물보존사업소, 『우리나라 주요 유적』, 평양: 과학백과사전출판사, 1963, 20쪽.
13   朴東亮, 『寄齋史草 下』.
14   韓致奫, 『海東繹史 속집』 卷13, 「地理考 13」.
15   『世宗實錄地理志』, 「平安道」.

대성산성 남문 앞에서 학생들이 그림을 그리고 있는 모습. ⓒ〈연합〉

에는 대성산성 남문이 복원되어 있고 고구려 광개토왕 시기 건설된 광법사도 복원되어 있어서 대성산의 위상이 배가되는 등 평양의 역사문화에서 중요한 의미가 있는 산인 것을 확인할 수 있다.

성의 둘레는 7,076m이고, 성벽의 총 길이는 9,284m이다. 높이 274m의 을지봉을 중심으로 남쪽으로부터 소문봉, 을지봉, 장수봉, 북장대, 국사봉, 주작봉의 6개 봉우리를 연결하였고 그 안에 2개의 골짜기가 있어서 많은 사람과 전투기자재, 물자를 수용하고 보관하기 용이했다. 평상시에는 산성 안에 식량과 무기를 두어서, 식량창고터, 무기고터, 병실터가 많았다. 또한 고구려시기 집터와 당시의 기와 조각들이 발굴되었다.

성돌은 대성산과 그 부근의 자연석을 일정한 크기의 4각추 모양으로 다듬어서 사용

했고, 벽돌 쌓듯이 서로 어긋물려 쌓아올려 성벽이 견고하다. 특히 주목해볼 것은 물이 계속 스며들면 성벽의 기초가 무너질 수 있다는 것을 고려하여 일정 간격으로 돌기둥처럼 돌을 깊이 묻고 그 사이에 공간을 내거나 모래를 채워 배수가 원활하도록 기초시설을 건축한 것이다.

성문터는 20개가 발견되었는데, 특히 남문은 원상대로 복구할데 대하여 김일성이 교시를 내려서 그에 따라 1978년에 복구되었다.

그리고 대성산성에는 물원천이 매우 풍부했는데, 170개의 못자리를 확인할 수 있었고 잉어못, 사슴못, 구룡못, 장수못을 비롯한 여러 못에는 여전히 물이 고여있기도 하였다고 한다. 못의 형태는 장방형 또는 방형이 대부분이다. 전설에 의하면 대성산성에 있는 99개의 못에는 9마리의 용이 살고 있어 큰 가뭄이 들었을 때 못물이 마를 위험에 처하면 용이 조화를 부려 물이 마르지 않게 했다고 전해진다.

〈신증동국여지승람新增東國輿地勝覽〉에도 대성산에 관한 기록에서, "산마루에 99개의 못이 있다."고 했으나, 지금은 다만 3개의 못이 있고 가물 때 기우제를 지내면 영험이 있었다고 전해진다.[16]

대성산성은 평양성과 더불어 오랜 역사를 가진 성이며 동시에 '여러차례에 걸친 외래 원쑤들의 침략을 반대한 투쟁에서 중요한 군사적 역할을 하였으며, 슬기로운 선조들의 애국적 업적과 관련'된 곳으로 북한당국은 평양의 대표적 유적지의 하나로 꼽고 있다.[17]

---

16 『新增東國輿地勝覽』卷51, 「平安道 平壤府」.
17 물질문화유물보존사업소, 『우리나라 주요 유적』, 평양: 과학백과사전출판사, 1963, 36쪽.

4) 국보 제 17호 부벽루(浮碧樓)

부벽루는 평양시 중구역 대동강 기슭에 있는 고구려 시기 누정으로 금수산 모란봉의 동쪽, 대동강가 청류벽 위에 있다. 위로 을밀대가 있고 앞으로는 능라도綾羅島를 마주 보고 있다.

전조前朝의 승려 여상인與上人이 세운 것으로 고구려 때 창건되어 현재는 터만 남아있는 영명사의 부속건물로서 당시에는 영명루였으나, 12세기초 예종睿宗이 서북 지방을 순행巡行하여 이곳에서 잔치를 열었을때 평장사 이발李潑이 이름을 다시 고쳐 지었다. 거울같이 맑고 푸른 물이 감돌아 흐르는 청류벽 위에 둥실 떠 있는 듯한 누정이라는 뜻에서 부벽루라고 고쳐 부르게 했다. 세조 경진년(1460, 세조6)에 신숙주가 그 기문記文을 짓고 광해군 계축년(1613, 광해군5)에 감사 김신국金藎國이 중건하였다.[18] 이후 한국전쟁 당시 폭격으로 파괴되었으나 북한의 문화 유물 보존 시책에 의하여 1957년, 1959년 두 차례에 걸쳐 복구 공사를 진행하여 옛 모습대로 복원되었다.

건물은 앞면 5칸(14.58m), 옆면 3칸(7,68m)에 2익공두공을 얹은 날씬한 흘림기둥에 합각지붕이 떠받들려 있는 누정이다. 기둥은 흘림기둥으로 우리나라 목조건물의 특징의 하나이다. 누정 안의 바닥에는 납작한 판돌을 깔았다.

부벽루는 예로부터 평양 모란봉의 아름다운 명승을 대표하는 이름의 하나로 북한 사람들에게 친숙한 유적이다. 특히, 절경으로 유명한데, 고려 예종 때의 문장가인 황원黃元은 부벽루에 올라가서 부벽루와 관련한 수많은 시구를 써놓은 현판을 보고 모두 마음에 들지 않아 그것을 모두 떼어버리고 자신의 시를 붙이겠노라 호언장담하며 붓을 들었다. 그러나 "긴 성 저 한 편에는 용용히 흐르는 강물이요 넓은 벌 동쪽 머리엔 점점이 찍힌 뫼이로다"의 두 구句를 읊고는 아무리 끙끙거려도 시상이 메말라서 그 다음을 잇지 못한 채 통곡하

18　李裕元,『林下筆記』卷13,「文獻指掌編 平壤府」.

고 누를 내려오고 말았다는 일화가 있다.[19] 또한 부벽루의 경치에 관해서 명나라 사신 허국許國이 와서 아래와 같이 말하며, 중국 소항보다도 부벽루가 낫다고 하기도 하였다.

> "부벽루는 그 청류淸流와 벽장碧嶂이며 도서島嶼와 봉만峯巒들이 실로 저절로 이루어
> 진 것이니 소항보다도 낫다 하겠다."[20]

뛰어난 전망 뿐만 아니라 건축적으로도 부벽루는 규모, 구조, 형체, 수법이 뛰어난 건축물이고 위치와 건축형식 또한 자연과 건축예술을 조화롭게 잘 배합한 누정으로 선조들의 뛰어난 재능을 엿볼 수 있고 민족적 긍지를 돋구어 주는 장소로서의 가치가 인정받아 북한의 국보유적으로 지정되었다.

그래서 대대로 부벽루는 북한 인민들의 시와 노래 속에 자주 등장하며 사랑받는 대상물이 되었고, 부벽루에는 〈천하제일강산〉이라는 현판이 지금도 걸려있다. 그리고 해가 서산마루 뒤로 사라지고 밝은 달이 떠오를 무렵의 이 일대의 경치는 평양팔경의 하나로 부벽완월浮碧玩月이라 하여 달놀이로도 유명하다.

과거 한국전쟁 때는 평양성 북성의 장대로서 전시 전투지휘처로 이용되었다. 부벽루를 지키고 있던 의병부대가 대동강을 건너지 못하고 돌아오던 일본군의 적진을 공격하는 등 과거 한국전쟁 때는 평양성 북성의 장대로서 전시 전투지휘처로 이용되었다. 현재 부벽루는 민족적 긍지의 상징이자, 아름다운 민족문화유산으로 꼽히고 있다.

---

19   朴趾源, 『熱河日記』, 「關內程史」.
20   李裕元, 『林下筆記』卷13, 「文獻指掌編」 平壤府.

을밀대의 봄 풍경. ⓒ〈연합〉

5) 국보 제 19호 을밀대(乙密臺)

을밀대는 6세기 중엽 고구려 평양성 내성 북장대터에 세워진 조선시대 누정으로 평양시 중구역 경상동에 금수산의 을밀봉 아래 있다. 동쪽으로는 부벽루 앞의 대동강이 길게 흐르고 시야가 트여있다.

을밀봉에 세워져서 을밀대라고 하기도 하고[21], 옛 '을밀선인'이 하늘에서 내려와 놀았다는것과 고구려 때 '을밀장군'이 이곳을 지켜 싸웠다는 데서 온 이름이라는 설도 있다.

---

21   국가관광국, 『평양』, 평양: 국가관광국, 1999, 38쪽.

사방이 확 트여 아름다운 경치가 한눈에 들어온다고 사허정四虛亭이라고도 했다.[22]

현재 높이 11m의 축대 위에 정면 3칸(총 길이 7.5m), 옆면 2칸(총 길이 5.2m)의 정자가 있다. 축대는 1714년에 고쳐 쌓은 것으로 양 옆에 남은 성벽과 함께 조선후기의 축성기술을 살펴볼 수 있는 유적이다.

을밀대에서 보이는 경치에 관하여 〈세종지리지世宗地理志〉에서는 '이루 다 기록할 수 없을 정도'로 뛰어났다고 기록되어 있다.[23] 그래서 조위는 을밀대의 봄 풍광에서 영감을 받아 '평양 팔영'에서 1경으로 을밀상춘乙密賞春을 묘사했다. 조선 중기 문신인 허봉 역시 을밀대를 보고 아래와 같이 표현할 정도로 경관적으로 매우 빼어났다고 한다.

> "나는 듯하여 좌우 전후가 기괴하고 절묘하지 않음이 없으니 자못 하늘이 만든 곳이었다. 나는 감상한 바가 많았으나 일찍이 이와 같은 곳은 없었다."[24]

또한 〈몽유연행록夢遊燕行錄〉에서는 을밀대 주변의 가경佳景에 대하여 "좌우를 둘러보니 아늑하고 빼어나게 아름다워서, 거의 선계와 같았다"고[25] 기록되어 있고, 사도의 시에서도 "금수산 꼭대기에 손바닥처럼 평평한 한 대臺. 아마도 하늘 위의 신선이 바람을 타고 이따금 내왕할 듯."[26]이라고 표현하며 을밀대 주변 풍광의 수려함을 선계로 비유하고 있다.

한편 을밀대는 지리적으로 금수산錦繡山 꼭대기에 있고, 평탄하며 훤칠하며, 모란봉 아래에 있고 곡성曲城을 따라서 쌓았는데 성 동북쪽 귀퉁이의 가장 높은 곳에 있어 소나무의 푸른빛이 빽빽하였다고 한다.[27] 따라서 위요감 있는 지리적 이점은 당시 을밀대가 전

22　국가관광국,『평양』, 평양: 국가관광국, 1999, 39쪽.

23　『世宗實錄地理志』,「平安道」.

24　許篈,『朝天記 上』.

25　李有駿,『夢遊燕行錄 下』.

26　『新增東國輿地勝覽』卷51,「平安道 平壤府」.

27　任百淵,『鏡浯遊燕日錄』鏡浯行卷乾.

쟁의 무대로 역할하게 되는 요인 중의 하나가 되었다.

구체적으로 을밀대는 북한 사람들에게 있어서 '고구려 시기로부터 여러 차례에 걸친 외래 원쑤들의 침략을 막아 싸운 우리 선조들의 애국적 투쟁 력사가 깃든 고적'[28]으로 사랑을 받고 있다. 또한 1592년에 일본군이 평양성을 공격했을 당시 평양성으로 달려드는 왜적의 대군을 막아 싸우던 고 언백 부대가 을밀대 근처의 울창한 소나무숲을 이용하여 나뭇가지에 의복을 흩어 걸어서 가짜 군사로 꾸며 많은 병력이 있는 것으로 가장함으로써 불과 수십 명의 인원으로 6일 동안 2만여 명에 달하는 적의 전진을 지체시키고 인민들과 부대의 전략적 일시 후퇴를 보장했다는 기록을 통하여[29] 자랑스러운 애국적 투쟁의 기억을 담은 공간이었음이 확인된다.

또한 항일무장투쟁시기 조선인민혁명군이 을밀대에 올라 일본군의 비행장과 군사시설을 정찰하였고, 1931년 평양고무공장 노동자 파업 때 공장노동자인 강주용이 을밀대 지붕위에 올라 일제의 식민지 통치와 자본가를 규탄하는 연설을 했던 일화가 전해져 내려오며 북한에서는 민족적 자부심과 긍지를 상징하는 공간이다.

4. 통일시대, 평양 역사유적의 가치와 활용

평양은 교통의 요지이자 자연입지적 조건이 풍요로운 자연환경을 가짐으로서 역사적으로 수도, 요충지였기 때문에 기旣 발굴된 것 뿐만 아니라 잠재적으로 발굴될 유산을 포함하여 뛰어난 가치를 가지는 유산이 많다는 점, 역사유적 관리경영에 투자되는 기술적, 경제적 여건이 북한 내 타 지역에 비하여 어느 정도 보장된다는 점, 북한 지도부의 평

---

28 물질문화유물보존사업소,『우리나라 주요 유적』, 평양: 과학백과사전출판사, 1963, 26쪽.

29 『厚光世牒』卷3,「文靖公事實 龍蛇扈從錄 -梧陰公의 外交洞察力과 救國精神-」; 물질문화유물보존사업소, 『우리나라 주요 유적』, 평양: 과학백과사전출판사, 1963, 26쪽.

양 관리 사업에 한 부분을 담당하고 있다는 점에서 평양 문화유적이 가지는 가치가 크다고 할 수 있다.

물론 북한이 가지는 대내외적 위기 상황과 열악한 경제적 환경으로 인하여 문화재의 방치, 훼손의 문제가 심각한 상황이긴 하지만, 평양의 역사유적은 북한의 수도로서 당국의 역사적 위상과 직결되기 때문에 등록, 관리, 감독의 과정이 계속적인 당국의 관심아래 있으며 새로운 유적들의 발굴, 개건, 등록도 더디지만 지속되고 있다.

역사유적을 포함한 문화유산은 남북한간 사회문화 분야 교류협력을 진행할 수 있는 대상으로서 민족 동질성 회복과 이질감 극복에 기여할 수 있다는 점에서 무엇보다 큰 중요성을 가진다. 특히, 문화유산 분야의 교류는 남북한 공동의 유산이라는 인식을 가지고 한 민족으로서 우리 문화의 정통성을 세워나가는 일이기 때문에 통일시대를 준비하는 우리가 반드시 잘 알고 협력해야 하는 분야이다. 향후 학문적, 역사적 차원에서 평양의 역사유적에 대한 관심과 연구에 더욱 주목해야 할 이유가 바로 여기에 있다.

이 글에서 살펴본 평양의 유형별, 분포지역별, 시대별 국보급과 보존급 역사유적에 대한 개황을 토대로 하여 개별 유적에 대한 역사, 경관, 문화적 가치에 관한 연구뿐만 아니라 평양의 다양한 도시문화재에 관한 연구도 활성화 되길 기대해 본다.

IX.
통계로 본
평양

백인주

북한 사회경제인구 및 건강조사 발표 ⓒ〈연합〉

IX.
통계로 본
평양

1. 통계로 본 평양은 어떤 모습일까?

평양을 통계로 바라보면 어떤 모습이 펼쳐질까? 아마도 독자 중 일부는 폐쇄 국가 북한의 통계가 있을까? 생각할 수도 있다. 결론부터 말하자면, 통계자료가 있다. 다만, 오래됐거나 제한적인 내용만 담고 있어 활용에는 한계가 있다는 것이 다소 아쉬운 점이다.

북한은 1949년부터 1960년까지의 주요 경제통계를 모아놓은 『1946~60 조선민주주의인민공화국 인민경제발전통계집(이하, 인민경제발전통계집)』을 발표하였다. 그러나 1960년대 이후부터는 공식적인 국가통계를 외부에 공개하지 않고 있다. 그렇다고 북한 통계를 구할 수 없는 것은 아니다. 북한은 언론과 국제기구를 통해서 간접적인 방식으로 통계정보를 외부에 노출하고 있기 때문이다. 이러한 이유로 북한 연구자들은 연구를 위해 부지런히 북한의 통계정보를 수집해야 한다.

이 장은 이러한 노력의 결과물 중 하나라고 할 수 있다. 다소 부족하게 생각되지만,

북한 통계자료 가운데 평양과 관련된 자료만 한곳에 모아보자는 취지로 진행하였다. 이 연구가 평양의 통계자료 수집을 위한 첫걸음이 되리라 기대해 본다.

이 장에서는 확인할 수 있는 북한 통계자료 중에서 평양과 관련된 정보만을 찾아서 정리하였다. 이 장은 크게 세 가지 부분으로 구성되어 있다. 먼저, 북한이 공식적으로 발표한 『인민경제발전통계집』에서 평양과 관련된 통계를 정리하였다. 비록, 이 통계자료는 오래되었지만, 북한이 작성한 공식 문건에서 평양 부분만 별도로 정리했다는 점에서 의의가 있다.

두 번째 부분은 1998년 북한이 유엔 개발 계획United Nations Development Programme(이하 UNDP)에 제출한 보고서에서 평양과 관련된 통계를 정리하였다. 북한은 국제사회로부터 인도적 지원을 받기 위해 불가피하게 내부정보를 외부에 공개하고 있다. 이 통계집을 통해 고난의 행군 시기 평양의 상황을 어느 정도 엿 볼 수 있다.

세 번째 부분에서는 여러 국제기구가 작성한 자료를 활용하여 평양과 관련된 통계를 정리하였다. 2000년대 이후, 국제사회는 대북 인도적 지원을 효과적으로 추진하기 위해 북한 내부 상황을 통계로 정리하기 시작하였다. 이 통계정보는 평양의 식량 상황과 주민들의 영양 상태 등의 정보를 제공하고 있으며, 국제사회의 인도적 지원이 평양에 어떤 영향을 주었는지를 우리에게 보여준다.

현재 북한은 공식적인 통계를 외부에 공개하고 있지 않기 때문에, 평양을 통계로 이해해 보려는 시도는 결코 쉬운 일이 아니다. 이 작업은 한정된 정보와 여러 제약 때문에 진행하기 어려운 것이 사실이다. 하지만 흩어져 있는 통계자료를 한곳에 모아서 퍼즐 조각처럼 이리저리 맞추다 보면 평양을 이해하는 데 한 걸음 더 다가갈 수 있을 것으로 생각된다.

2. 인민경제발전통계집으로 본 평양

북한은 1946년부터 1960년까지 주요 경제통계를 모아놓은『인민경제발전통계집』을 발표하였다. 이 통계집은 1945년에서 1960년 초까지 북한의 '자연조건', '행정구역', '교육', '상업', '공업', '보건' 등의 주요 경제통계를 담고 있다.

이 통계집에서는 평양과 관련하여 △학교 수, △경지 면적, △파종 면적, △논·벼 파종 면적 및 수확량, △알곡 파종 면적 및 수확량, △뽕밭 면적 및 고치 생산량, △사과 입목 면적 및 생산량, △옥수수 파종 면적, △가축 수, △농촌 경리의 협동화, △국영 및 협동 단체 상업의 상점 수 / 사회급양망[1] 수 / 상점 수의 장성[2] / 유통액의 장성 및 구성, △공업 총생산액의 장성, △종업원 수 등의 통계정보를 확인할 수 있다. 이 통계집을 통해 한국전쟁 이후 남북한이 경쟁적으로 추진한 전후 복구에서 북한이 상당한 성과를 올렸다는 것을 확인할 수 있다.

이 통계집에서 평양의 학교 수가 1946~1961년 동안 크게 증가한 것을 확인할 수 있다. 특히, 인민학교 수가 크게 증가했는데, 125개로 380.0%나 늘어났다. 고급중학교의 경우에는, 1949년 7개에서 1961년 10개로 42.9%가 증가하였다. 이 수치들은 북한이 전후 복구 기간에 교육과 인재 양성에 상당한 힘을 쏟았다는 것을 보여준다.

---

1 【용어】사회급양: 여러 가지 음식물을 생산하여 인민들에 공급하는 사회주의 상업의 한 부분. / 사회급양망: 여러곳에 벌려놓은 사회급양시설들의 분포상태나 조직운영체계. 사회과학출판사,『조선말대사전 2』(평양: 사회과학출판사, 2017), p.1135.
2 【용어】장성: ① 자라서 어른이 되는 것. ② 늘어나거나 또는 발전하여 높아지거나 커지는 것. 사회과학출판사,『조선말대사전 3』(평양: 사회과학출판사, 2017), p.150.

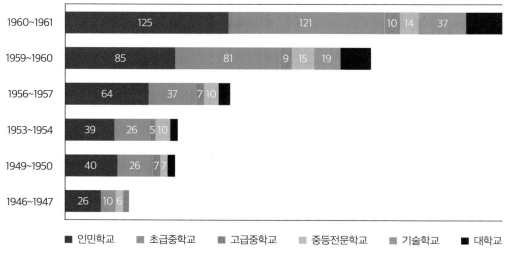

〈그래프 9-1〉 평양의 학교 수(연도별)

(단위: 개소)

연도	인민학교	초급중학교	고급중학교	중등전문학교	기술학교	대학교
1960~1961	125	121	10	14	37	
1959~1960	85	81	9	15	19	
1956~1957	64	37	7	10		
1953~1954	39	26	5	10		
1949~1950	40	26	7	7		
1946~1947	26	10	6			

■ 인민학교　■ 초급중학교　■ 고급중학교　■ 중등전문학교　■ 기술학교　■ 대학교

　통계에 의하면, 평양의 경지 면적도 크게 늘어났다. 1949년에는 8,573(정보)이었던 경지 면적이 1960년에는 39,820(정보)으로 364.5%나 증가하였다. 또한, 평양의 경지면적 도별 비율도 1949년에는 전국의 0.4%였던 것이 1960년에는 2.1%로 425%나 증가하였다. 이렇게 늘어난 경지 면적은 북한의 식량 상황이 점차 개선되고 있다는 것을 보여준다.

　평양의 파종 면적도 크게 늘어났다. 1949년에는 전국 대비 0.4%에 불과했던 파종 면적이 1960년에는 2.1%로 증가하였다. 논·벼의 파종 면적도 1949년 0.4%에서 1960년에는 2.4%가 증가하였고 이 기간에 1정보당 수확량도 3,216kg에서 4,025kg로 25.2%나 증가하였다. 알곡 파종 면적도 1949년 0.4%에서 1960년에는 1.6%로 증가하였고, 전국 대비 알곡 수확량도 0.4%에서 2.7%로 증가하였다. 또한, 평양의 옥수수 파종 면적도 1949년 0.1%에서 1960년에는 1.2%로 늘어났다. 통계를 통해 평양 지역의 작물 생산량이 증가했다는 것을 알 수 있다.

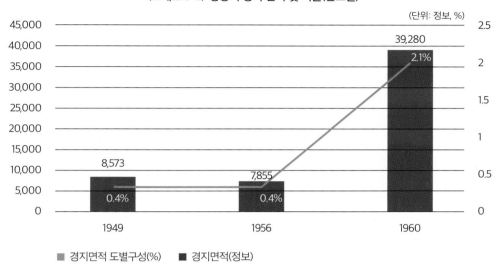

〈그래프 9-2〉 평양의 경지 면적 및 비율(연도별)

(단위: 정보, %)

■ 경지면적 도별구성(%)　■ 경지면적(정보)

〈표 9-1〉 평양의 파종면적 및 주요작물 비율(연도별)

(단위: %)

도별	1949 년				1953 년			
	파종면적	알곡	논 벼	옥수수	파종면적	알곡	논 벼	옥수수
총계	100.0	100.0	100.0	100.0	100.0	100.0	100.0	100.0
평양시	0.4	0.4	0.4	0.1	0.5	0.4	0.4	0.3
도별	1956 년				1960 년			
	파종면적	알곡	논 벼	옥수수	파종면적	알곡	논 벼	옥수수
총계	100.0	100.0	100.0	100.0	100.0	100.0	100.0	100.0
평양시	0.4	0.3	0.6	0.2	2.1	1.6	2.4	1.2

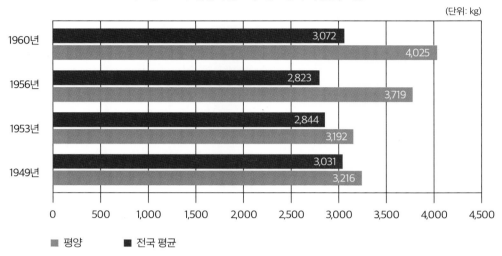

〈그래프 9-3〉 평양의 논·벼 1정보당 수확량(연도별)

(단위: kg)

- 평양
- 전국 평균

평양의 뽕밭 면적도 많이 늘어났다. 1953년 1정보였던 뽕밭 면적이 1960년에는 275정보로 27,400%가 증가하였다. 그뿐만 아니라, 같은 기간 동안 고치 생산량은 1960년에는 42톤으로 측정되었다. 이렇게 늘어난 뽕밭 면적과 고치 생산량은 우리에게 평양의 농업 생산력이 크게 향상되었음을 보여준다. 이런 변화는 북한이 식량 부족 문제를 해결하기 위해 농업 생산에 주력한 결과 평양 지역에서 농업 생산량이 증가했다는 것을 보여준다.

〈표 9-2〉 평양의 뽕밭 면적 및 고치 생산량(연도별)

(단위: 정보, 톤)

		1949년	1953년	1956년	1960년
뽕밭 면적(정보)	평 양	-	1	7	275
	전 체	10,378	7,616	13,958	40,013
고치생산량(톤)	평양시	-	-	-	42
	총계	5,582	3,270	4,186	8,134

평양의 사과 입목 면적 및 생산량도 늘어났다. 1953년에는 3정보였던 사과 입목 면적이 1960년에는 1,255정보로 41,733.3%나 증가하였다. 그리고 같은 기간 동안 사과 생산량은 1953년의 5톤에서 1960년에는 675톤으로 13,400%가 증가하였다. 이렇게 사과 입목 면적과 생산량이 대폭 늘어난 것은 평양의 농업 기술과 생산 능력이 발전했기 때문이다.

〈표 9-3〉 평양의 사과 입목 면적 및 생산량(연도별)

(단위: 정보, 톤)

구분		1953년	1956년	1960년
사과 입목 면적(정보)	평양	3	3	1,255
	총계	13,292	11,059	63,235
사과 생산량(톤)	평양	5	1	675
	총계	34,056	38,232	143,695

평양의 가축 수도 늘어났다. 소의 수는 1949년에는 4천 두였던 것이 1960년에는 12천 두로 200%나 늘어났다. 돼지는 16천 두에서 1960년에는 51천 두로 218.8%가 증가하였다. 또한, 양과 염소의 경우에는 1953년에 164두였던 것이 1960년에는 2,724두로 1,560.9%가 증가하였다. 가축 수의 통계는 평양의 축산업 분야에 상당한 성과가 있었다는 것을 보여준다.

평양의 농촌 경리의 협동화 조합 수는 증가했다가 감소하는 변화를 보인다. 1954년에는 40개소였던 조합 수가 1957년에는 82개소로 크게 늘었으나, 1958년에는 다시 24개소로 감소하였다. 협동화 조합으로 편입된 농가의 비율은 1954년의 16.9%에서 점차 증가하여 1958년에는 100.0%로 상승하였다. 이러한 통계정보는 평양의 농촌 경영 방식에 변화가 있었다는 것을 보여주며 협동화 조합이 농가들에 상당한 영향력을 행사했음을 보여준다.

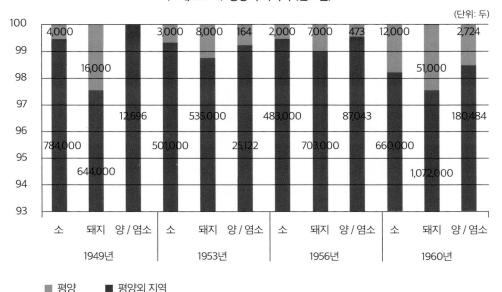

〈그래프 9-4〉 평양의 가축 수(연도별)

(단위: 두)

■ 평양   ■ 평양외 지역

〈표 9-4〉 평양의 농촌 경리의 협동화 조합 수 및 비율(연도별)

(단위: 개소, %)

	농업 협동조합 수 (개소)					총농가 호수에 대한 협동조합에 망라된 농호 수의 비율(%)				
	1954년	1955년	1956년	1957년	1958년	1954년	1955년	1956년	1957년	1958년
총계	10,098	12,132	15,825	16,032	3,843	31.8	49.0	80.9	95.6	100.0
평양시	40	55	62	82	24	16.9	39.4	53.8	96.1	100.0

평양의 국영 및 협동 단체 상업 관련된 사회급양망 수도 증가하였다. 1949년에는 42개소였던 사회급양망 수가 1960년에는 118개로 늘어났다. 상점 수도 이 기간에 늘어나 186개에서 612개로 증가하였다. 소매 상품 유통액의 성장율은 1949년 100%에서 1960년 357%로 증가하였다. 그러나 소매 상품 유통액의 구성은 1949년 21.1%에서 1960년

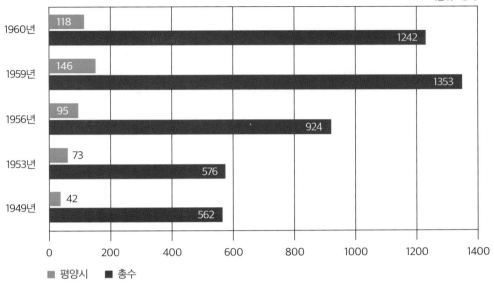

〈그래프 9-5〉 평양의 국영 및 협동 단체 상업의 사회급양망 수(연도별)

(단위: 개소)

- 1960년: 평양시 118 / 총수 1242
- 1959년: 평양시 146 / 총수 1353
- 1956년: 평양시 95 / 총수 924
- 1953년: 평양시 73 / 총수 576
- 1949년: 평양시 42 / 총수 562

■ 평양시 ■ 총수

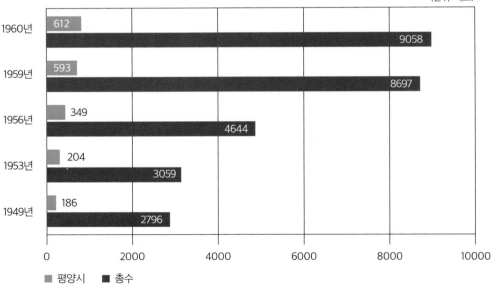

〈그래프 9-6〉 평양의 국영 및 협동 단체 상업의 상점 수(연도별)

(단위: 개소)

- 1960년: 평양시 612 / 총수 9058
- 1959년: 평양시 593 / 총수 8697
- 1956년: 평양시 349 / 총수 4644
- 1953년: 평양시 204 / 총수 3059
- 1949년: 평양시 186 / 총수 2796

■ 평양시 ■ 총수

19.3%로 감소하였다. 이러한 수치는 평양 지역에서 상업과 소비가 증가했다는 것을 짐작하게 한다.

〈표 9-5〉 평양의 국영 및 협동 단체 상업의 상점 수의 장성(연도별)

(단위: %)

	1949년	1953년	1956년	1959년	1960년	1960년 1953년	1960년 1956년
상점 총수	100	109	166	311	324	296	195
평양시	100	110	188	319	329	300	175

〈표 9-6〉 평양의 국영 및 협동 단체 소매 상품 유통액의 장성(연도별)

(단위: 대비 가격으로, %)

	1949년	1953년	1956년	1959년	1960년	1960년 1953년	1960년 1956년
평양시	100	40	160	563	570	16배	357

〈그래프 9-7〉 평양의 국영 및 협동 단체 소매 상품 유통액의 구성(연도별)

(단위: %)

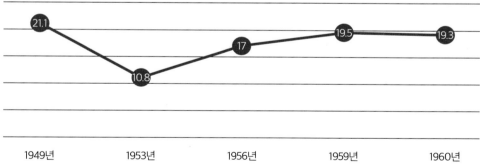

1949년	1953년	1956년	1959년	1960년

평양의 공업 부문도 큰 성장을 이루었다. 공업 총생산액은 1949년 100%에서 1960년에는 무려 992%로 증가하였다. 또한, 공업 분야의 종업원 수도 1953년에는 58천 명이었던 것이 1960년에는 246천 명으로 324.1%가 증가하였다. 이러한 통계는 평양 지역에서 공업이 큰 성장을 이루었다는 것을 보여준다. 공업 생산량의 급증은 평양의 경제가 다각도에서 성장했음을 보여주며, 종업원 수의 증가는 지역 내 산업 능력이 크게 향상되었음을 보여준다.

<표 9-7> 평양의 공업 총 생산액의 장성(연도별)

(단위: %)

구분	1949년	1953년	1956년	1959년	1960년	1960년 1953년	1960년 1956년
평양시	100	43	261	964	992	23배	379

<표 9-8> 평양의 종업원 수(연도별)

(단위: 천명, %)

구 분	1953년	1956년	1959년	1960년	지역별 구성 (%)			
	10월1일	7월1일	6월1일	6월1일	1953년	1956년	1959년	1960년
총계	667	787	1381	1466	100.0	100.0	100.0	100.0
평양시	58	121	226	246	8.7	15.4	16.4	16.8

1960년부터 1990년 초까지 북한의 다양한 문헌에서 발췌한 통계를 한곳에 모은 『북한경제통계집(1960~90년)』이 통일부에 의해 발표되었다. 이 자료집을 통해 평양 의사 수의 증가 추세를 확인할 수 있다. 이 기간에 평양 의사 수는 1946년의 100%였던 것이 1960년에는 577%로 증가하였다. 이 통계 수치로 평양 지역 의료 분야의 성장을 짐작할 수 있다.

『인민경제발전통계집』을 통해 바라본 평양은 활기찬 모습을 보여준다. 한국전쟁으로 초토화된 평양에서 학교 수가 비약적으로 늘어났고, 농업과 축산업이 발전하고, 상업

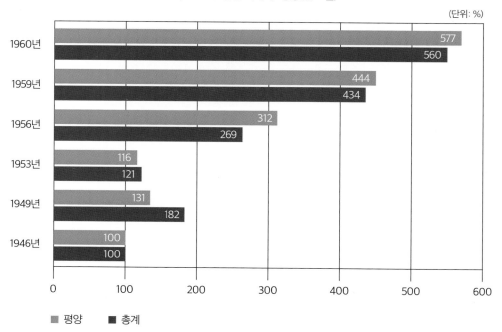

〈그래프 9-8〉 평양 의사 수 성장(연도별)[3]

(단위: %)

	평양	총계
1960년	577	560
1959년	444	434
1956년	312	269
1953년	116	121
1949년	131	182
1946년	100	100

■ 평양   ■ 총계

과 공업에 활력이 생기는 것을 통계 수치로 확인할 수 있다. 이러한 수치는 평양 주민들이 전후복구에 상당한 노력을 기울인 결과, 경제적 성취와 더불어 평양을 중심으로 강한 국가적 결속을 이루었음을 보여준다.

---

3 【용어】 성장: 자라나는 것 또는 자라서 점점 커지는 것. 사회과학출판사, 『조선말대사전 2』, 평양: 사회과학출판사, 2017, 1360쪽.

3. UNDP 통계로 본 평양

1998년, 북한은 국제사회로부터 식량 및 농업 지원을 받기 위한 목적으로 UNDP 와 함께 "Thematic Round Table Meeting on Agricultural Recovery and Environmental Protection For the DPRK"를 개최하였다. 이 회의에서 북한은 처음으로 자국의 GDP 규모를 미 달러화 표시로 공개하는 등 여러 핵심적인 통계자료를 제출하였다.

이 통계집에서는 평양과 관련된 다양한 정보를 확인할 수 있다. 예를 들어, 1989년부터 1996년까지의 쌀 생산 및 옥수수 생산 실적, 1993년의 지역별, 성별, 도시 및 농촌별 인구 통계, 1997년의 토지 사용 현황 등의 정보를 확인할 수 있다.

이 통계집은 대북 인도적 지원을 목적으로 제작되어 평양의 식량 및 영양 상태의 정보를 확인할 수 있다. 무엇보다 이 통계집을 통해 1990년대 평양이 겪은 고난의 행군의 단면을 엿볼 수 있다.

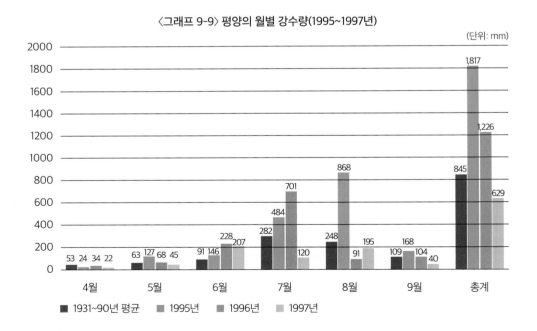

〈그래프 9-9〉 평양의 월별 강수량(1995~1997년)

1995년과 1996년의 통계를 통해 평양 지역에 매우 심각한 호우 피해가 발생했다는 것을 알 수 있다. 이 두 해의 평균 강수량은 1931년부터 1990년까지의 평균값인 845mm를 훨씬 웃도는 1,817mm와 1,226mm로 나타난다.

평양의 인구는 2,742천 명으로(1993년 기준) 여성이 남성 보다 9.5% 더 많은 비율을 보인다. 이는 평양의 인구 구성이 남성보다 여성이 조금 더 많은 편임을 보여준다. 또한, 평양 인구가 전체 인구인 21,214천 명 대비 12.9%를 차지하는 것을 알 수 있다.

〈표 9-9〉 평양의 성별 및 도시 · 농촌별 인구(1993년)

구분	여성	남성	총인구	비율	성비 (F / M)	구역	인구 밀도	도시	농촌
단위	(1,000명)			(%)		(1,000 sq km)	(per sq km)	(1,000 명)	(1,000 명)
평양	1,439	1,303	2,742	-	110%	2	1,371	2,355	386
총계	10,884	10,330	21,214	100%	105%	122.77	173		

※ 총계는 북한 전 지역의 총합

1997년 평양의 경작지 총면적은 74천 헥타르로, 그중 쌀과 옥수수를 경작하는 면적은 42천 헥타르이고, 나머지 32천 헥타르는 기타 작물을 재배하는 데 사용되었다. 또한, 산림 지역은 식물이 심어진 부분이 7%를 차지하고, 자연적으로 형성된 부분이 93%였다. 통계를 통해 평양의 경작지와 산림 지역의 구성 비율을 알 수 있다.

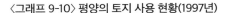

〈그래프 9-10〉 평양의 토지 사용 현황(1997년)

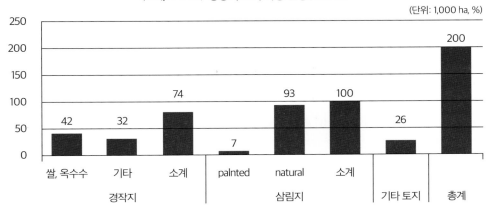

(단위: 1,000 ha, %)

이 기간에 평양의 쌀 생산 실적이 현저히 감소하는 것을 알 수 있다. 1989년부터 1996년까지 평양의 쌀 생산량은 점차 감소하여, 1994년에는 0.20백만 톤, 1995년 0.14백만 톤, 1996년 0.11백만 톤으로 감소하였다. 이는 1989년부터 1993년까지의 평균 생산량인 0.28백만 톤보다 낮은 수치이다. 통계는 평양도 고난의 행군에서 예외일 수 없음을 보여준다.

〈표 9-10〉 평양의 쌀 생산 실적(1989-1996년)

(단위: 조곡기준, 100만톤)

지역	1989	1990	1991	1992	1993	1989~93 평균	1994	1995	1996
평양	0.27	0.26	0.29	0.27	0.30	0.28	0.20	0.14	0.11
전체	4.32	4.48	4.09	4.45	4.75	4.42	3.11	2.00	1.41
(kg / per / year)	164	167	150	161	169	162	102	64	45
(Gr / day)	449	458	412	441	463	445	279	176	122

평양의 옥수수 생산 실적도 감소하였다. 1989년부터 1996년까지 평양의 옥수수 생산량은 점차 줄어들었으며, 1994년에는 0.12백만 톤, 1995년에는 0.07백만 톤, 1996년에는 0.05백만 톤으로 감소하였다. 이는 1989년부터 1993년까지의 평균 생산량인 0.20백만 톤보다 낮은 수치이다.

<표 9-11> 평양의 옥수수 생산실적(1989-1996년)

(단위: 100만톤)

구분	1989	1990	1991	1992	1993	1989~93 평균	1994	1995	1996
평양	0.17	0.18	0.20	0.19	0.25	0.20	0.12	0.07	0.05
전체	4.34	3.90	4.20	3.72	3.94	3.94	3.55	1.37	0.83
(kg / year)	220	194	206	179	187	193	166	63	38
(Gr / day)	602	532	564	491	512	529	455	173	103

UNDP의 통계자료를 통해 알 수 있듯이, 평양은 고난의 행군 시기에 큰 어려움을 겪었다. 자원과 국가 역량이 총집중된 북한의 수도 평양의 식량 상황이 이 정도로 열악했다면, 다른 지역은 말할 필요도 없이 처참했을 것으로 짐작된다. UNDP 통계자료에는 북한의 자연재해로 인한 심각한 농작물 피해와 이에 따라 발생한 대기근의 역사가 고스란히 담겨 있다.

북한 무역성과 유엔개발계획이 공동 주최한 무역토론회(2005) ⓒ〈연합〉

4. 기타 통계로 본 평양

이 글에서는 북한이 작성하거나 국제기구가 수집한 평양과 관련된 통계자료를 모아서 정리하였다. 이 글에는 2002년 UN 제출 자료, 2004년 북한 어린이 영양 실태 조사자료, 2021년 북한의 자발적 국가검토보고서, 그리고 2018년부터 2020년까지의 '필요와 우선순위 보고서' 등을 정리하였다.

1) 『UN 제출자료(2002)』로 본 평양

북한은 2002년 유엔경제이사회에 인권 상황과 관련된 공식 의견을 표명하면서 그 주장을 뒷받침하는 근거로 주요 통계자료를 제출하였다. 이 자료집에서는 북한의 지역별 인구 통계 정보(2000년 기준)를 제공하는데, 이에 따르면 2000년 평양의 총인구는 3,084천 명으로 전국 대비 13.4%를 차지하고 있음을 알 수 있다.

〈표 9-12〉 평양의 인구(2000년)

(단위: 1000명, %)

지역	인구	비중
평양	3,084.4	13.4

2) 『북한 어린이 영양실태 조사자료(2004)』로 본 평양

1997년부터 북한은 국제기구와 공동으로 어린이 영양상태 조사를 실시하였다. 이 보고서는 국제기구와 북한 조선중앙통계국의 협력으로 작성되어 발표되었다. 이 보고서에는 평양과 관련하여 △어린이의 발육부진 비율, △어린이의 영양실조 비율, △어린이의 저체중 비율 등과 같은 통계정보를 담고 있다.

〈그래프 9-11〉 2004년 북한어린이 지역별 발육부진(Stunting), 영양실조(Wasting), 저체중아(Underweight) 비중

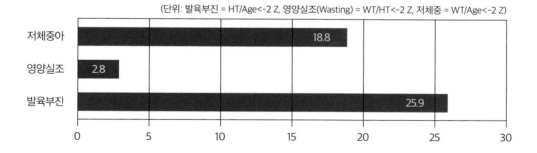

(단위: 발육부진 = HT/Age<-2 Z, 영양실조(Wasting) = WT/HT<-2 Z, 저체중 = WT/Age<-2 Z)

3)『북한의 자발적 국가검토보고서』(2021)로 본 평양

2021년, 북한은 역사상 최초로 유엔에 자발적인 국가보고서Democratic People's Republic of Korea Voluntary National Review를 제출하였다. 이 보고서에는 평양과 관련하여 △건설, △살림 집 환경, △현대화 노력, △도로 인프라, △복지 사업, 그리고 문화 등의 통계정보가 담겨 있다.

〈표 9-13〉 VNR의 평양 관련 주요 내용

구분	내용
현황	(건설) 2015년부터 2020년 미래과학자거리, 려명거리, 위성과학자주택지구 건설 (건설) 평양기초식품공장, 평양유선종양건구소 건설, 평양종합병원 건설사업 추진
	(살림집) 평양 수도 시민들에게 무상으로 분배(약 9,500세대)
	(현대화) 평양제약공장, 평양교원대학 현대화
	· (도로) 평양-개성, 평양-원산, 평양-향산, 평양-남포 간 고속도로와 다리의 기술적 조건을 높이기 위해 조치(안전 난간과 표지판들은 재설치 필요) · (국제기준) 평양-신의주와 평양-남양을 포함한 동해안과 서해안의 국제 철도 또한 국제기준에 맞춰 현대화 추진
계획	2021-2025년 5개년 계획에 의거, 수도 시민의 살림집 문제 해결을 위해 평양에 살림집 50,000세대를 건설 목표
	각 지역의 특성에 맞는 건축을 계획적으로 추진해 인민에게 최대의 복지, 문화적인 생활 조건과 환경 제공을 목표

4)『필요와 우선순위 보고서(2018~2020)』로 본 평양

북한 내에 상주하는 유엔 기구와 국제 NGO로 구성된 유엔 북한팀은 "필요와 우선순 위DPRK Korea Needs and Priorities" 보고서를 발표해 오고 있다. 2018년, 2019년, 2020년 보고서에 서 평양과 관련된 유의미한 통계를 확인 할 수 있다.

'필요와 우선순위' 보고서를 통해 나타난 국제 사회의 대북 지원 목표는 2018년, 2019년, 2020년을 비교할 때 다소 차이를 보인다. 2019년은 2018년 대비 전체 지원 인구가 36.9%나 감소했는데, 평양은 11.4%만 감소하였다. 평양의 지원 받는 인구가 전국 대비 덜 감소했다는 점이 특이하다.

〈표 9-14〉 2018 평양 지원 목표

(단위: 명, %)

구분		전체	남성-여성(%)	5세이하 남아	5세이하 여아	5세초과 남성	5세초과 여성
전체	합계	5,980,119	-	848,501	883,649	1,903,746	2,344,222
	평양	388,420	37%-63%	113,555	118,183	31,728	124,954
식량 안보	합계	3,985,389	-	-	-	-	-
	평양	70,000	49-51	2,571	2,678	31,728	33,023
영양	합계	2,167,772	-	-	-	-	-
	평양	302,058	35-65	105,064	105,064	-	91,931
보건	합계	2,239,737	-	-	-	-	-
	평양	277,189	41-59	113,555	118,183	-	45,451
물위생	합계	268,918	-	-	-	-	-
	평양	-	-	-	-	-	-

〈표 9-15〉 2019 평양 지원 목표

(단위: 명, %)

구분		전체	남성-여성(%)	5세이하 남아	5세이하 여아	5세초과 남성	5세초과 여성
전체	합계	3,773,853	-	800,000	800,000	954,363	1,219,490
	평양	344,092	45-55	105,064	105,064	50,849	83,114
식량 안보	합계	1,403,769	-	57,712	61,474	634,146	650,437
	평양	66,413	49-51	2,277	2,371	30,265	31,500

영양	합계	2,282,276	–	800,000	800,000	218,262	464,014
	평양	241,241	44–56	105,064	105,064	0	31,113
보건	합계	2,111,667	–	743,350	773,690	177,136	417,491
	평양	276,565	44–56	100,139	104,227	20,584	51,614
물위생	합계	322,986	–	13,540	14,804	143,081	151,561
	평양	0	45–55	0	0	0	0

2020년에는 평양지역의 인도적 지원 목표를 세 가지 분야로 나누어 계획하였다. 세 가지 분야 중 첫째로 신체 및 정신 건강의 질(S01)에는 375,000명이 둘째로 생활 수준(S02)에는 56,000명이, 그리고 마지막으로 회복력(S03)에서는 1,000명이 지원 대상으로 선정되었다. 2020년의 경우 평양 지역의 지원분야별 비중은 보건 분야가 63%, 영양 분야가 17%, 식수와 위생 분야가 2% 등으로 분야별로 지원 비중에 차이를 보인다. 특히, 보건 분야의 지원 비중이 높은 것을 확인 할 수 있다.

<그래프 9-12> 전략목표별 평양의 인도적 지원 목표 인구(2020)

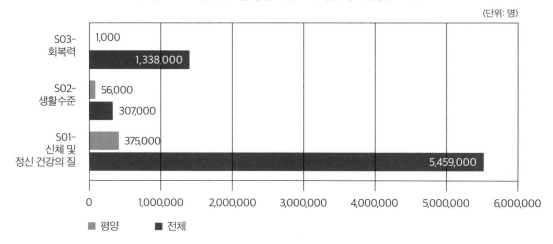

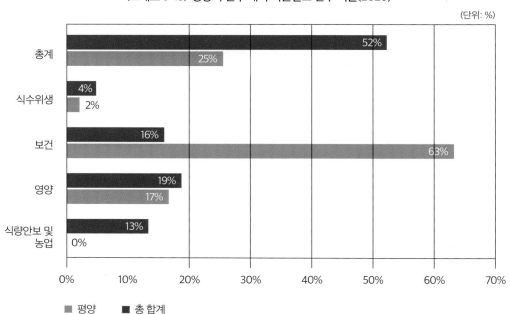

〈그래프 9-13〉 평양의 인구 대비 지원필요 인구 비율(2020)

(단위: %)

■ 평양   ■ 총 합계

2020년 보고서에는 북한의 인도적 지원을 받는 수혜 인구 및 지원 효과 등에 관한 세부적인 내용을 담고 있다. 이 보고서에 따르면 국제사회로부터 일정한 형태의 인도적 지원을 받는 평양의 수혜 인구가 72%에 이르는 것으로 나타난다.

〈표 9-16〉 '2020 필요와 우선순위 보고서'의 평양 관련 주요 내용

(단위: 명, %)

내용	비율
일정한 형태의 인도적 지원을 받은 수혜인구(2019.12기준)	72%
인도적 필요의 심각성	42.2%
통합적인 지역사회기반 다부문 접근법으로 최취약계층의 영양실조에 의한 질병 유병률과 사망률 감소 및 양질의 필수 보건 서비스에 대한 공평한 접근성	25%

안전하게 관리된 식수와 위생 서비스를 공평하게 이용하도록 함으로써 예방 가능한 사망률과 유병률 감소 및 삶의 질과 기초생활수준 향상	8%
기후변화와 자연재해 피해를 입은 취약계층과 지역사회의 회복력 제고 및 식량안보 개선	0%
최소식이다양성(minimum diet diversity)을 섭취하는 아동의 비율	5명당 1명

2000년대 이후 평양과 관련된 통계자료 대부분이 인도적 지원과 관련되어 있다. 북한의 정치, 경제, 사회, 문화의 중심지인 수도 평양이 인도적 지원이 필요할 정도로 열악하다면, 다른 지역은 오죽했겠는가?

5. 통계 속 평양의 풍경

북한의 수도 평양은 폐쇄적인 정치체제와 외부 정보의 차단으로 그 실상이 베일에 싸여 있다. 이러한 상황에서 흩어져 있는 북한의 통계자료를 한곳에 모으는 작업은 평양을 이해하는 데 중요한 단서를 제공하는 일이다.

통계로 본 평양의 풍경은 시기별로 사뭇 다르다. 한국전쟁 이후 평양은 역동적으로 성장하는 모습을 보인다. 1949년부터 1960년까지 북한이 직접 작성한 『인민경제발전통계집』에 담긴 평양은 한국전쟁 이후에 빠르게 회복되고 있는 모습을 보여준다. 1960년까지 평양은 해를 거듭할수록 학교 수가 증가하고 경작 면적지와 수확량 및 가축 수가 늘어났다. 또한 상업과 공업도 빠르게 성장하는 모습을 볼 수 있다.

그러나 1960년대 이후로는 북한이 국가통계자료를 공개하지 않기 때문에, 이 기간 평양의 모습은 매우 흐릿하게 보인다. 이는 북한의 폐쇄적인 정치체제와 정보 차단의 결과라고 할 수 있다. 이에 통일부는 이 기간 흩어진 북한 통계정보를 취합해서 『북한경제통계』를 작성했으나, 연구결과 『인민경제발전통계집』과 중복되는 내용이 다수 발견되었다.

고난의 행군 시기 평양은 매우 열악한 모습을 보여준다. 1990년대 고난의 행군을 겪은 북한은 국제사회의 인도적 지원을 받기 위해 보고서를 작성하면서 내부의 통계정보를 외부에 공개하기 시작하였다. 이러한 통계자료를 통해 본 평양은 고난의 행군 시기에 홍수 피해와 식량 부족 상황 등으로 큰 어려움에 직면한 모습을 볼 수 있다. 최근까지도 평양에 인도적 지원이 필요한 상황이라는 점은 마음 한구석을 무겁게 한다.

지금까지 평양을 통계로 이해해 보고자 했지만, 통계만으로 평양을 완벽하게 이해하는 것은 사실상 불가능한 일이다. 그러나 이렇게 흩어진 통계정보를 하나씩 모아보면 평양의 모습이 조금은 더 선명해진다. 앞으로 북한이 국가통계자료를 공개하여 더욱 정확하고 다양한 평양의 통계정보를 수집할 수 있는 여건이 마련될 필요가 있다. 또한, 북한의 통계정보를 수집하고 분석하는데 국제기구와의 협력은 필수적이다. 국제기구는 북한의 통계정보를 수집하고 분석하는 데 있어서 전문적인 지식과 기술을 보유하고 있고, 신뢰성 있는 자료를 제공하고 있다.

향후 북한이 국가통계자료를 공개하고, 국제기구와의 협력을 강화하여 정확하고 다양한 평양의 통계정보를 수집할 수 있게 된다면, 평양은 우리에게 더욱 가깝게 다가와 있을 것이다.

참고문헌

참고문헌

국내문헌

강명숙, 「1920년대 일본인 자본가들에 대한 조선인 자본가들의 저항」, 『국사관논총』 제90집, 2000.

강명숙, 「한일합병 이전 일본인들의 평양 침투 (일본 거류민과 평양이사청)」, 『국사관논총』 제107집, 2005.

강연주·권영상, 「『도시미화법』을 통해 본 김정은 체제 도시공간정책의 변화 양상에 관한 연구」, 『도시설계학회지』 제20권 제6호, 2019.

강종권, 「평양부흥운동의 집행행동으로서의 상징성 연구」, 『신학과 실천』 제22호, 2010.

고유환 외, 『함흥과 평성: 공간·일상·정치의 도시사』, 파주: 한울아카데미, 2014.

고유환 외, 『사회주의 도시와 북한: 도시사연구방법』, 파주: 한울아카데미, 2013.

고   훈, 「이만형의 초기 한국근대 복음주의 선교와 계몽주의와의 상관관계 연구에 대한 비판적 검토: 기독교 문명화. 계 몽. 그리고 일방적 선교」, 『복음과 선교』 제50권, 2020.

_____, 「종교에 대한 인식과정. 비판적 성찰. 그리고 새로운 서술의 방향모색: 1907년 평양부흥회의 종교 서술을 중심으 로」, 『종교연구』 제80권 제3호, 2020.

_____, 「평양대부흥의 발명과 해석적 허구에 대한 답변」, 『신학사상』 제189집, 2020.

국가정보원 편, 『북한법령집 下』, 서울: 국가정보원, 2022.

국토연구원, 『통일 한반도 시대에 대비한 북한 주요 거점의 개발잠재력과 정책과제 I』, 안양: 국토연구원, 2011.

구사회, 「'평양' 공간의 문학적 형상화에 관한 고찰」, 『평화학연구』 제4호, 2005.

국성하, 「일제강점기 일본군의 낙랑군 인식과 평양부립박물관 설립」, 『고문화』 제63권, 2004.

기창덕, 「평양에서의 의학교육: 1890-1947」, 『의사학』 제2권 제2호, 1993.

김경집, 「일제강점기 평양불교청년회의 설립과 활동」, 『선문화연구』 제29권, 2020.

김경창, 「미국상선 제너럴 쉬어맨號 사건과 미함대의 조선원정시말」, 『정경연구』 제155권, 1978.

김근정, 「1920-30년대 조만식의 기독교 민족운동」, 『한국민족운동사연구』 제47권, 2006.

김근배, 「숭실전문의 과학기술자들 이학과와 농학과 개설. 졸업생들의 대학 진학」, 『한국근현대사연구』 제94집, 2020

김남석, 「평양의 지역극장 금천대좌 연구」, 『한국문학이론과 비평』 제56권, 2012.

김명배, 「윌리엄 베어드의 〈신학지남〉 기고문 분석과 그 신앙적 특징에 관한 연구」, 『장신논단』 제51권 제2호, 2019.

_____, 「윌리엄 베어드의 삶과 사역에 나타난 신학과 사상에 관한 연구」, 『한국개혁신학』 제39권, 2013.

김명성, 「김정은식 평양 재건축사업의 허실」, 『북한』 제511호, 2014.

김미숙, 「평양대부흥운동의 역사와 한국교회 부흥의 방법론 연구」, 대신대학교 석사학위논문, 2010.

김미숙·박은숙, 「북한의 토지가격평가방법에 관한 연구」, 『국토계획』 제54권 제7호, 2019.

김민아·이태호·반영운, 「공간구문론을 이용한 서울과 평양의 도시공간구조 변화특성 분석」, 『한국도시행정학회』 제25집 제1호, 2012.

김민아·정인하, 「조선후기 이후 평양의 도시형태 변천에 관한 연구: 평양 성도와 1914년 평양부 지적원도의 비교를 통해」, 『대한건축학회 논문집』 제29권 제11호, 2013.

_____, 「일제강점기 평양부 토지구획정리사업의 환지방식에 관한 연구」, 『대한건축학회논문집』 제30권 제12호, 2014.

_____, 「평양 광복거리 신도시의 단지계획에 관한 연구: 주택 소구역 계획에서 거리 형성계획으로」, 『대한건축학회논문집』 제35권 제10호, 2019.

김민정·김시곤·진상규, 「장래 평양광역권 철도 중심의 교통인프라 구축을 위한 선제적 대응 방안 연구」, 『한국철도학회 학술발표대회』, 2019.

_____, 「서울-평양 경제권 형성을 위한 철도 중심의 교통 인프라 구축에 관한 연구」, 서울과학기술대학교 철도경영정책학과 석사학위논문, 2019.

김복순, 「평양 로컬리티: 갈색의 세계사 프로젝트로서의 〈제국신문〉의 역설: 1907년 이후」, 『어문연구』 제44권 제3호, 2016

김사랑, 「새로운 음악문화 수용을 위한 제의적 공간으로써의 평양: 1920-30년대 선교사들과 한국인들의 음악적 만남」, 『음악학』 제24권 제1호, 2016.

김상욱·박종화, 「북한 도시지역의 산림파편화 변화조사」, 『환경영향평가』 제10권 제1호, 2000.

김선희, 「근대관광도시로서 평양과 부산에 대한 일제의 시선과 표상」, 『국토지리학회지』 제55권 제3호, 2021.

김성경, 「평양 도시 건설 스펙터클에 관한 소고: 열망과 체념의 정동을 중심으로」, 『개념과 소통』 제24권, 2019.

김성수, 「북한문학에 나타난 평양의 전근대-근대: 현대 심상지리와 주체체제의 문화정치」, 『반교어문학회』 제48권, 2008.

김성욱, 「1907년에 대한 한국교회사적 의미」, 『개혁논총』 제22권, 2012.

김성원, 「평양의 공간구조 변화와 통일 후 과제에 관한 연구」, 서울시립대학교 국제도시과학대학원 석사학위논문, 2017.

김수태, 「1930년대 평양교구의 가톨릭 운동」, 『教會史研究』 제19집, 2002.

_____, 「1930년대 평양교구의 신사참배 거부운동」, 『한국민족운동사연구』 제42권, 2004.

_____, 「1930년대 평양교구의 한국천주교회사 연구」, 『韓國史學史學報』 제11호, 2005.

_____, 「1930년대 천주교 평양교구의 문서선교: 『가톨릭연구』·『가톨릭조선』을 중심으로」, 『한국민족운동사연구』 제47권, 2006.

_____, 「1930년대 메리놀 외방전교회의 선교활동」, 『교회사연구』 제29호, 2007.

김승태, 「1930년대 일제의 기독교계 학교에 대한 신사참배 강요와 폐교 전말」, 『한국근현대사연구』 제14호, 2000.

_____, 「평양에서의 3·1운동과 김선두 목사」, 『기독교사상』 제713호, 2018.

김양희, 「근대문학과 평양」, 『어문연구』 제75호, 2013.

김영성, 「북한의 건축양식들」, 『건축』 제34권 제4호, 1993.

김영재, 「해방이후. 서울과 평양의 도심공간구조와 그 특성에 관한 비교연구」, 『대한건축학회』 제17권 제10호, 2000

김   원, 『사회주의 도시계획』, 서울: 보성각, 2004.

김원모, 「미국의 최초 조선개항시도(1866~69)」, 『사학지』 제10권 제1호, 1976.

김윤정·서치상, 「풍경궁의 창건과 성격변화에 관한 연구」, 『대한건축학회지회연합회 학술발표대회논문집』, 2006.

_____, 「광무 6년의 평양 풍경궁 창건 공사에 관한 연구」, 『대한건축학회논문집』 제25권 제9호, 2009.

김장한, 「남북 건축공사비 연구: 평양 려명거리 사업 건설조립액을 중심으로」, 『한국건축시공학회지』 제22권 제4호, 2022.

김정남, 「이효석 소설에 나타난 도시성과 사회사적 맥락」, 『현대소설연구』 제83호, 2021.

김종진, 「평양의 文化圖像學과 기행가사」, 『어문연구』 제40권 제1호, 2012.

김진규, 「이태준 단편소설 속 타자성 인식의 한계: 「달밤」·「손거부」·「장마」·「패강랭」·「석양」을 중심으로」, 『인문논총』 제77권 제3호, 2020

김칠성, 「평양대부흥에 대한 재고」, 『대학과 선교』 제39권, 2019.

김태균, 「1907년 평양대부흥운동의 발흥과 성격」, 총신대학교 석사학위논문, 2007.

김태윤, 「1940년대 평양의 도시개발사업을 통해 본도시공간의 연속과 단절」, 『민족문화연구』 제90권, 2021.

_____, 「6·25전쟁기 평양의 전시폭격과 도시방공정책(1950~1953)」, 『현대북한연구』 제25권 제2호, 2022.

_____, 「전후복구시기 '수도' 평양의 탄생과 상징공간의 조성(1953~1956)」, 『도시연구』 제29호, 2022.

_____, 「근현대 평양의 도시계획과 공간변화연구(1937~1960)」, 서울시립대학교 국사학과 박사학위논문, 2022.

김하나, 「일제강점기 말 평양의 공업지역 조성계획」, 『한국건축학회 학술발표대회 논문집』, 2017.

김한규, 「평양 관광자원의 변화에 관한 연구」, 『현대북한연구』 제20권 제1호, 2017.

김해경, 「일제강점기 평양 근대공원의 형성과 특성」, 『국토지리학회지』 제56권 제2호, 2022.

김현수, 「북한의 도시계획에 관한 연구」, 서울대학교 박사학위논문, 1994.

_____, 「통일과 북한도시의 변화」, 『건축』 제58권 제8호, 2014.

곽인옥·문형남, 「북한 경제구조변화에 따른 평양지역 도시공간의 재구조화」, 『한국생산성학회』 제32권 제2호, 2018.

권승기, 「미리 가보는 북한관광 1 : 열리는 도시. 평양. 평양」, 『통일한국』 제91호, 1991.

_____, 「미리 가보는 북한관광 2 : 열리는 도시. 평양. 평양」, 『통일한국』 제92호, 1991.

_____, 「미리 가보는 북한관광 3 : 열리는 도시. 평양. 평양」, 『통일한국』 제94호, 1991.

권태진·양문수 외, 『정은 시대 북한 경제개혁 연구: '우리식경제관리방법'을 중심으로』, 세종: 산업연구원, 2018.

라이너 도멜스, 「북한도시의 내부구조에 관한 연구」, 『북한학연구』 제12권 제2호, 2016.

림   일, 「김정은 전용도시 평양」, 『북한』 제525호, 2015.

_____, 「평양과 하늘-땅 차이나는 지방도시」, 『북한』 제529호, 2016.

문인철, 「북한 경제개발구를 활용한 서울시 대북 경제협력 방향」, 『정책리포트』 제288호, 2019.

문혜영·강성진, 「외국인 관광객들이 경험한 평양 특1급 호텔시설과 서비스: 김정은 정권 등장 이후 작성된 트립어드바이저 리뷰를 중심으로」, 『관광학연구』 제43권 제8호, 2019.

미노루 호리우치(堀內稔), 「日帝下 元山·平壤地區におけるアナキズム運動」, 『むくげ通信』 제104호, 1987.

민경태, 『서울 평양 스마트시티 : 도시 네트워크로 연결되는 한반도 경제통합의 길』, 서울: 미래의창, 2018.

_____, 「서울-평양 스마트시티와 DMZ 국제평화지대 구상의 실현 가능성 모색」, 『한반도 미래연구』 제3권 제1호, 2019.

박규환, 「식민지 지식인의 굴절. 그 뜻과 결: 일제강점기 이훈구의 농촌운동과 숭실」, 『한국기독교와 역사』 제46호, 2017

박동민, 「평양의 전후재건과 그 건설가들」, 『한국건축학회 학술발표대회 논문집』, 2017.

_____, 「건축가 김정희와 평양시 복구 총 계획도: 신화와 역사」, 『건축역사연구』 제27권 제2호, 2018.

박명수, 「1860년대 중반의 국제관계에서 본 제너럴셔먼호와 로버트 J. 토마스」, 『사학연구』 제140호, 2020.

박민규, 「해방기 북한의 문예대중화 운동과 시론」, 『한국근대문학회』 제13권 제1호, 2012

박보경, 「애니베어드의 삶과 선교사역에 대한 고찰」, 『장신 논단』 제49권 제4호, 2017.

박삼열, 「근대 서구식 대학교육의 수용과 대학문화의 전통」, 『숭실사학』 제43집, 2019.

_____, 「내한 선교사 윌리엄 베어드(William M. Baird)의 조선사회에 대한 인식과 선교활동」, 『한국민족운동사연구』 제100권, 2019.

_____, 「19세기말 서울과 평양 선교부의 교육정책」, 『인문사회 21』 제11권 제2호, 2020.

_____, 「근대 전환기 평양 숭실학교의 신문화 수용과 메타모포시스: 근대 서양 음악과 스포츠의 도입과 확산을 중심으로」, 『숭실사학』 제44집, 2020.

박상준, 「1920~30년대 평양 지역 여성운동의 전개와 성격: 평양여자기독교청년회와 근우회 평양지회를 중심으로」, 『한국독립운동사연구』 제71집, 2020.

박선영, 「남북 정상회담 열리는 평양의 도심 모습 - 계획하에 세워진 북한 최고의 특권 도시 정치·경제·문화 상징물 집중」, 『북한』 제430호, 2007.

박소혜, 「김정은 시기 북한의 주거공간과 소비문화 연구: 평양 초고층살림집 대상 드라마 분석」, 『북한연구학회보』 제25권 제1호, 2021.

박용규, 『한국교회와 민족을 살린 평양대부흥 이야기』, 서울: 생명의말씀사, 2005.

_____, 「평양 산정현교회와 조선물산장려운동」, 『신학지남』 통권309호, 2011.

_____, 「로버트 토마스(Robert J. Thomas)선교사 역사적 평가: 토마스. 그는 순교자가 아닌가」, 『신학지남』 제83권 제3호, 2016.

박윤희, 「북한 조선미술박물관의 설립 경위와 초창기 전시 체계」, 『인문과학연구』 제29호, 2019.

박정애, 「18-19세기 지방 이해와 도시경관의 시각적 이미지」, 『미술사학보』 제49호, 2017.

박정진, 「국제 정치·경제적 관점에서 본 김정은 시대의 북한관광 변화 연구」, 『관광연구저널』 제32권 제6호, 2018.

박종철·정은이, 「한국전쟁 이후 북한 재건을 위한 동유럽 사회주의 국가의 원조에 대한 검토」, 『중동유럽한국학회지』 제15호, 2014.

박종홍, 「최명익 소설의 '평양' 공간 고찰」, 『국어교육연구』 제57집, 2015.

박준형, 「개항기 평양의 개시과정과 개시장의 공간적 성격」, 『한국문화』 제64호, 2013.

박준형, 「1899년 평양개시 이후 평양성 외성 공간의 재편 과정」, 『한국학연구』 제39권, 2015.

박찬승, 「식민지시기 다중적 표상으로서의 평양기생」, 『동아시아 문화연구』 제62권, 2015.

박찬홍·정광진, 「해방 이후 1960년대 북한 시장에 관한 문헌적 고찰: 북한 문헌에 나타난 시장 인식과 법제 전개의 상관성」, 『북한법연구』 제24호, 2020.

박태일, 「1940년대 전기 평양지역문학」, 『비평문학』 제50호, 2013.

박희진, 「[특집] 평양시 5만 세대 살림집 건설 계획과 김정은 체제의 도시재건 전략」, 『북한』 제593호, 2021.

_____, 「김정은 시대 10대 도시의 개발과 격차(Gap)」, 『통일인문학』 제86집, 2021.

_____, 「김정은 체제의 도시와 도시건설: 개방·관광·상품화」, 『평화학연구』 제16권 제1호, 2015.

_____, 「북한 도시-농촌의 연접공간과 파생되는 계층들」, 『문화와 정치』 제7권 제3호, 2020.

_____, 「평양의 백화점과 도시 이미지 판매전략: 콜라주(collage)와 패러디(parody)」, 『아태연구』 제28권 제1호, 2021.

배영경·박수윤, 「[한반도 Plus] 김정은. 평양종합병원 건설현장 시찰」, 『마이더스』 제8호, 2020.

백재창, 「내고향 소묘: 수양버들 늘어진 천하제일의 도시 평양」, 『북한』 제216호, 1989.

백종오, 「북한의 고구려 유적 연구 현황 및 성과」, 『한국학』 제31권 제1호, 2008.

사단법인 평화문제연구소, 『조선향토대백과: 1 평양시』, 서울: 사단법인 평화문제연구소, 2003.

서기재, 「高浜虚子의 『朝鮮』연구: 「여행안내서」로서의 의의」, 『일어일문학』 제16호, 2003.

_____, 「전략으로서의 리얼리티: 일본 근대 「여행안내서」를 통하여 본 '평양'」, 『비교문학』 제34권, 2004.

_____, 「일제강점기 미디어를 통해 본 여행지로서 '평양'과 '평양인'」, 『통일인문학』 제66집, 2016.

서동수, 「김정은 시대 북한 과학환상문학의 특이점: 가상의 현실화. 현실의 가상화」, 『현대소설연구』 제77호, 2020.

서영애, 「먼 나라 이웃 도시. 평양 : 안나. 평양에서 영화를 배우다」, 『도시문제』 제53권 600호, 2018.

성다솜, 「북한당국의 평양 관리 담론 연구: 「로동신문」 기사 분석을 중심으로」, 이화여자대학교 북한학과 석사학위논문, 2017.

성신형, 「함일돈 선교사의 교육선교와 복음주의 신학」, 『복음과 선교』 제33권, 2016.

_____, 「윌리엄 베어드의 교육선교에 대한 연구」, 『복음과 선교』 제36권, 2016.

숭의100년사 편찬위원회, 『崇義100年史 : 1903-2003』, 서울: 숭의학원, 2003.

안다솜, 「김정은 시기 단편소설에 나타난 '평양' 도시 이미지 연구: 『조선문학』을 중심으로」, 이화여자대학교 북한학과 석사학위논문, 2020.

안병민, 「평양의 도시문화」, 『환경논총』 제52호, 2013.

안종철, 「중일전쟁 발발 전후 신사참배 문제와 평양의 기독교계 중등학교의 동향」, 『한국문화』 제48호, 2009.

안종철, 「아더베커의 교육선교활동과 연합기독교대학 설립」, 『한국기독교와 역사』 제34호, 2011.

안진희, 「팬데믹 전후 평양 도시 씬 비교: 2018~2021년 로동신문 보도사진을 중심으로」, 『국토연구』 제112권, 2022.

안창모, 「[북의 도시계획과 건축문화] 건축전문가가 본 평양의 도시계획: 사회주의적이자 민족주의적인 건축 양식의 특징」, 『(주)민족21』, 2006.

_____, 「역사도시 평양의 사회주의 도시화 과정: 도시구성과 건축양식을 중심으로」, 『서울학연구』 제80호, 2020.

안철호·김종인·민병걸·임선일, 「Landsat 영상을 이용한 평양 도시지역 분포분석」, 『대한토목학회 학술발표논문집』 제4호, 1998.

엄숙희, 「'모란봉'에 나타난 근대 도시의 표상」, 『국어문학』 제50호, 2011.

엄승희, 「대한제국기 평양자기주식회사 설립의 성격과 의미: 운영방식의 새로운 패러다임」, 『역사와 담론』 제76호, 2015.

오기영, 『류경 8년: 일제강점기 칼럼』, 서울: 모시는 사람들, 2019.

오기현, 『북한 사람과 거래하는 법: 84년생 김정은과 장마당세대. 그리고 욕망의 도시 평양 실전 매뉴얼』, 서울: 한겨레출판사, 2019.

오미일, 「1908-1919년 平壤磁器製造株式會社의 설립과 경영」, 『동방학지』 제123권, 2004.

_____, 「1910-1920년대 공업발전단계의 조선인자본가층의 존재양상: 평양지역을 중심으로」, 『한국사연구』 제87호, 1994.

_____, 『근대 한국의 자본들 : 민영휘에서 안희제까지. 부산에서 평양까지』, 서울: 푸른역사, 2014.

오선실, 「근대전환기 서구 근대 생리학의 수용과 변용: 애니 베어드 역, 『심리학초권』(1908)과 안상호 역 『신편생리학교과서』(1909)를 중심으로」, 『한국학연구』 제60권, 2021.

오순방, 「미국장로회선교사 윌리엄 뉴튼 블레어(배위량)의 한국선교와 숭실대학」, 『중국어문논역총간』 제40호, 2017.

오지석, 「한국근대전환기 철학교육의 메타포시스: 평양 숭실의 경험을 중심으로」, 『인문사회 21』 제11권 제4호, 2020.

_____, 「근대전환기 기독교계 학교 과학교과서 이해: 평양 숭실대학의 과학교과서를 중심으로」, 『인문사회 21』 제12권 제1호, 2021.

_____, 「근대전환기 내한선교사의 선교사역과 한국문화이해: 안애리(安愛理)의 Inside Views of Mission Life(1913)를 중

심으로」, 『문화와 융합』 제43권 제4호, 2021.

_____, 「편하설(C.F.Berheisel)」의 『논리략해(論理略解)』연구: 근대전환공간의 최초의 한글 논리학 교과서」, 『현대유럽철학연구』 제61권, 2021.

오창은, 「김정은 시대 북한 소설에 나타난 평양 공간 재현 양상 연구: 사회주의 평등과 사적 욕망의 갈등」, 『한민족문화연구』 제71권, 2020.

오태영, 「평양 토포필리아와 고도의 재 장소화: 이효석의 『은은한 빛』을 중심으로」, 『상허학보』 제28호, 2010.

오혜윤, 「서울. 평양 두 도시의 일상 속 그래픽을 통한 시각문화 아이덴티티 연구」, 서울대학교 디자인학부 석사학위논문, 2019.

옥성득, 「평양 대부흥운동과 길선주 영성의 도교적 영향」, 『한국기독교와 역사』 제25호, 2006.

_____, 「'조선의 예루살렘 평양' 담론의 실상」, 『기독교사상』 제717호, 2018.

_____, 「1866년 평양 양란과 토마스의 순교. 그 해석사 1」, 『기독교사상』 제720호, 2018.

_____, 「1866년 평양 양란과 토마스의 순교. 그 해석사 2」, 『기독교사상』 제720호, 2019.

우미영, 「억압된 자기와 고도 평양의 표상」, 『동아시아문화연구』 제50호, 2011.

유경호, 「平壤의 都市發達과 地域構造의 變化」, 고려대학교 교육대학원 석사학위논문, 2007.

유관지, 「평양지역 감리교 역사와 한국교회」, 『한국기독교와 역사』 제42호, 2015.

유영렬, 「한국 최초 근대대학의 설립과 민족적 성격」, 『한국민족운동사연구』 제15호, 1997.

윤영숙·김호연, 「평양기생학교를 통해 본 전통춤 전승 양상」, 『무용역사기록학』 제48권(2018)

윤정란, 「일제의 근대 식민지 도시 '대평양' 건설과 평양 조선인들의 대응」, 『현대유럽철학연구』 제66권, 2022.

이경숙, 「일제강점기 숭실전문학교 교수진의 구성과 네트워크」, 『사회와 역사』 제130권, 2021.

이경재, 「평양 표상에 나타난 제국 담론의 균열 양상: 김사량의 『바다의 노래』를 중심으로」, 『어문연구』 제49권 제2호, 2021.

_____, 「이광수의 『무정』과 평양」, 『춘원연구학보』 제23호, 2022.

이광린, 「구한말 평양의 대성학교」, 『동아연구』 제10호, 1986.

이균영, 「신간회 평양지회의 조직과 활동: 노동운동과의 관계를 중심으로」, 『한민족독립운동사논총』, 1992.

이덕주, 「한국교회 초기 부흥운동과 여성: 1903년 원산 부흥운동과 1907년 평양 부흥운동을 중심으로」, 『한국기독교와 역사』 제26호, 2007.

이동민, 「김사량의 소설 『물오리섬』에 대한 문학지리적 연구」, 『문화역사지리』 제32권 제1호, 2020.

_____, 「일제강점기 문학 작품의 도시 빈민가 재현 양상에 대한 연구: 김사량의 소설 『토성랑』을 중심으로」, 『문화역사지리』 제33권 제1호, 2021.

이만열, 「1907년 평양 대부흥운동에 대한 몇 가지 검토」, 『한국기독교와 역사』 제26호, 2007.

이명학, 「총동원체제기(1938~1945) 주택정책의 변화와 주택지경영사업의 전개: 평양을 중심으로」, 『한국문화』 제89호, 2020.

이 민, 「1910년대 평양부 간행 잡가집의 지역적 특성 연구」, 이화여자대학교 석사학위논문, 2013.

이민규, 「『서울-평양 포괄적 도시협력 방안』 수정안과 추진전략」, 『정책리포트』 제281호, 2019.

이민석, 「1935년 신의주 국제스파이사건과 일제의 메리놀 외방전교회 압박」, 『교회사연구』 제55호, 2019.

_____, 「메리놀 외방전교회의 동아시아 한센인 구호사업과 스위니(Joshph A. Sweeney)신부의 활동」, 『서강인문논총』 제 61호, 2021.

이병수, 「1907년 평양대부흥운동의 요인 규명」, 『한국기독교와 역사』 제19호, 2003.

이상경, 「1931년의 '배화(排華)사건'과 민족주의 담론」, 『만주학회』 제11호, 2011.

이상용, 「[특집] 평양시 5만호 건설… 김정은式 살림집 선물 정치 성공 가능성은?」, 『북한』 제593호, 2021.

이상웅, 「평양장로회신학교의 종말론 전통」, 『한국개혁신학』 제70권, 2021.

이상준 외, 『통일기반 강화를 위한 북한 거점도시 발전모형과 남북협력 실천전략 연구』, 안양: 국토연구원, 2014.

_____, 『통일 한반도 시대에 대비한 북한 주요 거점의 개발잠재력과 정책과제 II』, 안양: 국토연구원, 2012.

이석기 · 김수정 · 정유석 외, 『북한 경공업 실태와 남북협력 방안』, 세종: 산업연구원, 2021.

이석기, 『북한의 산업발전 전략과 남북경협』, 세종: 산업연구원, 2015.

이수현 · 변기동, 「공간구문론을 이용한 서울과 평양의 도시구조 분석」, 『대한건축학회』 제72집, 2019.

이승일 외, 『북한의 도시 및 지역개발』, 서울: 보성각, 2009.

이시효, 「시장도입 초기 평양 공간의 재배치: 1984-2003년을 중심으로」, 『북한학연구』 제12권 제2호, 2016.

_____, 「평양대부흥운동 사회변혁 동력의 지속성 약화 원인에 관한 도시사회학적 연구」, 『신학과 사회』 제33권 제1호, 2019.

이시효 · 김성배 · 김명희, 「평양 일탈공간 연구: 대동강구역 욕망 소비공간을 중심으로」, 『통일문제연구』 제34권 제1호, 2022.

이영종, 「[특집] 김정은의 대운하 건설 구상… 북 정권 최대 건설 프로젝트 띄우기」, 『북한』 제610호, 2022.

_____, 「김정은의 평양 집중개발 전략과 북한 건설산업 실태」, 『건설관리』 제17권 제2호, 2016.

이왕기, 『북한건축 또 하나의 우리모습』, 서울: 서울포럼, 2000.

이우영, 「평양의 도시교통」, 『환경논총』 제52권, 2013.

이윤하, 「김정일 후계체제 구축기 북한건축의 특성 연구」, 『(주)민족21』, 2010.

이은상, 「식민지 조선 평양화교의 실태: 배화폭동 이전을 중심으로」, 『동양학』 제87권, 2022.

이은선, 「1920년대까지 토마스 선교사의 사역에 대한 인식 형성과정 고찰」, 『장신논단』 제48권 제4호, 2016.

이재호, 「법령과 소셜미디어를 통해 본 북한의 수도, 평양 가로시설물의 조형적 특징과 의미: '도시미화법'과 '유튜브' 중심으로」, 『한국기초조형학회 학술발표논문집』, 2020.

이정노, 「식민 담론의 표상으로서 평양 기생의 춤 · 활동」, 『한국무용연구』 제38권 제1호, 2020.

이정재, 「사회의 경제구조와 경관: 서울과 평양의 도시경관 비교」, 『공간과 사회』 제3호, 1993.

이종겸·정현주, 「평양시 도시미화 담론과 상징경관 연구—김정일, 김정은 시기의 비교」, 『한국도시지리학회지』 제25권 제2호(2022)

이종겸·정현주·김희정, 「평양시 도시미화 담론과 북한의 권력에 관한 연구 : 1953~1970년 김일성 유일지배체제 성립 시기를 중심으로」, 『현대북한연구』 제24권 제2호(2021)

이주철, 「[특집]선택받은 도시. 평양과 평양사람들」, 『역사비평』 제65호.(2003)

이지순, 「김정은 시대의 디지털 스토리텔링 - 북한의 새로운 공연양식 조명축전《빛의 조화》」, 『한국예술연구』 제34호 (2021)

이지하, 「평양 숭실과 두 명의 솔타우 선교사: 소일도. 소열도: 기쁨으로 따른 길. 소일도(D. L. Soltau) 와 소열도(T. S. Soltau) 선교사의 흔적과 표적」, 『한국기독교문화연구』 제9집, 2017.

이   철, 「개신교 선교 초기 평양지역민들의 선교사 인식연구」, 『한국민족운동사연구』 제55호, 2008.

이철호, 「근대소설에 나타난 평양 표상과 그 의미: 서북계 개신교 엘리트 문화의 시론적 고찰」, 『상허학보』 제28호, 2010.

임동우, 「평양의 도시계획」, 『환경논총』 제52권, 2013.

_____, 『평양 그리고 평양 이후: 평양 도시 공간에 대한 또 다른 시각: 1953-2011』, 서울: 효형, 2011.

임형백, 「북한 공간구조와 이념적 표현의 도시 계획」, 『통일문제연구』 제31권 제1호, 2019.

임희영, 「초기(1893~1906) 미국 북장로교 평양 선교지부에 관한 연구」, 장로회신학대학교신학대학원 석사학위논문, 2020.

장금현, 「프란시스 킨슬러(Francis Kinsler)와 성경구락부(Bible Club)운동」, 『신학과 실천』 제68호, 2020.

장석흥, 「평양 3·1운동의 역사적 원류: 근대적 민족 동력과 성장을 중심으로」, 『한국학논총』 제53호, 2020.

장세훈, 「한국전쟁과 남북한의 도시화」, 『사회와 역사』 제67호(2005)

_____, 『냉전. 분단 그리고 도시화: 남북한 도시화의 비교와 전망』, 서울: 알트, 2017.

장영숙, 「대한제국기 고종의 풍경궁 건립을 둘러싼 제 인식」, 『한국민족운동사연구』 제103권, 2020.

장용훈, 「[한반도] 평양의 신도시 '여명거리' 1년 만에 '뚝딱'」, 『마이더스』 제5호, 2017.

장필구·전봉희, 「풍경궁과 화성행궁의 자혜의원 전용에 관한 연구」, 『대한건축학회논문집』 제28권 제12호, 2012.

전봉희·허유진, 「북한 도시와 건축에 대한 관심과 연구 성과」, 『한국건축역사학회 학술발표대회논문집』, 2017.

전상인, 「북한의 수도계획」, 『환경논총』 제52권, 2013.

전상인·김미영·조은희, 「국가 권력과 공간: 북한의 수도계획」, 『국토계획』 제50권 제1호, 2015.

전영주, 「평양잡지 『농민생활』 문예란과 시문학의 메타모포시스」, 『국제언어문학』 제44호, 2019.

전지니, 「1970년대 북한영화 속 도시의 재현과 냉전의 심상지리: 〈금희와 은희의 운명〉을 중심으로」, 『국제어문』 제86권, 2020.

정안기, 「전시기 종방그룹의 다각화 전략과 평양제철소」, 『경영사학』 제59권, 2011.

정유석, 「담대한 구상의 실현을 위한 남북 인도적 협력」, 『평화와종교』 제15호, 2023.

정유석 외, 「스마트그린 산업단지를 활용한 남북 산업협력 방안」, 『Journal of North Korea Studies』 제8권 제2호, 2022.

정일영 외, 『평양 오디세이』, 서울: 민속원, 2022.

정일영, 「북한에서 전시(展示)적 도시의 건설과 한계에 관한 연구」, 『현대북한연구』 제19권 제1호, 2016.

정종현, 「한국 / 학의 근대성과 로컬리티: 한국근대소설과 평양이라는 로컬리티」, 『사이』 제4권, 2008.

정주아, 「불안의 문학과 전향시대의 균형감각: 1930년대 평양의 학생운동과 단층파의 문학」, 『어문연구』 제39권 4호, 2011.

정진우, 「미리가보는 북한관광 4: 항구문화 도시 남포—국제무역항 웅지펴는 평양의 관문」, 『통일한국』 제95권, 1991.

정혜영, 「김동인 소설과 평양이라는 도시공간」, 『현대소설연구』 제13호, 2000.

조연정, 「평양의 경향: 김동인과 최명익의 소설을 중심으로」, 『한국문학연구』 제38호, 2010.

조재곤, 「러일전쟁과 평안도의 사회경제상」, 『동북아역사논총』 제49호, 2015.

주익종, 「식민지기 평양 메리야스자본의 생산합리화: 1920년대 중엽—1930년대 중엽을 중심으로」, 『경제사학』 제18호, 1994.

_____, 「평양 조선인 기업가의 경영이념」, 『경제사학』 제19호, 1995.

주종원·김현수·유영욱, 「北韓의 國土 및 都市計劃 硏究」, 『대한국토 도시계획학회』 제27권 제3호, 1992.

진상현·김정욱, 「북한의 지역별 대기오염 현황에 관한 연구: 도시. 농촌. 공업 지역을 중심으로」, 『환경정책』 제13권 제2호, 2005.

차봉준, 「애니베어드 소설의 개화기 문학사적 의미: 고영규전과 부부의 모본을 중심으로」, 『신앙과 학문』 제17권 제4호, 2012.

최봉대, 「북한의 '사회주의문명국' 건설 담론의 정책적 실천과 그 함의: 위락·후생시설 건설사업을 중심으로」, 『북한학연구』 제17권 제1호, 2021.

_____, 「북한의 주택배정제도와 비공식 주택시장 발전의 제한성: 김정은 정권 시기를 중심으로」, 『부동산분석』 제8권 제2호(2022)

최석영, 「일제강점기 박물관의 전시 성격: 개성·평양부립박물관을 중심으로」, 『생활문물연구』 제3호, 2000.

최선혜, 「한국 천주교회 전교회장의 활동과 의의: 1923-1950 평양교구 유급(有給) 전교회장을 중심으로」, 『교회사연구』 제51호, 2017.

최영실, 「1907년 평양대부흥운동'에 대한 비판적 고찰—회개·영성·부흥의 문제를 중심하여」, 『신학사상』 제138집, 2007.

최은희, 「2000년대 이후 평양 등 대도시 주택건설 경향과 통일 전후 법정책적 과제」, 『부동산법학』 제21권 제1호, 2017.

최완규 편, 『북한 도시의 형성과 발전』, 파주: 한울아카데미, 2004.

_____, 『북한 도시의 위기와 변화』, 파주: 한울아카데미, 2006.

_____, 『북한 '도시정치'의 발전과 체제 변화』, 파주: 한울아카데미, 2007.

최천운, 「평양시 살림집 건설정책에 관한 연구」, 『부동산법학』 제25권 제2호, 2021.

최혜정, 「일제의 평양지역 고적조사사업과 고적보존회의 활동」, 『역사와 세계』 제32집, 2007.

통일원, 『북한경제통계집(1996) / 정보분석실 편』, 서울: 통일원, 1996.

편집부, 「평양주재 3년 임기를 마치고 돌아가는 휴즈 평양주재 영국대사의 증언」, 『북한』 제479호, 2011.

표영수, 「일제말기 병력동원정책의 전개와 평양학병사건」, 『한일민족문제연구』 제3권, 2002.

한규무, 「제너럴셔먼호 사건과 토마스의 '순교' 문제 검토」, 『한국기독교와 역사』 제8호, 1998.

_____, 「오문환의 '도마스목사전'과 토마스의 '순교' 문제 검토」, 『한국기독교와 역사』 제45호, 2016.

한영진, 「'김정은 치적 쌓기' 10만 세대 공사 난항」, 『북한』 제476호, 2011.

_____, 「붕괴된 23층 평양 아파트 4개월 만에 완공 : 북한레이더」, 『북한』 제515호, 2014.

허선혜, 「평양에 대한 북한의 인식과 태도: 『민족문화유산』에 나타난 평양 소재 문화재 기사를 중심으로」, 『서울도시연구』 17권 4호, 2016.

허순우, 「19세기말 애니베어드의 문서선교에 대한 관심과 『샛별전』」, 『한국고전연구』 제52권, 2021.

홍   민 외, 『북한 전국 시장 정보: 공식시장 현황을 중심으로』, 서울: 통일연구원, 2016.

_____, 『2022 북한 공식시장 현황』, 서울: 통일연구원, 2022.

황민호, 「『매일신보』에 나타난 평양지역의 3·1운동과 기독교계의 동향」, 『숭실사학』 제31집, 2013.

_____, 「일제하 숭실대학의 근대 서적 출간과 대학 출판문화의 형성」, 『한국민족운동사연구』 제106권, 2021.

황재범, 「한국 개신교의 1907년 평양대부흥운동에 대한 다양한 해석들의 비교연구」, 『종교연구』 제45집, 2006.

황진태, 「북한도시연구방법론으로서 소셜네트워크서비스 활용에 관한 시론: 인스타그램을 중심으로」, 『공간과 사회』 제29권 제4호, 2019.

Meuser · Philipp, 『이제는 평양건축』, 서울: 담디, 2012.

Silvia Chan, 「平壤의 향연을 그리다: 피바디에섹스박물관 소장 〈平安監司饗宴圖〉에 대한 연구」, 서울대학교 대학원 석사학위논문, 2015.

『鏡浯遊燕日錄』,

『谿谷先生集』,

『寄齋史草 下』,

『林下筆記』,

『夢遊燕行錄 下』,

『北轅錄』,

『世宗實錄地理志』,

『新增東國輿地勝覽』,

『熱河日記』,

『朝天記 上』,

『海東繹史 속집』

『厚光世牒』

북한문헌

강근조 · 리경혜, 『평양의 어제와 오늘』, 평양: 사회과학출판사, 1986.

강승태, 『유적유물일람표: 부록 1』, 평양: 사회과학원 고고학연구소, 2009.

강성산 · 윤석 · 강희원, 『수령님과 평양』, 평양: 조선로동당출판사, 1986.

강인숙, 「단군의 출생지에 대하여」, 『력사과학』 1999년 3호, 1999.

국가계획위원회 중앙통계국, 『조선민주주의인민공화국 인민 경제 발전 통계집(1946-1960)』, 평양: 국립출판사, 1961.

국가관광국, 『평양』, 평양: 국가관광국, 1999.

김금성, 『평양』, 평양: 외국문출판사, 2013.

김금희, 『2018년의 김정은 최고령도자』, 평양: 외국문출판사, 2019.

김계숙, 「평양사람」, 『청년문학』 제689호, 2016.

김광철, 『평양(력사유적, 유물)』, 평양: 외국문출판사, 2018.

김일성, 『김일성저작집 10권』, 평양: 조선로동당출판사, 1980.

김정설, 『단군설화집』, 평양: 과학백과사전종합출판사, 1998.

_____, 『우리 나라 건국시조 단군전설(1)』, 평양: 금성청년출판사, 1995.

_____, 『평양전설』, 평양: 사회과학출판사. 1990.

_____, 『평양전설그림책: 우릉과 소미』, 평양: 문학예술출판사, 2011.

_____, 『평양전설그림책: 을밀대의 소나무』, 평양: 문학예술출판사, 2010.

김준혁, 『평양개관』, 평양: 조선민주주의인민공화국 외국문출판사, 2014.

김혜선, 「사회주의문명도시의 본보기 평양시중심부의 건축미학적 특징」, 『조선건축』 2014년 3호, 2014.

과학백과사전종합출판사, 『고장이름사전: 평양시. 남포시』, 평양: 과학백과사전종합출판사, 2001.

_____, 『조선전사년표 2』, 평양: 과학백과사전종합출판사, 1991.

등대사 편, 『청춘도시 평양』, 평양: 등대사, 1990.

로동신문사, 「대성백화점에서」, 『로동신문』 2021년 10월 14일, 4면.

_____, 「1950년대 수도건설자들처럼」, 『로동신문』 2021년 5월 5일, 6면.

_____, 「평양시 1만세대 살림집건설을 당에서 정해준 기간에 당이 바라는 높이에서 완공하자」, 『로동신문』 2021년 5월 3일, 3면.

_____, 「대성백화점에서」, 『로동신문』 2021년 4월 27일, 4면.

_____, 「새로운 평양속도. 건설신화창조로 들끓는 평양시 1만세대 살림집건설장」, 『로동신문』 2021년 3월 29일, 1면.

_____, 「평양시 1만세대 살림집건설착공식 진행」, 『로동신문』 2021년 3월 24일, 1면.

_____, 「그날의 당부 심장에 새기고」, 『로동신문』 2020년 10월 12일, 5면.

_____, 「아이들의 밝은 웃음을 위하여 질좋은 아동상품을 더 많이 2019년 평양아동백화점 아동상품전시회장을 돌아보고」, 『로동신문』 2019년 9월 24일, 3면.

_____, 「나날이 높아가는 명제품, 명상품개발열풍」, 『로동신문』 2019년 7월 19일, 3면.

_____, 「경애하는 최고령도자 김정은동지께서 개업을 앞둔 대성백화점을 현지지도하시였다」, 『로동신문』 2019년 4월 8일, 1~2면.

_____, 「평양정신. 평양속도창조자들의 투쟁본때를 힘있게 과시」, 『로동신문』 2018년 5월 5일, 3면.

_____, 「평양제1백화점창립 70돐 기념보고회 진행」, 『로동신문』 2016년 11월 28일, 4면.

_____, 「만리마시대 평양정신. 평양속도는 이렇게 창조되고 있다」, 『로동신문』 2016년 7월 22일, 3면.

_____, 「온 나라를 선군문화가 구현된 사회주의선경으로 전변시키자」, 『로동신문』 2013년 4월 8일자, 1면.

_____, 「위대한 김일성동지께서와 김정일동지께서 평양아동백화점을 현지지도하신 50돐 기념보고회 진행」, 『로동신문』 2013년 1월 15일, 2면.

_____, 「우리 상품으로 가득한 평양제1백화점, 더 좋은 래일에 대한 희망 넘친다」, 『로동신문』 2011년 8월 3일, 3면.

_____, 「김정일동지께서 개업을 앞둔 광복백화점을 돌아보시였다」, 『로동신문』 1991년 10월 31일, 3면.

리　남, 『(일화집) 인민들과 함께 계시며』, 평양: 외국문출판사, 2019.

리성일 외, 『공원속의 도시 평양』, 평양: 조선화보사, 2002.

리윤경, 「도시경영사업에서 평양시가 전국의 본보기로 되는 것은 현실발전의 요구」, 『도시경영』 2018년 2호, 2018.

리화선, 『조선건축사 1』, 평양: 과학백과사전종합출판사, 1989.

_____, 『조선건축사 2』, 평양: 과학백과사전종합출판사, 1989.

_____, 『조선건축사 Ⅲ』, 서울: 도서출판 발언, 1993.

무명작가, 「평양」, 『조선문학』 1954년 2호, 1954.

문화보존연구소, 『우리나라 력사유적』, 평양: 과학백과사전출판사, 1983.

물질문화유물보존사업소, 『우리나라 주요 유적』, 평양: 과학백과사전출판사, 1963.

민주조선편집위원회, 「당과 국가의 책임일군들 제 2차 평양제1백화점 상품전시회장 참관」, 『민주조선』 1991년 10월 31일, 3면.

_____, 「제3차 평양제1백화점 상품전시회 개막」, 『민주조선』 2012년 1월 4일, 2면.

_____, 「제4차 평양제1백화점 상품전시회 개막」, 『민주조선』 2012년 6월 27일, 3면.

_____, 「제5차 평양제1백화점 상품전시회 진행」, 『민주조선』 2012년 12월 7일, 4면.

_____, 「제8차 평양제1백화점 상품전시회 개막」, 『민주조선』 2014년 6월 18일, 4면.

_____, 「수도의 거리에 멋들어지게 일떠선 종합봉사기지 대성백화점 준공식 진행」『민주조선』 2019년 4월 15일, 5면.

_____, 「너도 나도 선남, 선녀로 평양제1백화점 화장품매대에서」, 『민주조선』 2019년 5월 3일, 4면.

_____, 「전시회장에서 만난 사람들 제12차 평양제1백화점상품전시회장에서」, 『민주조선』 2019년 12월 12일, 4면.

박　건·렴계복, 「단군조선시기 수도: 평양방위성들의 자연지리적특징」, 『지질 및 지리과학』, 2002년 3호, 2002.

박동진, 『민족문화유산을 귀중히 여기시어』, 평양: 사회과학출판사, 1991.

방린봉 외, 『조선지명편람: 평양시』, 평양: 사회과학출판사, 2001.

백명일, 『인민대중제일주의의 성스러운 력사를 펼쳐가시는 위대한 령도』, 평양: 과학백과사전출판사, 2018.

사회과학출판사, 『조선말대사전(증보판) 1』, 평양: 사회과학출판사, 2017.

_____, 『조선말대사전(증보판) 2』, 평양: 사회과학출판사, 2017.

_____, 『조선말대사전(증보판) 3』, 평양: 사회과학출판사, 2017.

_____, 『조선말대사전(증보판) 4』, 평양: 사회과학출판사, 2017.

서충심 편, 『평양: 기념비적건축물』, 평양: 외국문출판사, 2018.

_____, 『평양: 문화』, 평양: 외국문출판사, 2018.

송기환, 『새 세기의 평양』, 평양: 평양출판사, 2003.

안동춘, 『평양의 봉화』, 평양: 문학예술출판사, 2018.

온영수, 『평양녀인』, 평양: 평양출판사, 2011.

장우진, 『조선민족의 발상지 평양』, 평양: 사회과학출판사, 2000.

조　광, 『평양의 민속』, 평양: 외국문출판사, 2016.

_____, 『평양의 일화와 전설』, 평양: 외국문출판사, 2016.

조선로동당출판사, 『김정일 건축예술론』, 평양: 조선로동당출판사, 1992.

조정순 외, 『조선지리전서: 평양시』, 평양: 교육도서출판사, 1990

지도출판사, 『평양』, 평양: 지도출판사, 2012.

제갈남, 『현지지도에 비낀 령도자의 모습』, 평양: 외국문출판사, 2019.

최승칠, 「평양에 사는 의미」, 『조선문학』, 1979년 3호, 1979.

평양건설전사 편찬위원회 편, 『평양건설전사 2』, 평양: 과학백과사전종합출판사, 1997.

평양출판사, 『여기가 평양입니다』, 평양: 평양출판사, 2014.

_____, 『여기가 평양입니다』, 평양: 평양출판사, 2008.

_____, 『평양은 올라가고 서울은 내려간다』, 평양: 평양출판사, 1997.

한번조 편, 『평양』, 평양: 조선화보사, 2008.

한웅빈, 『평양사람』, 평양: 문학예술출판사, 2005.

Cha Myong Choi, 「New Pyongyang speed and Pyongyang spirit in the making」, The Pyongyang Times, April 4(2015)

DPRK. Democratic People's Republic ofKoreaVoluntary National Review. 2021.

Kim Jun Hyok. Panorama of Pyongyang. Pyongyang: Foreign languages publishing house, 2017.

저자 미상, 『전화번호책』, 2002.

로동신문

김정은, 「당의 주체적건축사상을 철저히 구현하여 건설에서 대번영기를 열어나가자: 건설부문일군대강습 참가자들에게 보낸 서한(2013년 12월 8일)」, 『로동신문』 2013년 12월 9일.

_____, 「당창건 75돐을 맞으며 평양종합병원을 훌륭히 건설하자: 평양종합병원건설 착공식에서 하신 김정은동지의 연설(2020년 3월 17일)」, 『로동신문』 2020년 3월 18일.

로동신문사, 「경애하는 김정은동지께서 완공단계에 이른 릉라인민유원지와 건설중에 있는 평양산원 유선종양연구소를 현지지도하시였다」, 『로동신문』 2012년 7월 2일.

_____, 「경애하는 김정은동지께서 보통강강안다락식주택구건설사업을 현지지도하시였다」, 『로동신문』 2021년 8월 21일.

_____, 「경애하는 최고령도자 김정은동지께서 려명거리건설장을 현지지도하시였다」, 『로동신문』 2017년 1월 26일.

_____, 「우리식 사회주의문명부흥의 새 전기를 펼친 인민사랑의 기념비 송화거리 준공식 성대히 진행, 경애하는 김정은동지께서 준공테프를 끊으시였다」, 『로동신문』 2022년 4월 12일.

해외자료

DRPK, UNICEF, WFP. DPRK 2004 Nutrition AssessmentReport of Survey Results. 2005.

DPRK / UNDP. Thematic Round Table Meeting on Agricultural Recovery and Environmental Protection For the Democratic People's Republic of Korea(DPRK). 1998.

Radiopress, 『朝鮮民主主義人民共和國 組織別人名簿 2023』, Tokyo: Radiopress, 2023.

인터넷 자료

산업연구원, 「KIET 북한 산업 · 기업 DB」, http://nkindustry.kiet.re.kr

통계청 북한통계포털. https://kosis.kr

통일부 북한자료센터. https://unibook.unikorea.go.kr

통일부 북한정보포털. http://unikorea.go.kr

통일연구원, 「김정은 공개활동 보도분석 DB」, www.kinu.or.kr/nksdb/overall.do.

Google Earth. http://erath.google.com

참고자료

참고자료

1. 평양의 주요 역사

년 월 일	주요 내용	
1945년	1945년 8월 15일	해방
	1945년 8월 26일	소련군대 평양 진주
	1945년 8월 27일	평안남도 인민정치 위원회 경설
	1945년 9월 2일	8만명 군중참가하에 해방을 경축하는 군중 대회 개최
	1945년 10월 8일	북조선 4도 인민위원회 연합회의 개최
	1945년 10월 12일	북조선 주둔 쏘련 제 25군 사령관 명령서 발표
	1945년 10월 13일	평안남도 인민정치 위원회 주최 김일성 장군 개선 환영회 개최 조선공산당 서북5도당 책임자 및 당열성자대회 개최 공산당 북조선 조직위원회 설치 결정
	1945년 10월 23일	평남 광산 노동자 조합 조직
	1945년 11월 1일	조선 공산당 북조선 조직 위원회 기관지 〈정로〉 창간
	1945년 11월 3일	평양에서 조선 민주당 결성
	1945년 11월 17일	평양 역을 중심으로 한 각 철도선의 열차 운행 개시

1945년	1945년 11월 24일	평안남도 인민정치 위원회를 평안남도 인민위원회로 개칭
	1945년 12월 1일	조선 공산당 평양시 당대회 개최
	1945년 12월 17일	조선 공산당 북조선 조직 위원회 제 3차 확대 집행 위원회 개최
	1945년 12월 28일	평양 협동조합 결성
	1945년 12월 29일	모스크바 3국 외상회의 조선에 관한 결정 발표
1946년	1946년 1월 6일	모스크바 3상회의결정을 지지하는 군중대회 진행
	1946년 2월 7일	조선 철도 노동조합 평양 공장분회 종업원 대회에서 2월 11일부터 2주 일간을 〈생산돌격운동주간〉으로 할 것을 결정
	1946년 2월 8일	북조선 임시인민위원회 수립 김일성이위원장으로선출됨 조선천도교청우당결성
	1946년 2월 10일	북조선 임시인민위원회 수립 경축 군중대회 진행
	1946년 3월 5일	북조선 임시인민위원회에서 〈북조선 토지개혁에 대한 법령〉 채택
	1946년 3월 11일	평안남도 인민 위원회 확대회의에서 〈북조선 토지개혁에 대한 법령〉 을 실시하기위한 결정서와 토지개혁실시 방법을 결정한 뒤 발표
	1946년 3월 23일	김일성 장군 20개조 정강을 발표
	1946년 5월 1일	해방 후 첫 5.1절 기념 대회와 시위 진행
	1946년 5월 21일	보통강 개수공사 기공식 거행. 7월 15일 공사 완공
	1946년 7월 10일	평양에 중앙 기상대 설치
	1946년 7월 19일	모란봉에 건립할 해방탑 기공식 거행
	1946년 8월 1일	북조선 민주주의 민족통일 전선 평양시 위원회 결정
	1946년 8월 3일	조선 민주당 평양시 당부 결성
	1946년 8월 15일	8.15 해방 1주년 평양시 경축 대회 진행(30만 동원)
	1946년 8월 18일	북조선 노동당 평양시당 결성
	1946년 8월 28일	평양에서 각 도 대표 818명 참가하에 북조선 노동당 창립 대회 개막 (4일간)
	1946년 9월 1일	국제 청년절 학생절을 맞이하여 평양시에서 경축대회 개최

1946년	1946년 9월 5일	북조선 임시인민위원회 제 2차 확대위원회에서 〈평양 특별시정에 관한 결정서를 채택〉
	1946년 9월 7일	8.15 해방 1주년 경축 종합 체육 대회를 모란봉 경기장에서 개최
	1946년 9월 15일	김일성 동합대학 개교식 거행
	1946년 9월 16일	북조선 임시인민위원회 결정에 의하여 평양 특별시 구역을 동, 서, 북, 중의 4구 83개리로 개편
	1946년 10월 9일	평양 특별시 제 18선거구 입호부조추천 군중대회에서 김두봉을 위원 후보로 추천
	1946년 11월 1일	평양 특별시 민주선거 경축대회진행 (14만 명 동원)
1947년	1947년 1월 9일	평양에 국립극장 설치
	1947년 2월 17일	평양에서 북조선 도, 시, 군, 인민 위원회 개최, 4일간 계속
	1947년 2월 22일	북조선 임시 인민위원회 성립
	1947년 3월 12일	평양역광장에서 소비에트 병사 환송회 진행
	1947년 4월 1일	국제직업 연맹 대표단 일행 도착 2일 역전에서 환송대회 개최
	1947년 4월 15일	평양 화학공장 복구 완성
	1947년 5월 15일	북조선 인민회의 제 2차회의 평양에서 개막
	1947년 6월 19일	시내 상수리에 설치된 소련 적십자 병원을 평양에 개원
	1947년 9월 10일	평양 혁명자 유가족 학원 기공식을 만경대 현장에서 거행
	1947년 10월 12일	평양 혁명자 유가족 학원 개원식 거행
1948년	1948년 2월 8일	조선 인민군 창건 열병식 거행
	1948년 2월 14일	북조선 노동당 평양시 당 제 2차 대표회의 개회, 김일성 동지를 제 2차 전당 대회 대표로 선출
	1948년 3월 27일	북조선 노동당 제 2차 전당대회 평양시에서 개최
	1948년 4월 19일	남북조선 제 정당 사회단체 대표자 연석회의 평양에서 개최
	1948년 6월 29일	남북조선 제 정당 사회단체 지도자 협의회 평양에서 진행
	1948년 9월 12일	조선 민주주의 인민공화국 정부수립 경축 평양시 군중 대회 진행 (38만명 참가)

1948년	1948년 9월 27일	평양 공업대학 개교식 거행
	1948년 9월 28일	평양 의과대학 개교식 거행
	1948년 9월 30일	평양 사범대학 개교식 거행
	1948년 10월 10일	김일성 종합대학 신축공사 준공
	1948년 10월 24일	만경대 학원 교사 준공식 거행
	1948년 12월 25일	노동신문사 신축 옥사 준공식 거행
1949년	1949년 1월 20일	평양 특별시 인민위원회 제 1차 인민 위원회 개최 1.4분기 계획과 의무 교육 준비 문제 토의 결정
	1949년 2월 22일	조선민주주의 인민공화국 대표단 평양 출발
	1949년 3월 30일	평양 특별시 및 구역 인민위원회 대의원 선거를 시내에서 일제히 진행
	1949년 4월 12일	평양 특별시 인민위원회 제 2기 제 1차회의를 개최
	1949년 6월 29일	조국 통일 민주주의 전선 결성 경축 평양 시민 대회를 거행 (25만명 참가)
	1949년 8월 12일	8.15 해방 4주년 기념 종합 전람회 개관
1950년	1950년 2월 22일	내각에서 평양 아동 궁전을 설치할데 관한 지시 제 76호 하달
	1950년 3월 20일	평양 역사 및 해방호텔 신축공사 착공
	1950년 4월 1일	내무성 시설처에서 총공사비 3억 5천만원을 계상하는 길이 765m 너비 32m의 제 2 인도교 가설 공사 준비에 착수
	1950년 5월 10일	조소 항공주식회사에서 평양-청진, 함흥, 블라디 보스토크, 대련, 원산 간 여객 및 우편물 수송 항공로 개설
	1950년 6월 25일	한국전쟁 발발
	1950년 7월 1일	한국전쟁 발발로 북한 전지역에 동원력을 실시, 평양시에서는 2만 3천 131명이 동원.
	1950년 10월 19일	평양 점령
	1950년 12월 6일	평양 수복
	1951년 5월 9일	쏘련 의료방역대 일대 평양에 도착
1951년	1951년 5월 19일	국제 민주 여성 동맹 대표단 환영대회를 평양시에서 진행

1951년	1951년 6월 25일	조국보위 전람회 평양에서 개관
	1951년 8월 20일	월남 인민대표단 조선방문 9월 18일 귀국
	1951년 9월 10일	헝가리 인민대표단 환영대회 평양에서 개최
	1951년 10월 21일	조선 노동당 평양 시당 열성자회의 개최
	1951년 10월 24일	중국인민지원군 항미원조 참전 1주년 기념 평양시 경축대회
	1951년 11월 8일	불가리아 인민대표단 방문
1952년	1952년 3월 20일	중화인민공화국의 〈미제국주의의 세균전 범행 조사단 조선분단〉일행 방문
	1952년 3월 31일	중국문화대표단 일행 방문
	1952년 12월 1일	조선 민주주의 인민공화국 과학원 개원식 거행
1953년	1953년 6월 4일	몽고 정부 대표단 일행 방문
	1953년 7월 30일	내각에서 평양시 복구 재건에 관한 결정 채택
	1953년 11월 13일	평양시 복구 건설을 협조할 770여명의 중국 건축기술자 방문
	1953년 12월 31일	평양 방직 공장 조업을 개시
1954년	1954년 2월 3일	동평양 지구에 대방직 꼼비나트 건설 공사 착수
	1954년 4월 6일	평양시 경기장 복구 확장 공사 착공
	1954년 5월 18일	평양-청진간 국내 정기 민간 항공수송을 개시
	1954년 5월 25일	평양시복구 위원회 결정제 2호 발표
	1954년 6월 1일	평양-신의주, 평양-청진간 급행열차 운행 개시
	1954년 6월 3일	평양-북경간 첫 국제 직통열차 평양을 출발
	1954년 6월 17일	중국인민지원군과 조선 인민군의 노력적 위훈으로 대동강 철교 복구 개통
	1954년 6월 30일	중국인민지원군 공병부대의 노력적 위훈으로 대동강인도교 완전복구 하여 개통신 진행
	1954년 7월 18일	평양시 복구 건설 제 1단계 사업총화와 전국 청년 열성자대회 호소문 지지 평양시 군중 대회 진행

1954년	1954년 8월 12일	김일성 광장, 스탈린대통로 모택동 광장, 인민군 거리 개통 식 및 모란봉 극장, 모란봉 경기장, 준공식을 성대하게 거행
	1954년 8월 13일	조국해방 전쟁 기념관 평양에서 개관
	1954년 10월 31일	평화적 통일에 관한 최고인민회의 제 8차회의 호소문을 지지하는 평양시 군중대회 진행
1955년	1955년 2월 5일	중국인민지원군의 지원으로 서평양 기관구 준공식 진행
	1955년 2월 10일	평양시 복구위원회결정 제 4호 채택
	1955년 2월 26일	복구 수리된 국립극장 개관
	1955년 3월 29일	중국인민지원군 철수
	1955년 4월 29일	모스크바- 평양간 첫 국제직통 열차 평양역에 도착
	1955년 6월 25일	추모탑 정초식 거행
	1955년 7월 11일	시공계획을 52일 단축하여 평양시 보통교 개통식 거행
	1955년 7월 30일	쏘련 적십자 병원 개휘식 거행
	1955년 8월 13일	국립중앙 해방 투쟁 박물관 개관
1956년	1956년 1월 5일	평양 방직공장 방적 및 직포 양 공장 준공식 거행
	1956년 1월 26일	전국건축가 및 건설자 회의 개막
	1956년 8월 29일	조선 노동당 평양시당 대표회의
	1956년 4월 1일	역전(사리원-평양) 경주대회 개막
	1956년 5월 5일	국립예술극장 개관 경축 공연
	1956년 5월 22일	평안남도 관개 제2단계 공사의 몽리구역에 대한 급수 개시
	1956년 10월 25일	평양시 스포츠 구락부 문을 엶
	1956년 11월 11일	김일성 평양지구 건설장 및 공장 시찰
	1956년 11월 27일	도(道) 시(市) 군(郡)(구역) 인민회의 대의원 선거
	1956년 12월 16일	조선건축가동맹 중앙위원회 제 3차 전원회의
1957년	1957년 3월 14일	최고인민회의 제1기 13차 회의 개최
	1957년 6월 1일	일간 <평양신문> 창간

1957년	1957년 7월 5일	김일성(金日成), 도시군 당 일군 및 조직원들 회의에서 〈당단체를 튼튼히 꾸리며 당의 경제정책을 관철할 데 대하여〉 연설
	1957년 7월 26일	평양시 소년단체연합회, 남한 소년에 대한 원호 결의
	1957년 10월 15일	평양시 창건 1530주년 기념 평양시 경축보고회
	1957년 12월 30일	평양콘크리트공장 조업 개시
	1957년 12월 31일	국가계획위원회 위원장 박의완(朴義玩)을 해임하고 김응상(金應相)을 임명
1958년	1958년 1월 18일	김일성 평양시설계일군과 담화
	1958년 6월 27일	청년거리 개통
	1958년 7월 24일	최용건 위원장 평양시 건설장 시찰
	1958년 8월 15일	평양시 역전백화점 개점
	1958년 9월 4일	김일성 당정부지도자들 평양시 건설장 시찰
	1958년 10월 23일	건설공업상 김동식 임명
	1958년 11월 8일	건설건재공업성 폐지, 도시건설경영성 신설, 도시건설경영상에 김병식(金炳植) 임명
	1958년 12월 23일	평양시 건설자 대회 개막
	1958년 12월 30일	평양시 도시 경영부문 열성자 회의 진행
1959년	1959년 2월 28일	3.1운동 40주년평양시 기념대회
	1959년 3월 3일	평양-모스크바간 정기항로 개통
	1959년 4월 1일	평양시 건설 경쟁운동
	1959년 7월 27일	도시 건설 경영성 열성자 회의 진행
	1959년 7월 1일	국가계획위원회 위원장 이종옥(李鍾玉) 해임, 임규철 임명. 농업상 한전종 해임, 김만금 임명
	1959년 8월 17일	내각, 평양시 건설사업을 더욱 강화할 데 대한 결정 제54호 채택 (평양시 건설사업)
	1959년 8월 22일	덴마크 공산주의 청년 동맹 대표단 성원들 평양시 건설을 협조
	1959년 8월 29일	서평양철도공장 준공

1959년	1959년 9월 22일	평양시 행정구역 대폭 확장
	1959년 10월 7일	체코 대통령, 평양 방문
	1959년 12월 21일	제1차 귀국동포 평양시 환영대회, 김일성(金日成), 귀국동포 접견 (제1차 귀국동포 평양시 환영대회)
1960년	1960년 1월 27일	1960년도 근로자주택, 81500세대 건설 계획 발표
	1960년 2월 22일	소련군 창건 42주년기념 평양시 보고회 진행
	1960년 3월 23일	이효순(李孝淳), 로동당 평양시당 위원장에 취임
	1960년 4월 15일	평양시내 1만명 소년단원 연합모임(만경대)
	1960년 4월 17일	평양시 청년학생들 만경대로 계주대회 진행
	1960년 3월 24일	민주 수도 건설 관계 일'군 열성자 회의 개막
	1960년 6월 23일	미군철수 요구 평양시 군중대회
	1960년 7월 28일	로동당과 정부 지도자들이 평양대극장 건설 작업에 참가
	1960년 8월 13일	평양 대극장, 조선혁명 박물관, 옥류교, 옥류관, 모란봉 경기장의 준공식
1961년	1961년 4월 19일	남한 인민들의 4월 봉기 1주년기념 평양시 보고대회
	1961년 5월 6일	남북학생회담 준비위원회 구성(평양)
	1961년 5월 13일	조국평화통일위원회 결성대회(평양, 위원장 홍명희(洪命憙))
	1961년 5월 20일	남한 군사정권 반대 평양시 군중대회
	1961년 8월 31일	평양전기기관차 공장, 처음으로 전기기관차 완성
	1961년 10월 10일	당, 정부 지도자들이 처음 생산된 무궤도 전차 참관
	1961년 10월 27일	인도네시아 예술단 평양 방문
	1961년 11월 6일	사회주의 10월혁명 44주년평양시 경축대회 진행
1962년	1962년 1월 6일	김일성(金日成) 지도아래 평양방직공장 초급당위원회 확대회의
	1962년 1월 17일	건설성 설치
	1962년 2월 16일	한일회담과 일본 경제시찰단 남한 입국 반대 평양시 군중대회
	1962년 4월 15일	김일성(金日成) 출생 50주년기념행사

1962년	1962년 4월 18일	4.19인민봉기 2주년평양시 보고대회
	1962년 4월 21일	레닌 탄생 92주년평양시 경축대회
	1962년 4월 25일	항일유격대 창건 30주년기념 평양시 군중대회
	1962년 4월 30일	평양 역전에서 무궤도 전차 개통식
	1962년 5월 1일	5.1절 경축 평양시 노천대회
	1962년 5월 14일	평양예술대학 창립
	1962년 6월 7일	반미투쟁 남한 청년학생들을 지지하는 평양시 학생, 청년군중대회
	1962년 7월 19일	남부 월남에 대한 미국정책 규탄 평양시 군중대회
	1962년 8월 26일	평양방송, 태풍으로 인해 평양으로 표류한 어선과 어민 143명 송환발표
	1962년 9월 3일	쿠바에 대한 미국 정책 규탄 평양시 군중대회
	1962년 10월 13일	한일회담 반대배격 평양시 군중대회
	1962년 10월 30일	중국 축구단 평양 도착
1963년	1963년 1월 8일	도시 및 산업건설성과 농촌건설성 폐지, 건재공업성 신설
	1963년 2월 28일	3.1운동 44주년평양시 기념대회
	1963년 5월 8일	최고인민회의 상임위원회, 평양시내 일부 행정구역 개편
	1963년 9월 30일	평양학생 소년궁전 개관
1964년	1964년 1월 22일	평양, 신의주간 철도전기화공사 착공
	1964년 3월 19일	평양에서 한일회담 반대 군중대회
	1964년 3월 27일	일본 공산당 대표단 평양 도착
	1964년 4월 3일	도시경영성을 폐지하고 그 기능을 내무성에 이관
	1964년 4월 24일	국가계획위원회 산하에 도(직할시), 군(시 구역)계획위원회 신설
	1964년 8월 13일	평양화력발전소 건설 공사 지연을 발표
	1964년 9월 1일	중국 공산주의청년단 대표단, 평양 도착
1965년	1965년 2월 20일	한일회담 반대 평양시 군중대회

1965년	1965년 4월 3일	10여만 군중, 수도건설 촉진 평양시 궐기대회
	1965년 5월 8일	소련의 대독전쟁 전승 20주년평양시기념 대회
	1965년 9월 6일	월남 인민 대표단, 평양 도착
	1965년 9월 7일	월맹 방송 대표단, 평양 도착
	1965년 10월 25일	중공군, 조선전선 참전 15주년평양시 기념 대회
	1965년 12월 19일	한일조약 규탄 평양시 군중대회 진행
1966년	1966년 3월 1일	소련정부 통상대표단 평양 도착
	1966년 8월 10일	소련 기술 대표단, 평양 도착
	1966년 11월 3일	조선건설협회 결성
1967년	1967년 1월 22일	건설부문 과학자대회(평양 -24일)
	1967년 3월 2일	북한,소련간 1967년도 상품 상호납입에 대한 협정(평양)
	1967년 5월 11일	대동강 제2철교 개통
1968년	1968년 1월 23일	미국의 프에블로호 나포 보도
1969년	1969년 4월 9일	서독 공산당 대표단 평양 도착
	1969년 5월 20일	포드고르니평양에서 공동성명 발표
	1969년 7월 12일	평양전기기관차공장을 김종태전기기관차공장으로 개칭
	1969년 9월 24일	반미 세계기자들 〈평양선언(국제회의)〉 발표
	1969년 10월 17일	사회주의 국가 청소년친선 축구 경기대회(평양 17일-26일)
	1969년 10월 27일	조선-덴마아크 친선협회 결성(평양)
1970년	1970년 4월 25일	소련 군사대표단, 평양 방문(단장 총참모장 자하로프)
	1970년 7월 14일	루마니아 군사대표단 평양 도착
	1970년 8월 30일	로동당과 그리스공산당 회담(평양)
	1970년 10월 7일	미국 공산당 대표단, 평양 도착
	1970년 10월 20일	김일성종합대학 과학도서관 준공식
1971년	1971년 1월 3일	평양 화력발전소 종업원들 6개년계획 달성 위한 사회주의 경쟁 호소

1971년	1971년 2월 3일	제4차 조총련 북한 방문단 평양 도착
	1971년 2월 5일	북한-동독간 방송협정 조인(평양)
	1971년 3월 9일	북한-동독간 1971-75년도 장기 통상협정 조인(평양)
	1971년 4월 28일	평양시내 노동자, 학생들, 농촌지수 60일 전투 시작
1972년	1972년 4월 4일	조총련 조국 방문단, 평양 도착
	1972년 4월 6일	김일성(金日成) 부부, 시하누크 부부 답례 방문(평양)
	1972년 8월 8일	룩셈부르크 김일성(金日成) 연구 소조 책임자 평양 도착
	1972년 8월 30일	남북적십자 제1차 본회담 개최(평양)(남북 적십자 제1차 본회담)
	1972년 9월 8일	남북 올림픽 단체 위원장들이 남북체육 교류토의를 위해 평양과 서울에서 회담 개최에 합의(남북올림픽위원장 공동성명)
	1972년 11월 3일	김일성(金日成), 남북조절위 제2차 회의 참가차 평양에 온 남북측 공동위원장과 그 일행 접견 오찬
1973년	1973년 3월 13일	남북조절위 남한대표단, 평양에 도착
	1973년 3월 14일	남북조절위원회 제2차 회의 개최(평양)
	1973년 3월 17일	제8차 재일 동포 북한 방문단 평양 도착
	1973년 3월 21일	제5차 남북적십자 회담(평양)
	1973년 9월 5일	평양지하철 개통식(평양지하철)
1974년	1974년 4월 12일	인민문화궁전 준공식
	1974년 5월 25일	평양에서 세계인민 연대성조선 위원회 결성
	1974년 9월 1일	평양-하바로프스크간 왕복 국제정기항로 운영
	1974년 9월 28일	시리아 대통령 평양 도착 환영연에서 김일성(金日成) 연설 (한-미 방위조약 폐기 주장)
	1974년 10월 20일	제17차 재일 동포 조국 방문단 평양 도착
1975년	1975년 4월 13일	평양-마동간 새 전기철도 개통을 위한 충성의 모임 진행
	1975년 4월 21일	레닌 출생 105 주년평양시 기념대회
	1975년 5월 3일	월남인민 승리 경축 평양시 군중집회 개최(월남인민승리 경축 평양시 군중 집회)

1975년	1975년 5월 14일	이란 팔레비 공주, 평양방문
	1975년 10월 7일	2.8 문화회관 개관
	1975년 11월 18일	평양서 소련 시계 및 TV전시회 개최
	1975년 12월 3일	3대 혁명 붉은기 쟁취 운동을 위한 평양시 근로자 군중집회 진행 (3대혁명 소조)
1976년	1976년 8월 19일	제27차 조총련 북한방문단, 평양 도착
1977년	1977년 5월 29일	평양 애국면(라면)공장 조업식 개최
	1977년 7월 12일	PLO(팔레스타인해방기구)대표단, 북한 방문차 평양 도착
1978년	1978년 3월 22일	제39차 및 제40차 재일 교포 조국 방문단 일행, 평양 도착
	1978년 4월 26일	평양시 인민위원장에 정준기(鄭浚基)를 김만금으로 경질
	1978년 6월 8일	제43, 44차 재일 동포 모국방문단, 평양 도착
	1978년 7월 1일	제45차 재일 동포 조국 방문단, 평양 도착
	1978년 9월 3일	평양 지하철도 제3단계 준공
	1978년 9월 4일	평양-원산 고속철도 개통
	1978년 11월 4일	제52차 재일 동포 조국 방문단, 평양 도착
1979년	1979년 8월 3일	김일성(金日成), 평양지역 농업부문 사업 현지지도
	1979년 9월 8일	평양-평양화력발전소간 직통전철완공
	1979년 9월 11일	대동강 TV공장 완공
	1979년 12월 17일	평양-남포간 전철공사 완공
1980년	1980년 2월 29일	3.1인민봉기 62돌 평양시 기념보고회
	1980년 3월 30일	평양산원 개원
	1980년 5월 7일	제72차 재일동포 조국방문단 평양도착
	1980년 7월 2일	김일성(金日成), 대동강 미림 갑문 준공식 참석
	1980년 7월 10일	평양-원산간 고속도로 개통
	1980년 7월 15일	스티븐과 솔라즈 미하원의원 평양도착

1980년	1980년 9월 6일	김일성(金日成), 평양시 건설사업현지지도
	1980년 9월 12일	김일성(金日成), 평양시내 농업부문사업 현지지도
	1980년 9월 21일	김대중사건 관련 평양시 군중대회 진행
	1980년 10월 10일	로동당 제6차대회 평양에서 14일까지 개최(로동당 제6차대회와 6차 당대회 규약 및 고려민주연방공화국 창설안)
1981년	1981년 1월 7일	김정일(金正日)의 지시와 지도에 따라 평양 제1백화점 건설중이라 보도
	1981년 3월 22일	조총련 제85차 방문단 평양 방문
	1981년 4월 6일	개선문 및 김일성(金日成)주체사상탑 건립계획 발표(개선문 및 주체 사상탑 건립)
	1981년 4월 9일	김일성(金日成)의 주체사상선전을 위한 중앙연구토론회 평양서 개최
	1981년 5월 11일	중국 인민해방군 대표단 방북차 평양도착
	1981년 8월 25일	김정일(金正日), 김중린(金仲麟)과 연형묵(延亨黙) 대동하고 농업토론회 회담장인 인민문화궁전 시찰
	1981년 8월 26일	김일성(金日成), 동평양부근 문수거리 건설장 및 평양전구 공장 현지지도
	1981년 8월 30일	김일성(金日成), 대동강맥전댐 공사장과 평남 강동군내 3개 협동농장 현지지도
	1981년 9월 26일	김일성(金日成), 건설중인 인민대학습당 시찰
	1981년 10월 10일	야시르 아라파트PLO(팔레스타인해방기구) 위원장, 평양 도착하여 김일성(金日成)과 회담
	1981년 10월 26일	인도 간디 국민대회당의원대표단, 평양도착
	1981년 12월 21일	김정일(金正日), 모란봉 경기장 확장공사 및 예술영화 촬영소 야외촬영거리 실무지도
1982년	1982년 1월 15일	농촌지원을 위한 평양시 노동자 및 직맹원들 궐기 모임
	1982년 2월 16일	김정일(金正日), 모란봉 경기장건설현황 실무지도
	1982년 4월 1일	김일성(金日成), 최근 신축된 주체사상탑과 모란봉 경기장과 개선문과 인민대학습당 시찰
	1982년 4월 7일	빙상관과 청류관 준공식

1982년	1982년 8월 5일	부산 미문화원 방화사건 관련자 구형 규탄 평양시 군중집회
1983년	1983년 3월 17일	부산 미문화원 방화사건 1주기념 평양시 보고회
	1983년 4월 5일	최고인민회의 제7기 2차회의 평양에서 개최
	1983년 4월 6일	북한항공기 평양과 모스크바간 정기노선 취항
	1983년 4월 13일	대동강 봉화갑문 준공
	1983년 4월 18일	인민군 제8차 선동원대회 평양에서 개막
	1983년 8월 24일	김정일(金正日), 옥류관 건설현장 실무지도
	1983년 11월 9일	도시경영부문 열성자회의 평양에서 개최
1984년	1984년 2월 2일	직업총동맹, 평양에서 제6기 7차 전원회의
	1984년 2월 24일	평양에 국제위성통신국 건설
	1984년 4월 1일	김정일, 평양 쌀밥공장과 창광거리 2단계 건설사업 실무지도
	1984년 4월 28일	김정일(金正日), 신축 평양제1고등학교 평양시내 서장 수산물 직매점과 대성상점 실무지도
	1984년 6월 21일	김정일(金正日), 평양대성산혁명 열사릉 개건 확장공사장 및 전국 수출품 전시장 실무지도
	1984년 7월 3일	김정일(金正日), 평양시 건축사업현지 실무지도
	1984년 10월 2일	평양 낙랑다리와 낙랑도로 개통식
1985년	1985년 2월 18일	평양 낙원백화점 개장
	1985년 4월 9일	최고인민회의 제7기 4차회의 11일까지 만수대의사당에서 개최
	1985년 6월 13일	김일성(金日成)의 동생 김철주 사망 50주년평양시 추모회
	1985년 8월 6일	김정일(金正日), 평양고려호텔 창광거리 제2단계건설장 시찰
	1985년 8월 9일	김일성(金日成)과 김정일(金正日), 프랑스와 합작 건설한 평양 고려호텔 준공식 참석
	1985년 10월 8일	대성산 혁명열사릉 확장완공
1986년	1986년 1월 10일	평양시 〈광복거리〉 건설 착공

1986년	1986년 7월 18일	북한 청년학생들, 평양에서 〈핵전쟁의 위험을 막고 세계평화를 수호하기 위한 집회〉를 가지고 제13차 세계청년학생축전을 1989년 여름 평양에서 진행할 것을 발기 (제13차 세계청년학생축전 평양개최 발기)
	1986년 8월 8일	국립교향악단 창립 40주년 기념 보고회 개최(평양극장)
	1986년 8월 11일	8.15 해방 41주년 기념 평양시 과학자 토론회(인민문화궁전)
	1986년 9월 4일	윤이상(尹伊桑)음악회 진행(-5일, 만수대예술극장)
	1986년 9월 6일	한반도 비핵 평화 위한 평양국제회의 개막(-8일, 인민문화궁전), 78개 국 123개 대표단이 참가하여「평화선언」채택
	1986년 9월 17일	애국열사능 준공(평양 형제산구역)
	1986년 9월 17일	평양시 교외의 신미리에 애국열사릉 준공
	1986년 10월 11일	평양시「문학의 밤」개최(모란봉 청년공원 야외극장)
1987년	1987년 2월 19일	「팀스피리트 87」훈련 규탄 평양시 군중대회(평양체육관)
	1987년 3월 25일	김일성 인류진화연구단, 평양시 상원군 용곡리 구석기시대 동굴 유적지 발굴
	1987년 6월 15일	「6.10집회」탄압 규탄 평양시 청년학생 집회(사로청중앙회관)
	1987년 6월 25일	「6.25 반미투쟁의 날」37주년 평양 군중대회(김일성광장)
	1987년 7월 3일	「7.4 남북공동성명」발표 15주년 기념 평양시 보고회
	1987년 7월 11일	평양 지하상점 개점
	1987년 9월 1일	제1차 비동맹 및 발전도상국들의 평양영화축전 개막(-13일, 인민문화 궁전)
	1987년 9월 17일	평양과 프라하시(市), 친선적 연계 설정 합의서 조인(평양)
1988년	1988년 1월 28일	미국과 남한의 핵전쟁 책동 규탄 평양시 군중대회(평양체육관)
	1988년 9월 9일	「9.9절」경축 평양시 100만 군중시위 및 야간횃불 행진
	1988년 10월 14일	외국어대학과 중앙과학기술통신사 및 평양항공역 준공
	1988년 11월 11일	평양시 소재 국제문제연구소 설립, 한국경제현황 등 연구 착수
	1989년 5월 18일	평양국제영화관, 청년중앙회관, 동평양대극장, 양각도축구경기장 개관

1988년	1989년 5월 26일	평양-희천(양강도) 고속도로공사 착공, 군참모총장 최광(崔光) 참석
	1989년 7월 1일	세계청년학생축전 개막(능라도경기장)
	1989년 9월 17일	평양철도대학 창립 30주년 기념보고회, 당비서 최태복(崔泰福) 교육위원장 최기룡 등 참석
	1989년 12월 10일	대동강 구역 문수주차장 끝에서 지작 능라도를 가로질러 모란봉 청류벽까지 1,100 미터에 이르는 「흥부다리」건설 계획 보도
1990년	1990년 2월 8일	청산리정신 청산리방법 강조 30주년 기념 중앙보고대회(평양) 개최. 부주석 박성철(朴成哲) 등 참석하여 보고.
	1990년 4월 26일	제5차 중앙과학기술축전 개막(-28일, 인민문화궁전)
	1990년 6월 5일	제9차 평양국제여자배구대회 폐막(6월 3-5일)
	1990년 6월 9일	「6.10만세」60주년 관련 평양시 보고회 진행
	1990년 8월 9일	대동강 쑥섬 혁명사적지에 높이 13.5 미터의 천연 화강 석탑인 〈통일전선〉건립
	1990년 10월 11일	남북통일축구대회 진행(평양 5.1경기장)
1991년	1991년 1월 27일	평양에서 10년만에 「방공훈련」실시. 28일 북경방송 같은 내용 보도
	1991년 2월 28일	「팀스피리트91」훈련 규탄 평양시 군중대회 진행(평양체육관)
	1991년 3월 13일	제1차 조선영화축전 폐막(2월 13일-3월 13일, 평양국제영화회관)
	1991년 5월 18일	제2차 평양컵 국제축구대회 개막(5월 18-26일, 5.1경기장)
	1991년 7월 17일	평양프로그램센터 조업
	1991년 10월 29일	전국과학자대회 폐막(10월 28-29일, 평양)
	1991년 11월 30일	통일교 교주 문선명(文鮮明) 목사 평양 방북(-12월 7일)
1992년	1992년 1월 16일	김우중(金宇中) 대우그룹회장, 평양 도착
	1992년 2월 6일	평양시 피복공업총국과 조총련 유경무역주식회사, 「평양피복합작회사」 조업식 진행
	1992년 6월 20일	왕재산경음악단, 음악 무용 신작발표회 진행(평양대극장)
	1992년 8월 14일	일제의 식민지 지배와 보상에 대한 「북-일 공동 평양토론회」 진행 (인민문화궁전)
1993년	1993년 1월 6일	연건평 15만6천 제곱미터 김책공대 확장공사 완료

1993년	1993년 3월 4일	윤이상(尹伊桑)음악당 준공식(평양)
	1993년 7월 26일	전승기념탑 제막식(평양)
	1993년 8월 15일	제4차 범민족대회 진행(평양)
	1993년 9월 27일	김일성(金日成), 평양 강동군 단군릉 현지지도 (단군릉 발굴)
1994년	1994년 3월 29일	패트리어트 미사일 한국 배치 규탄 평양시 군중대회 개최(평양)
	1994년 6월 21일	김일성(金日成), 평양 대성구역 협동농장 현지지도
	1994년 9월 26일	제4차 평양 비동맹영화축전 개막(평양)
	1994년 10월 11일	단군릉 개건 준공식(평양)
	1994년 11월 9일	김정일(金正日), 〈청류다리〉 2단계공사와〈금릉2동굴〉 건설 관련 최고사령관 명의의 명령 발표
	1994년 12월 5일	제6차 전국연극축전 개막(평양)
1995년	1995년 3월 5일	김정일(金正日), 집단체조 〈영원히 높이 모시리〉 관람(평양체육관)
	1995년 4월 14일	〈김일성(金日成) 83회 생일 중앙보고대회〉 진행(평양체육관)
	1995년 4월 30일	〈민족의상전시회〉 진행(모란봉극장)
	1995년 5월 23일	평양경공업대학에서 개칭한 한덕수경공업대학 현판식 진행
	1995년 6월 16일	북한과 스위스, 〈정기항로협정〉 조인(평양)
	1995년 7월 7일	〈김일성(金日成) 사망 1주기 중앙추모대회〉 진행(평양체육관)
	1995년 10월 3일	단군제 진행(단군릉)
	1995년 12월 5일	〈조선중앙역사박물관 창립 50주년 기념보고회〉 진행(평양대극장)
1996년	1996년 2월 6일	〈페레그린 대성개발은행〉 개업식(평양)
	1996년 8월 28일	〈제14차 세계청년학생축전에 관한 협의회〉 진행(평양)
	1996년 8월 29일	〈세계민주청년동맹 아태지역 협의회〉 개막(평양)
	1996년 12월 24일	김정일(金正日)의 최고사령관 추대 5주년 맞이 〈평양시 청년학생들의 집회〉 진행(평양체육관)
1997년	1997년 1월 6일	〈반미(反美)전시장〉 개관식(인민문화궁전)
	1997년 2월 24일	〈전국 공산주의미풍 청년선구자대회〉 개막(인민문화궁전)

북한 자료로 본 **평양학개론**

1997년	1997년 3월 28일	〈역사유물전시회〉 개막(중앙역사박물관)
	1997년 6월 2일	〈애국복합미생물(비료)센터〉 조업식(평양)
	1997년 7월 10일	북한과 러시아, 〈평양-블라디보스토크 직항로〉 개설 합의
	1997년 8월 15일	〈97범민족회의〉 개최(인민문화궁전)
1998년	1998년 3월 9일	〈농민동맹 결성 70주년 기념 중앙보고회〉 개최(인민문화궁전)
	1998년 4월 5일	〈김정일(金正日) 국방위원장 추대 5주년 기념 평양시 청년학생들의 국방체육경기〉 진행(김일성광장)
	1998년 4월 10일	유엔개발계획(UNDP)의 지원으로 건설된 〈평양화력발전연합기업소〉 설비 조업식
	1998년 5월 5일	리틀엔젤스예술단 초청 공연(평양 봉화예술극장)
	1998년 6월 22일	민족경제협력연합회와 현대그룹, 현대그룹 명예회장 정주영(鄭周永) 일행의 방북 종료 기념 연회에서 〈경제협력합의서〉 채택 (평양 인민문화궁전)
	1998년 7월 4일	발해(渤海) 건국 1300주년 기념 유물전시회 개막(평양)
	1998년 7월 25일	조선혁명박물관 창립 50주년 맞이 〈사진 문헌전시회〉 개최
	1998년 7월 30일	창립 50주년을 맞는 조선혁명박물관에 〈김일성훈장〉 수여
	1998년 10월 30일	현대그룹 명예회장 정주영(鄭周永) 일행, 단군릉과 중앙동물원 참관 후 김정일(金正日)과 면담(평양 백화원초대소)
	1998년 12월 17일	〈임진왜란 400주년 기념 토론회〉개최(인민대학습당)
1999년	1999년 2월 3일	〈정부 정당 단체 연합회의〉를 평양에서 개최. 남한 정부에 〈남북고위급정치회담〉(INTER-KOREAN HIGH-LEVEL POLITICAL TALKS)을 제의
	1999년 8월 12일	남한의 민주노총과 북한의 직업총동맹간 남북 노동자축구대회를 평양양각도경기장과 김일성경기장에서 각각 진행(-13일)
	1999년 9월 9일	정권수립 51주년 중앙보고대회(평양 4.25문화회관)
	1999년 9월 28일	남북 농구대회 진행. 1차 평양체육관, 2차 평양농구관(-29일)
	1999년 10월 1일	현대 명예회장 정주영(鄭周永), 평양에서 아시아태평양평화위원회 위원장 김용순(金容淳)과 서해안공단 개발에 관하여 합의서 체결

2. 평양의 현지지도

〈로동신문에 보도된 '김정은 시대 평양 현지지도' 관련 기사 목록〉

• 2012년

보도날짜	기사제목
1월 12일	조선인민군 최고사령관 김정은동지께서 인민군대가 맡고있는 여러 건설대상들을 시찰하시였다
1월 25일	조선인민군 최고사령관 김정은동지께서 설명절에 즈음하여 만경대혁명학원을 방문하시고 교직원, 학생들을 축하하시였다
2월 23일	조선인민군 최고사령관 김정은동지께서 경기용총탄공장을 현지지도하시였다
3월 3일	조선인민군 최고사령관 김정은동지께서 조선인민군 전략로케트사령부를 시찰하시였다
4월 11일	조선인민군 최고사령관 김정은동지께서 어버이수령님의 탄생 100돐 경축 국가산업미술 전시회장을 돌아보시였다
4월 11일	조선인민군 최고사령관 김정은동지께서 완공을 앞둔 인민극장을 현지지도하시였다
4월 26일	인민사랑에 떠받들려 일떠선 현대적인 상업봉사기지, 경애하는 김정은동지께서 만수교고기상점에 나오시여 준공을 축하하시였다
4월 30일	조선인민군 최고사령관 김정은동지께서 조선인민군 제26차 군사과학기술전람회장을 돌아보시였다
5월 1일	우리 당과 국가, 군대의 최고령도자 김정은동지께서 릉라인민유원지개발사업을 현지지도하시였다
5월 10일	우리 당과 국가, 군대의 최고령도자 김정은동지께서 만경대유희장을 돌아보시였다
5월 26일	경애하는 김정은동지께서 개선청년공원유희장을 돌아보시였다
5월 26일	경애하는 김정은동지께서 류경원과 인민야외빙상장건설사업을 현지에서 지도하시였다
5월 26일	경애하는 김정은동지께서 완공을 앞둔 창전거리를 현지지도하시였다
5월 28일	경애하는 김정은동지께서 중앙동물원을 현지지도하시였다
5월 31일	경애하는 김정은동지께서 창전거리에 일떠선 아동백화점과 살림집들을 돌아보시였다

5월 31일	경애하는 김정은동지께서 창전거리에 새로 건설된 창전소학교, 경상탁아소, 경상유치원을 현지지도하시였다
7월 2일	경애하는 김정은동지께서 완공단계에 이른 릉라인민유원지와 건설중에 있는 평양산원 유선종양연구소를 현지지도하시였다
7월 3일	경애하는 김정은동지께서 평양양말공장과 아동백화점을 현지지도하시였다
7월 6일	경애하는 김정은동지께서 평양항공역사업을 현지에서 지도하시였다
7월 9일	조선인민군 최고사령관 김정은동지께서 조국해방전쟁승리기념관을 돌아보시였다
7월 16일	경애하는 김정은동지께서 경상유치원을 찾으시였다
7월 25일	경애하는 김정은원수님께서 준공을 앞둔 릉라인민유원지를 돌아보시였다
7월 26일	경애하는 김정은원수님을 모시고 릉라인민유원지 준공식 성대히 진행
7월 27일	경애하는 김정은원수님께서 완공단계에 이른 류경원과 인민야외빙상장을 돌아보시였다
9월 1일	조선인민군 최고사령관 김정은동지께서 조선인민군무장장비관에 새로 꾸려진 전자도서관을 돌아보시였다
9월 1일	경애하는 김정은원수님께서 개업을 앞둔 해맞이식당을 돌아보시였다
9월 5일	경애하는 김정은원수님께서 창전거리살림집들에 입사한 근로자들의 가정을 방문하시였다
9월 8일	경애하는 김정은원수님께서 준공을 앞둔 평양민속공원을 돌아보시였다
9월 8일	경애하는 김정은원수님께서 준공을 앞둔 통일거리운동쎈터를 현지지도하시였다
10월 7일	경애하는 김정은원수님께서 선군시대의 요구에 맞게 훌륭히 개건보수된 만경대유희장과 대성산유희장을 돌아보시였다
11월 4일	경애하는 김정은원수님께서 새로 건설된 평양산원 유선종양연구소를 돌아보시였다
11월 4일	경애하는 김정은원수님께서 준공을 앞둔 류경원과 인민야외빙상장, 로라스케트장을 돌아보시였다.
11월 20일	조선인민군 최고사령관 김정은동지께서 조선인민군 제534군부대직속 기마중대 훈련장을 시찰하시였다

• 2013년

보도날짜	기사제목
1월 20일	조선인민군 최고사령관 김정은동지께서 인민군대에서 건설하고 있는 대성산종합병원을 돌아보시였다
2월 22일	조선인민군 최고사령관 김정은동지께서 조국해방전쟁승리기념관건설장을 돌아보시였다
3월 9일	경애하는 김정은원수님께서 청춘거리 체육촌을 돌아보시였다
4월 28일	경애하는 김정은원수님께서 개업을 앞둔 해당화관을 돌아보시였다
4월 30일	경애하는 김정은원수님께서 양각도축구경기장을 돌아보시였다
5월 2일	조선인민군 최고사령관 김정은동지께서 5. 1절에 즈음하여 인민보안부를 방문하시고 인민보안원들과 조선인민내무군 장병들을 축하하시였다
5월 5일	경애하는 김정은원수님께서 새로 건설한 국가과학원 생물공학분원 잔디연구소를 돌아보시였다
5월 7일	조선인민군 최고사령관 김정은동지께서 인민군대에서 건설하고있는 여러 대상들을 돌아보시였다
5월 13일	경애하는 김정은원수님께서 만수대창작사를 찾으시고 조국해방전쟁승리기념관에 모실 위대한 수령님의 영상작품창작사업을 지도하시였다
5월 15일	경애하는 김정은원수님께서 새로 건설된 강태호동무가 사업하는 기계공장을 현지지도하시였다
5월 20일	경애하는 김정은원수님께서 평양시묘향산등산소년단야영소를 돌아보시였다
6월 6일	조선인민군 최고사령관 김정은동지께서 새로 건설한 보성버섯공장을 현지지도하시였다
6월 8일	경애하는 김정은원수님께서 평양기초식품공장을 현지지도하시였다
6월 11일	경애하는 김정은원수님께서 평양국제축구학교와 릉라인민체육공원을 돌아보시였다
7월 2일	경애하는 김정은원수님께서 과학자살림집건설장을 돌아보시였다
7월 2일	경애하는 김정은원수님께서 완공단계에 이른 인민군렬사묘를 돌아보시였다
7월 2일	경애하는 김정은원수님께서 완공을 앞둔 조국해방전쟁승리기념관을 돌아보시였다
7월 4일	경애하는 김정은원수님께서 강동정밀기계공장을 현지지도하시였다
7월 12일	경애하는 김정은원수님께서 개관을 앞둔 조국해방전쟁승리기념관을 돌아보시였다

7월 17일	경애하는 김정은원수님께서 새로 건설하고있는 아동병원과 구강병원을 현지지도하시였다
8월 7일	경애하는 김정은원수님께서 새로 개건하고있는 평양체육관을 돌아보시였다
8월 7일	경애하는 김정은원수님께서 완공단계에 이른 과학자살림집건설장을 돌아보시였다
8월 10일	경애하는 김정은원수님께서 미림승마구락부건설장을 돌아보시였다
8월 10일	경애하는 김정은원수님께서 문수물놀이장건설장을 돌아보시였다
8월 14일	경애하는 김정은원수님께서 김일성종합대학 과학자살림집건설장을 돌아보시였다
8월 21일	조선인민군 최고사령관 김정은동지께서 조선인민군과학기술전람관을 돌아보시였다
9월 9일	경애하는 김정은원수님께서 새로 건설된 은하과학자거리를 돌아보시였다
9월 15일	경애하는 김정은원수님께서 릉라인민유원지 유희장에 새로 건설한 립체률동영화관과 전자오락관들을 돌아보시였다
9월 15일	경애하는 김정은원수님께서 새로 개건된 평양체육관을 돌아보시였다
9월 18일	경애하는 김정은원수님께서 완공단계에 이른 문수물놀이장건설장을 돌아보시였다
9월 23일	경애하는 김정은원수님께서 문수물놀이장건설장을 또다시 돌아보시였다
9월 23일	경애하는 김정은원수님께서 완공단계에 이른 미림승마구락부건설장을 돌아보시였다
9월 24일	경애하는 김정은원수님께서 완공단계에 이른 구강병원건설장을 현지지도하시였다
9월 25일	경애하는 김정은원수님께서 5월1일경기장을 돌아보시고 개건보수과업을 제시하시였다
9월 29일	경애하는 김정은원수님께서 완공을 앞둔 김일성종합대학 교육자살림집건설장을 돌아보시였다
10월 6일	경애하는 김정은원수님께서 완공을 앞둔 아동병원건설장을 돌아보시였다
10월 8일	경애하는 김정은원수님께서 새로 건설한 국가과학원 중앙버섯연구소를 현지지도하시였다
10월 14일	경애하는 김정은원수님께서 김정숙평양방직공장을 현지지도하시였다
10월 14일	경애하는 김정은원수님께서 완공된 문수물놀이장을 돌아보시였다
10월 14일	경애하는 김정은원수님께서 미림승마구락부를 찾으시고 준공준비를 잘할데 대한 과업을 제시하시였다
10월 21일	경애하는 김정은원수님께서 완공된 미림승마구락부를 돌아보시였다
11월 20일	조선인민군 최고사령관 김정은동지께서 김일성군사종합대학에 새로 건설하고있는 김정일군사연구원을 돌아보시였다
11월 27일	경애하는 김정은동지께서 평양건축종합대학을 현지지도하시였다

· 2014년

보도날짜	기사제목
1월 15일	경애하는 김정은동지께서 국가과학원을 현지지도하시였다
2월 4일	경애하는 김정은동지께서 평양시의 육아원과 애육원을 돌아보시였다
2월 12일	경애하는 김정은동지께서 새로 개건된 경기용총탄공장과 메아리사격관을 돌아보시였다
3월 3일	경애하는 김정은동지께서 평양약전기계공장을 현지지도하시였다
3월 10일	경애하는 최고사령관 김정은동지께서 김일성정치대학을 방문하시고 인민군장병들과 함께 최고인민회의 대의원선거에 참가하시였다
3월 12일	경애하는 김정은동지께서 새로 개건하고있는 중앙동물원을 돌아보시였다
3월 22일	경애하는 김정은동지께서 류경구강병원과 옥류아동병원을 현지지도하시였다
4월 30일	경애하는 김정은동지께서 새로 건설한 김정숙평양방직공장 로동자합숙을 돌아보시였다
5월 19일	경애하는 최고사령관 김정은동지께서 대성산종합병원을 돌아보시였다
5월 21일	경애하는 김정은동지께서 김책공업종합대학 교육자살림집건설장을 돌아보시였다
5월 31일	경애하는 김정은동지께서 만경대학생소년궁전을 돌아보시였다
6월 2일	경애하는 김정은동지께서 쑥섬개발사업을 현지에서 지도하시였다
6월 2일	경애하는 김정은동지께서 평양애육원을 찾으시고 국제아동절을 맞는 원아들을 축복해주시였다
6월 5일	경애하는 김정은동지께서 대동강과수종합농장과 대동강과일종합가공공장을 돌아보시였다
6월 7일	경애하는 최고사령관 김정은동지께서 조선소년단창립 6 8 돐에 즈음하여 만경대혁명학원을 방문하시였다
6월 10일	경애하는 김정은동지께서 평양시 사동구역 장천남새전문협동농장을 현지지도하시였다
6월 20일	경애하는 김정은동지께서 위성과학자거리건설장을 현지지도하시였다
6월 20일	경애하는 김정은동지께서 5 월 1 일경기장개건현장을 현지지도하시였다
6월 25일	경애하는 김정은동지께서 평양육아원, 애육원건설장을 현지지도하시였다
7월 11일	경애하는 김정은동지께서 평양국제비행장 항공역사건설장을 현지지도하시였다
8월 7일	경애하는 김정은동지께서 평양양말공장을 현지지도하시였다

북한 자료로 본 **평양학개론**

8월 13일	경애하는 김정은동지께서 평양육아원,애육원건설장을 또다시 현지지도하시였다
8월 13일	경애하는 김정은동지께서 완공단계에 이른 김책공업종합대학 교육자살림집건설장을 현지지도하시였다
10월 14일	경애하는 김정은동지께서 새로 일떠선 위성과학자주택지구를 현지지도하시였다
10월 17일	경애하는 김정은동지께서 완공된 김책공업종합대학 교육자살림집을 현지지도하시였다
10월 26일	경애하는 김정은동지께서 완공된 평양육아원, 애육원을 현지지도하시였다
11월 1일	경애하는 김정은동지께서 평양국제비행장건설장을 현지지도하시고 평양국제비행장지구를 새 세기의 요구에 맞게 개발할데 대한 과업을 제시하시였다
11월 8일	경애하는 김정은동지께서 정성제약종합공장을 현지지도하시였다
11월 11일	경애하는 김정은동지께서 중앙양묘장을 현지지도하시고 온 나라를 수림화, 원림화하는데서 나서는 강령적인 과업들을 제시하시였다
11월 27일	경애하는 김정은동지께서 조선 4 . 2 6 만화영화촬영소를 현지지도하시였다
12월 16일	경애하는 김정은동지께서 평양어린이식료품공장을 현지지도하시였다
12월 20일	경애하는 김정은동지께서 김정숙평양방직공장을 현지지도하시였다
12월 23일	경애하는 김정은동지께서 평양메기공장을 현지지도하시였다

• 2015년

보도날짜	기사제목
1월 2일	경애하는 김정은동지께서 평양육아원,애육원을 찾으시고 새해를 맞이하는 원아들을 축복해주시였다
1월 10일	경애하는 김정은동지께서 새로 건설한 평양시버섯공장을 현지지도하시였다
1월 16일	경애하는 김정은동지께서 강동정밀기계공장을 현지지도하시였다
1월 18일	경애하는 김정은동지께서 금컵체육인종합식료공장을 현지지도하시였다
1월 21일	경애하는 김정은동지께서 류원신발공장을 현지지도하시였다
2월 5일	경애하는 김정은동지께서 평양화장품공장을 현지지도하시였다
2월 15일	경애하는 김정은동지께서 미래과학자거리건설장을 현지지도하시였다

2월 27일	경애하는 김정은동지께서 과학기술전당건설장을 현지지도하시였다
2월 28일	경애하는 김정은동지께서 조국해방전쟁승리기념관에 새로 꾸린 근위부대관을 돌아보시였다
3월 6일	경애하는 김정은동지께서 평양시양로원건설장을 현지지도하시였다
4월 8일	경애하는 김정은동지께서 평양약전기계공장을 현지지도하시였다
4월 12일	경애하는 김정은동지께서 완공단계에 이른 평양국제비행장 2항공역사건설장을 현지지도하시였다
5월 3일	경애하는 김정은동지께서 새로 건설한 국가우주개발국 위성관제종합지휘소를 현지지도하시였다
5월 19일	경애하는 김정은동지께서 대동강자라공장을 현지지도하시였다
6월 6일	경애하는 김정은동지께서 조선인민군 제810군부대산하 평양생물기술연구원을 현지지도하시였다
6월 9일	경애하는 김정은동지께서 조국해방전쟁사적지를 현지지도하시였다
6월 25일	경애하는 김정은동지께서 완공된 평양국제비행장 항공역사를 현지지도하시였다
6월 30일	경애하는 김정은동지께서 사회주의농촌문화건설의 본보기,기준으로 천지개벽된 평양시 사동구역 장천남새전문협동농장을 현지지도하시였다
7월 3일	경애하는 김정은동지께서 새로 건설한 김책공업종합대학 자동화연구소를 현지지도하시였다
7월 7일	경애하는 김정은동지께서 평양남새과학연구소를 현지지도하시였다
7월 11일	경애하는 김정은동지께서 평양대경김가공공장을 현지지도하시였다
7월 14일	경애하는 김정은동지께서 락랑위생용품공장을 현지지도하시였다
7월 20일	경애하는 김정은동지께서 김종태전기기관차련합기업소를 현지지도하시고 철도현대화의 불길을 지펴주시였다
8월 2일	경애하는 김정은동지께서 새로 건설한 평양양로원을 현지지도하시였다
8월 18일	경애하는 김정은동지께서 대동강과수종합농장을 현지지도하시였다
9월 1일	경애하는 김정은동지께서 새로 건설한 평양강냉이가공공장을 현지지도하시였다
9월 25일	경애하는 김정은동지께서 새로 건설한 창광상점을 현지지도하시였다
9월 28일	경애하는 김정은동지께서 새로 건조한 종합봉사선《무지개》호를 돌아보시였다

10월 1일	경애하는 김정은동지께서 정성제약종합공장을 현지지도하시였다
10월 21일	위대한 당의 과학중시,인재중시사상과 사회주의조선의 위력을 힘있게 과시하며 웅장화려하게 솟아오른 선군시대의 기념비적창조물, 경애하는 김정은동지께서 사회주의문명국의 체모에 맞게 훌륭히 완공된 미래과학자거리를 돌아보시였다
10월 23일	경애하는 김정은동지께서 김종태전기기관차련합기업소에서 새로 만든 지하전동차를 보시였다
10월 28일	위대한 당의 전민과학기술인재화방침이 완벽하게 반영된 국보적인 건축물, 경애하는 김정은동지께서 과학기술강국, 인재강국의 령마루로 비약해가는 선군조선의 기상을 과시하며 훌륭히 완공된 과학기술전당을 현지지도하시였다
10월 31일	경애하는 김정은동지께서 우리 나라 양어부문의 본보기,표준공장으로 전변된 평양메기공장을 현지지도하시였다
11월 14일	경애하는 김정은동지께서 우리 식 현대화의 본보기공장으로 전변된 평양어린이식료품공장을 현지지도하시였다
11월 18일	경애하는 김정은동지께서 대동강에 새로 설치한 이동식그물우리양어장을 현지지도하시였다
11월 20일	경애하는 김정은동지를 모시고 새로 만든 지하전동차의 시운전이 진행되였다
12월 1일	위대한 당의 숭고한 후대사랑,미래사랑이 응축된 기념비적창조물, 경애하는 김정은동지께서 새로 개건된 만경대학생소년궁전을 돌아보시였다
12월 10일	경애하는 김정은동지께서 새로 개건된 평천혁명사적지를 현지지도하시였다

• 2016년

보도날짜	기사제목
1월 2일	우리 당의 과학기술강국,인재강국건설구상이 완벽하게 구현된 21세기 전민학습의 대전당, 경애하는 김정은동지를 모시고 과학기술전당 준공식이 성대히 진행되였다
1월 10일	경애하는 김정은동지께서 새해에 즈음하여 인민무력부를 축하방문하시고 강령적인 연설을 하시였다
1월 28일	경애하는 김정은동지께서 김정숙평양방직공장을 현지지도하시였다
3월 18일	적대세력들의 악랄한 제재압살책동을 짓부시고 자력자강으로 부강조국을 보란듯이 일떠세워가는 우리 군대와 인민의 불굴의 의지를 힘있게 과시하게 될 또 하나의 거리, 경애하는 김정은동지께서 려명거리건설을 선포하시고 건설에서 나서는 강령적인 과업들을 제시하시였다

3월 28일	경애하는 김정은동지께서 새로 건설된 미래상점과 종합봉사기지를 현지지도하시였다
4월 19일	경애하는 김정은동지께서 새로 건설된 민들레학습장공장을 현지지도하시였다
5월 21일	경애하는 김정은동지께서 완공을 앞둔 자연박물관과 중앙동물원을 현지지도하시였다
5월 27일	경애하는 김정은동지께서 새로 일떠서고있는 류경안과종합병원건설장을 현지지도하시였다
6월 2일	경애하는 김정은동지께서 새로 건설한 평양체육기자재공장을 현지지도하시였다
6월 4일	경애하는 김정은동지께서 새로 개건된 만경대소년단야영소를 현지지도하시였다
6월 4일	경애하는 김정은동지께서 새로 일떠서고있는 룡악산비누공장건설장을 현지지도하시였다
6월 10일	경애하는 김정은동지께서 새로 건설된 류경김치공장을 현지지도하시였다
6월 16일	경애하는 김정은동지께서 현대적으로 개건된 평양곡산공장을 현지지도하시였다
6월 21일	경애하는 김정은동지께서 김정숙평양제사공장을 현지지도하시였다
7월 3일	경애하는 김정은동지께서 새로 건설된 평양중등학원을 현지지도하시였다
7월 6일	경애하는 김정은동지께서 우리 나라 양식공장의 본보기,표준으로 전변된 평양자라공장을 현지지도하시였다
7월 14일	경애하는 김정은동지께서 백두산건축연구원을 현지지도하시였다
7월 27일	경애하는 김정은동지께서 천리마건재종합공장을 현지지도하시였다
7월 30일	경애하는 김정은동지께서 새로 건설된 조선인민군 어구종합공장을 현지지도하시였다
8월 18일	경애하는 김정은동지께서 대동강돼지공장을 현지지도하시였다
8월 18일	경애하는 김정은동지께서 대동강과수종합농장을 현지지도하시였다
9월 15일	경애하는 김정은동지께서 새로 건설된 보건산소공장을 현지지도하시였다
9월 24일	경애하는 김정은동지께서 대동강주사기공장을 현지지도하시였다
9월 30일	경애하는 김정은동지께서 룡악산샘물공장을 현지지도하시였다
10월 7일	경애하는 김정은동지께서 만경대혁명사적지기념품공장을 현지지도하시였다
10월 18일	경애하는 김정은동지께서 새로 건설된 류경안과종합병원을 현지지도하시였다
10월 29일	경애하는 김정은동지께서 새로 건설된 룡악산비누공장을 현지지도하시였다

보도날짜	기사제목
1월 5일	경애하는 최고령도자 김정은동지께서 새로 건설된 평양가방공장을 현지지도하시였다
1월 8일	경애하는 최고령도자 김정은동지께서 김정숙평양제사공장에 새로 꾸린 이불생산공정과 새로 건설된 로동자합숙을 현지지도하시였다
1월 12일	경애하는 최고령도자 김정은동지께서 우리 나라 김치공장의 본보기, 표준으로 전변된 류경김치공장을 현지지도하시였다
1월 26일	경애하는 최고령도자 김정은동지께서 려명거리건설장을 현지지도하시였다
2월 2일	경애하는 최고령도자 김정은동지께서 새로 건설된 평양초등학원을 현지지도하시였다
2월 7일	경애하는 최고령도자 김정은동지께서 강동정밀기계공장을 현지지도하시였다
3월 1일	경애하는 최고령도자 김정은동지께서 조선인민군 제9 6 6대련합부대 지휘부를 시찰하시였다
3월 3일	경애하는 최고령도자 김정은동지께서 만경대혁명학원을 찾으시고 원아들과 함께 식수를 하시였다
3월 11일	경애하는 최고령도자 김정은동지께서 우리 나라 설계부문의 본보기, 표준으로 전변된 백두산건축연구원을 현지지도하시였다
3월 16일	경애하는 최고령도자 김정은동지께서 려명거리건설장을 또다시 현지지도하시였다
3월 28일	경애하는 최고령도자 김정은동지께서 새로 개건된 조선혁명박물관을 현지지도하시였다
4월 8일	경애하는 최고령도자 김정은동지께서 평양버섯공장을 현지지도하시였다
4월 14일	자력자강의 사회주의강국건설대전에서 쟁취한 자랑스러운 대승리, 전인민적인 대경사 경애하는 최고령도자 김정은동지를 모시고 려명거리 준공식 성대히 진행
5월 10일	경애하는 최고령도자 김정은동지께서 락랑영예군인수지일용품공장을 현지지도하시였다
8월 30일	경애하는 최고령도자 김정은동지께서 조선인민군 전략군의 중장거리전략탄도로케트발사 훈련을 지도하시였다
9월 16일	경애하는 최고령도자 김정은동지께서 중장거리전략탄도로케트 《화성-12》형발사훈련을 또다시 지도하시였다
10월 13일	경애하는 최고령도자 김정은동지께서 창립 7 0돐을 맞는 만경대혁명학원을 축하방문하시였다
10월 19일	경애하는 최고령도자 김정은동지께서 새로 개건된 류원신발공장을 현지지도하시였다

10월 29일	경애하는 최고령도자 김정은동지께서 새로 개건된 평양화장품공장을 현지지도하시였다

• 2018년

보도날짜	기사제목
1월 12일	경애하는 최고령도자 김정은동지께서 국가과학원을 현지지도하시였다
1월 17일	경애하는 최고령도자 김정은동지께서 새로 개건된 평양교원대학을 현지지도하시였다
1월 25일	경애하는 최고령도자 김정은동지께서 평양제약공장을 현지지도하시였다
2월 1일	경애하는 최고령도자 김정은동지께서 새로 개건된 평양무궤도전차공장을 현지지도하시였다
2월 4일	경애하는 최고령도자 김정은동지를 모시고 새형의 무궤도전차 시운전이 진행되였다
6월 9일	경애하는 최고령도자 김정은동지께서 새로 건설된 평양대동강수산물식당을 돌아보시였다
8월 4일	경애하는 최고령도자 김정은동지께서 새형의 무궤도전차와 궤도전차를 보시였다
9월 28일	경애하는 최고령도자 김정은동지께서 창립 70돐을 맞이한 김책공업종합대학을 방문하시여 교원, 연구사들을 축하하시고 기념사진을 찍으시였다
10월 11일	경애하는 최고령도자 김정은동지께서 개관을 앞둔 삼지연관현악단 극장을 현지지도하시였다

• 2019년

보도날짜	기사제목
2월 9일	우리 당과 국가, 군대의 최고령도자 김정은동지께서 조선인민군창건 71돐에 즈음하여 인민무력성을 축하방문하시고 강령적인 연설을 하시였다
4월 8일	경애하는 최고령도자 김정은동지께서 개업을 앞둔 대성백화점을 현지지도하시였다
10월 9일	경애하는 최고령도자 김정은동지께서 조선인민군 제810군부대산하 1116호농장을 현지지도하시였다

• 2020년

보도날짜	기사제목
3월 18일	경애하는 최고령도자 김정은동지께서 평양종합병원착공을 현지에서 선포하시고 몸소 건설의 첫삽을 뜨시였다
7월 20일	경애하는 최고령도자 김정은동지께서 평양종합병원건설현장을 현지지도하시였다

• 2021년

보도날짜	기사제목
3월 24일	평양시 1만세대 살림집건설착공식 진행, 경애하는 김정은동지께서 착공식에 참석하시여 뜻깊은 연설을 하시였다
3월 26일	경애하는 김정은동지께서 새로 생산한 려객뻐스시제품을 료해하시였다
3월 26일	경애하는 김정은동지께서 보통문주변 강안지구에 호안다락식주택구를 새로 일떠세울 구상을 밝히시였다
4월 1일	현대적인 보통강강안주택구건설 착공, 경애하는 김정은동지께서 또다시 현지를 돌아보시였다
8월 21일	경애하는 김정은동지께서 보통강강안다락식주택구건설사업을 현지지도하시였다

• 2022년

보도날짜	기사제목
2월 13일	화성지구 1만세대 살림집건설착공식 진행, 경애하는 김정은동지께서 착공식에 참석하시여 뜻깊은 연설을 하시였다
3월 16일	경애하는 김정은동지께서 완공을 앞둔 송신, 송화지구 1만세대 살림집건설장을 현지지도 하시였다
4월 3일	경애하는 김정은동지께서 경루동에 일떠선 보통강강안다락식주택구를 돌아보시였다
4월 12일	우리식 사회주의문명부흥의 새 전기를 펼친 인민사랑의 기념비 송화거리 준공식 성대히 진행, 경애하는 김정은동지께서 준공테프를 끊으시였다

4월 14일	우리 당의 인민대중제일주의리념과 주체건축의 비약적발전상이 응축된 평양의 새 경관, 경애하는 김정은동지께서 보통강강안다락식주택구 준공식에 참석하시여 준공테프를 끊으시였다
5월 13일	경애하는 김정은동지께서 국가비상방역사령부를 방문하시고 전국적인 비상방역상황을 료해하시였다
8월 19일	경애하는 김정은동지께서 최대비상방역전에 참전하여 혁혁한 위훈을 세운 조선인민군 군의부문 전투원들을 만나시고 뜻깊은 축하연설을 하시였다
10월 13일	만경대혁명학원과 강반석혁명학원창립 75돐 기념행사 성대히 진행, 경애하는 김정은동지께서 참석하시여 기념연설을 하시였다
10월 17일	경애하는 김정은동지께서 만경대혁명학원을 또다시 찾으시였다
10월 18일	주체의 혁명적당건설사에 특기할 불멸의 대강, 경애하는 김정은동지께서 조선로동당 중앙간부학교를 방문하시고 기념강의를 하시였다
11월 19일	경애하는 김정은동지께서 조선민주주의인민공화국 전략무력의 신형대륙간탄도미싸일 시험발사를 현지에서 지도하시였다
12월 1일	경애하는 김정은동지께서 항공절에 즈음하여 공화국공군무력의 대규모비행총출동작전에 참가한 지휘성원들과 비행사들을 만나시고 축하격려해주시였다

• 2023년

보도날짜	기사제목
2월 16일	화성지구 2단계 1만세대 살림집건설착공식 진행
2월 16일	강동온실농장건설착공식 진행, 경애하는 김정은동지께서 참석하시여 몸소 착공의 첫삽을 뜨시였다
2월 26일	평양시 서포지구 새 거리건설착공식 진행, 경애하는 김정은동지께서 격동적인 연설로 청년전위들을 고무격려해주시고 착공의 첫삽을 뜨시였다
4월 17일	조선로동당의 원대한 리상이 응축된 인민의 새 거리, 화성지구 1단계 1만세대 살림집 준공식 성대히 진행, 경애하는 김정은동지께서 당과 정부의 지도간부들과 함께 준공테프를 끊으시였다

3. 평양의 역사유적

· 국보급

유적명	소재지(군 / 구역)	소재지(리 / 동)	발굴내용	시대	지정번호
고구려대동강 다리터	대성구역	청호동과 사동구역 휴암동 사이	다리	삼국	국보급 제160호
고산동고구려 우물	대성구역	고산동	기타	삼국	국보급 제172호
광법사	대성구역	대성동	사찰	조선	국보급 제164호
광법사8각5층탑	대성구역	대성동	기타	고려	국보급 제185호
금강사지	대성구역	청암리	사찰	삼국	국보급 제25호
단군릉	강동군	문흥리	고분	청동기	국보급 제174호
대동문	중구역	대동문동	문루	삼국	국보급 제4호
대성산남문	대성구역	대성동	성곽	삼국	국보급 제10호
대성산성	대성구역	대성산	성곽	삼국	국보급 제8호
대성산연못떼	대성구역	대성동	기타	미상	국보급 제11호
동명왕릉	역포구역	룡산리	고분	삼국	국보급 제36호
무진리고구려 고분군	역포구역	용산리 제련산 남쪽	고분	삼국	국보급 제15호
법운암	만경대구역	용악산	사찰	삼국	국보급 제13호
보통문	중구역	보통문동	문루	삼국	국보급 제3호
부벽루	중구역	경산동	누정	삼국	국보급 제17호
숭령전	중구역	종로동	사당	조선	국보급 제6호
숭인전	중구역	종로동	사당	고려	국보급 제5호
안학궁지	대성구역	안학동	성곽	삼국	국보급 제2호
연광정	중구역	대동문동	누정	조선	국보급 제16호

영명사불감	모란봉구역	개선동 용화사	기타	고려	국보급 제148호
용곡서원	만경대구역	용봉리 용악산	서원	조선	국보급 제14호
용화사	모란봉구역	개선동	사찰	근현대	국보급 제163호
을밀대	중구역	경산동	누정	삼국	국보급 제19호
전금문	중구역	경상동 모란봉	문루	삼국	국보급 제22호
정릉사	역포구역	용산리	사찰	삼국	국보급 제173호
정릉사8각 7층석탑	역포구역	용산리	기타	삼국	국보급 제184호
중흥사당간지주	모란봉구역	인흥 1동	기타	삼국	국보급 제147호
진파리제1호분	역포구역	용산리	고분	삼국	국보급 제181호
진파리제4호분	역포구역	용산리	고분	삼국	국보급 제180호
청류정	중구역	경상동	누정	삼국	국보급 제20호
최승대	중구역	경상동	누정	조선	국보급 제21호
칠성문	중구역	경상동	문루	삼국	국보급 제18호
평양성(아래성벽)	평천구역	중구역과 평천구역	성곽	삼국	국보급 제1호
평양성글자새긴 성돌	중구역	중성동	기타	삼국	국보급 제140호
평양종	중구역	대동문동	기타	조선	국보급 제23호
향단리돌관무덤	강동군	남강노동자구	무덤	청동기	국보급 제182호
호남리사신총	삼석구역	호남리	고분	삼국	국보급 제26호
홍복사6각7층탑	대성구역	대성동	기타	고려	국보급 제24호
황대성	강동군	남강로동자구 광탄부락 뒤쪽	성곽	삼국	국보급 제183호
황대성과 고인돌	강동군	남강노동자구	고분	청동기	국보급 제183호

• 보존급

유적명	소재지(군 / 구역)	소재지(리 / 동)	발굴내용	시대	지정번호
간천리성	강남군	간천리	성곽	미상	보존급 제568호
강동읍성	강동군	봉화리	성곽	고려	보존급 제73호
고방산성	대성구역	청호동	성곽	삼국	보존급 제583호
광대산고구려 고분군	삼석구역	장수원동	고분	삼국	보존급 제7호
광덕리고분군	삼석구역	광덕리	고분	삼국	보존급 제9호
광덕리옛성	삼석구역	광덕리	성곽	미상	보존급 제584호
광탄마을고인돌	강동군	남강노동자구	고인돌	미상	보존급 제706호
남사리 29호 무덤	낙랑구역	남사리	벽돌무덤	낙랑국 시기	보존급 제607호
내리 1호 무덤	삼석구역	장수원동	무덤	삼국	보존급 제4호
내리고구려무덤	삼석구역	장수원동	무덤	삼국	보존급 제5호
대동문중수비	중구역	대동문동	기타	조선	보존급 제1566호
덕산토성 (아래성벽)	은정구역	과학1동과 광명동 사이	성곽	삼국	보존급 제589호
도덕리샘골 고구려무덤	삼석구역	도덕리	무덤	삼국	보존급 제8호
독자산봉수	순안구역	용복리	기타	미상	보존급 제640호
동금강암사	순안구역	오산리	사찰	조선	보존급 제22호
동금강암중건비	순안구역	오산리	기타	조선	보존급 제1564호
낙랑 11호 무덤	낙랑구역	낙랑동	나무곽 무덤	낙랑국 시기	보존급 제597호
낙랑 19호 무덤	낙랑구역	낙랑동	무덤	철기	보존급 제600호
낙랑 24호 무덤	낙랑구역	낙랑동	무덤	철기	보존급 제603호
낙랑 2호 무덤	낙랑구역	낙랑동	무덤	철기	보존급 제596호

낙랑 41호 무덤	낙랑구역	낙랑동	무덤	철기	보존급 제626호
낙랑 70호 무덤	낙랑구역	낙랑동	무덤	철기	보존급 제614호
낙랑 77호 무덤	낙랑구역	낙랑동	무덤	철기	보존급 제616호
낙랑 9호 무덤	낙랑구역	낙랑동	무덤	철기	보존급 제620호
낙랑토성	낙랑구역	낙랑동	성곽	삼국	보존급 제21호
마고성	강동군	문화리	성곽	미상	보존급 제72호
무학산봉수	순안구역	용복리	기타	미상	보존급 제641호
문가봉봉수	삼석구역	원신리	기타	미상	보존급 제638호
문흥리 고인돌무덤	강동군	문흥리	고인돌	삼국	보존급 제45호
바위성	강동군	난산리	성곽	미상	보존급 제664호
보통문중건비	중구역	대동문동	기타	미상	보존급 제1567호
봉화리봉수터	강동군	봉화리	기타	미상	보존급 제731호
봉화산봉수	낙랑구역	유소리	기타	미상	보존급 제639호
송석리 고인돌무덤	강동군	송석리	고인돌	삼국	보존급 제1717호
순창리굴바위 돌널무덤떼	강동군	순창리	돌널무덤	미상	보존급 제1716호
연광정중수비	중구역	대동문동	기타	조선	보존급 제1568호
예성	만경대구역	선내동	성곽	고려	보존급 제58호
용궁동무당골 무덤	용성구역	용궁일동	무덤	삼국	보존급 제11호
의열사	강남군	상암리	사찰	조선	보존급 제1674호
자비사당간지주	순안구역	오산리	기타	고려	보존급 제53호
자비사부도	순안구역	오산리	기타	고려	보존급 제637호
적두산성	만경대구역	선내동	성곽	고려	보존급 제20호

정백동 53호 무덤	낙랑구역	정백동	나무곽 무덤	낙랑국 시기	보존급 제610호
정백동 62호 무덤	낙랑구역	정백동	나무곽 무덤	낙랑국 시기	보존급 제611호
정오동 1호 무덤	낙랑구역	정오동	귀틀무덤 무덤곽	낙랑국 시기	보존급 제628호
정오동 5호 무덤	낙랑구역	정오동	귀틀무덤 귀틀곽	낙랑국 시기	보존급 제629호
청계동월봉산 고분군	용성구역	청계동	고분	신석기	보존급 제12호
토성동 45호 무덤	낙랑구역	토성동	벽돌무덤	낙랑국 시기	보존급 제598호
토성동 4호 무덤	낙랑구역	토성동	나무곽 무덤	낙랑국 시기	보존급 제625호
토포리고구려 고분군	삼석구역	장수원동	고분	삼국	보존급 제6호
평양종각	중구역	대동문동	기타	조선	보존급 제1673호
현무문	중구역	경상동	문루	삼국	보존급 제1호
화강리 1호 고인돌무덤	강동군	화강리	고인돌	삼국	보존급 제44호

4. 평양시관리법

〈조선민주주의인민공화국 평양시관리법〉

주체87⁽¹⁹⁹⁸⁾년 11월 26일 최고인민회의 상임위원회 정령 제286호로 채택
주체98⁽²⁰⁰⁹⁾년 3월 31일 최고인민회의 상임위원회 정령 제3156호로 수정보충
주체99⁽²⁰¹⁰⁾년 3월 30일 최고인민회의 상임위원회 정령 제743호로 수정보충
주체103⁽²⁰¹⁴⁾년 10월 22일 최고인민회의 상임위원회 정령 제191호로 수정보충

제1장 평양시관리법의 기본

제1조 (평양시관리법의 사명)

평양은 주체의 성지이고 조선인민의 심장이며 조선민주주의인민공화국의 수도이다.

조선민주주의인민공화국 평양시관리법은 평양시를 현대적이고 문화적인 도시로 더 잘 꾸려 주민들에게 조용하고 깨끗한 생활환경과 보다 편리한 생활조건, 로동조건을 마련하여주는데 이바지한다.

제2조 (평양시관리에 대한 투자확대원칙)

평양시는 국가의 정확한 수도건설정책과 우리 인민의 애국적열의, 창조적로동에 의하여 웅장화려하게 건설되였다.

국가는 수도건설에서 이룩된 성과를 공고발전시키기 위하여 평양시관리에 대한 투자를 늘여나간다.

제3조 (평양시에 대한 전인민적관리원칙)

평양시를 잘 꾸리는것은 공민의 애국심의 표현이며 영예로운 의무이다.

국가는 사회주의애국주의교양을 강화하여 전체 인민이 평양시관리사업에 적극 참

가하도록 한다.

제4조 (평양시에 대한 계획적관리원칙)
평양시관리를 계획적으로 하는것은 수도관리에서 나서는 중요원칙이다.
국가는 평양시관리계획을 바로세우고 정확히 집행하도록 한다.

제5조 (평양시의 환경개선과 인구집중방지원칙)
평양시의 환경을 개선하고 인구집중을 막는것은 수도관리에서 나서는 기본요구이다.
국가는 평양시의 인구한도, 인구밀도, 공업인구비률, 산업면적비률, 1인당 록지면적 같은 주요수도관리기준을 바로 정하고 그것을 엄격히 지키도록 한다.

제6조 (평양시관리법의 규제대상)
이 법은 평양시의 령역, 도시건설과 경영, 거주 및 기관등록, 주민봉사와 관련한 원칙과 질서를 규제한다.
이 법에 규제하지 않은 사항은 해당 법규에 따른다.

제2장 평양시의 령역
제7조 (평양시령역의 구분)
평양시령역은 수도의 행정권이 행사되는 지역으로서 중심지역과 주변지역으로 나눈다.
중심지역에는 만수대를 중심으로 하여 정한 지역이, 주변지역에는 보호지대와 위성도시, 농촌지역이 속한다.

제8조 (중심지역, 보호지대, 위성도시의 설정)
중심지역의 경계, 보호지대의 너비, 위성도시를 정하는 사업은 내각이 한다.

내각은 중심지역과 보호지대가 정리되는데 맞게 중심지역의 경계를 행정구역의 경계와 일치시켜야 한다.

제9조 (중심지역의 정리)

중심지역은 주민과 도시환경을 특별히 관리하기 위하여 정한 지역이다.

내각과 평양시인민위원회는 주민행정사업을 짜고들며 환경을 보호하고 도시형성을 완성하는 원칙에서 중심지역을 정리하여야 한다.

제10조 (보호지대의 관리)

보호지대는 중심지역환경을 보호하고 주민들의 문화휴식을 보장하기 위하여 정한 지역이다.

내각과 도시계획기관, 해당 기관은 보호지대에 산림과 유원지를 기본으로 하는 보호록지환을 형성하여야 한다.

보호지대에는 도시경영, 교통, 농업생산시설과 농촌마을을 제외한 새로운 대상을 배치하거나 건설할수 없다.

제11조 (위성도시의 건설)

위성도시는 중심지역의 인구집중을 조절하고 경제적, 사회봉사적기능을 분담하기 위하여 정한 도시이다.

내각과 국가계획기관, 해당 기관은 정해진데 따라 위성도시의 건설순차를 정하고 해당 위성도시의 성격에 맞게 기관, 기업소, 단체를 배치하여야 한다.

제12조 (농촌지역의 관리)

농촌지역은 농축산물생산기지, 보장기지이다.

평양시인민위원회와 해당 기관은 수요와 공급조건을 타산하여 중심지역에서 가까운 농촌지역을 남새, 고기, 과일생산기지로 꾸리고 그 생산을 늘여야 한다.

제3장 도시건설과 경영

제13조 (도시건설과 경영의 기본요구)

도시건설과 경영사업을 잘하는것은 나라의 얼굴인 평양시를 현대적이고 문화적인 도시로 꾸려나가기 위한 중요요구이다.

건설기관과 도시경영기관, 해당 기관은 새로운 첨단기술을 적극 받아들여 도시건설과 경영 사업을 끊임없이 개선하여야 한다.

제14조 (건설총계획의 승인)

중심지역과 보호지대는 평양시건설총계획, 위성도시는 해당 위성도시건설총계획에 따라 꾸린다.

평양시건설총계획은 내각이, 위성도시건설총계획은 국가건설감독기관이 승인한다.

제15조 (공장, 기업소의 환경영향평가)

평양시령역에 공장, 기업소를 건설하려는 기관, 단체는 해당 기관의 환경영향평가를 받아야 한다.

공해를 일으키거나 생산공정이 현대화되지 못하였거나 물동량이 많아 도시관리에 지장을 주는 공장, 기업소는 중심지역에 둘수 없다.

제16조 (체육문화시설의 배치)

도시계획기관은 주민들의 문화정서생활을 원만히 보장하면서도 수도의 면모를 조화롭게 꾸려나갈수 있도록 경기장, 체육관, 극장, 영화관, 박물관, 기념탑, 유희장 같은 체육문화시설을 배치하여야 한다.

제17조 (살림집의 건설)

평양시인민위원회와 해당 기관은 살림집건설을 계획적으로 하여 날로 높아가는 주민들의 살림집수요를 원만히 보장하여야 한다.

제18조 (건설명시서의 발급과 건설허가)

중심지역에 건설하는 중요대상의 건설명시서발급과 건설허가는 내각이 그밖의 건설대상에 대한 건설명시서발급과 건설허가는 해당 건설감독기관이 한다.

제19조 (공공건물, 살림집의 리용허가와 관리)

평양시에서 공공건물과 살림집의 리용허가와 관리는 평양시인민위원회가 한다. 그러나 특별히 정한 공공건물, 살림집의 리용허가와 관리는 해당 기관이 할수 있다.

평양시인민위원회와 해당 기관, 기업소, 단체는 관리를 담당한 건물과 그 주변을 정상적으로 보수, 관리하여 언제나 깨끗하고 문화적인 환경을 유지하여야 한다.

제20조 (원림조성과 관리)

도시경영기관과 해당 기관, 기업소, 단체는 담당관리구획안에 보기 좋고 수종이 좋은 여러가지 나무를 심고 꽃밭을 아름답게 조성하며 생땅이 보이지 않도록 잔디 같은 지피식물을 심고 정상적으로 관리하여야 한다.

도시안의 필요한곳마다에는 여러가지 물풍치를 조성하고 공원과 유원지를 잘 꾸려야 한다.

제21조 (상수도의 관리)

도시경영기관은 상수도시설을 현대적으로 갖추고 그 운영을 정상화하며 선진적인 물소독 및 정제기술을 적극 받아들여 주민들에게 수질이 좋고 완전히 정화된 음료수를 충분히 보장하여야 한다.

음료수는 도시경영기관의 승인없이 공업용수로 쓸수 없다.

제22조 (하수도의 관리)

도시경영기관은 하수도시설과 오수정화시설을 완비하고 그 관리운영을 정상화하여 생활오수와 비물을 제때에 처리하여야 한다.

기관, 기업소, 단체는 자기 단위의 특성에 맞게 정화시설을 갖추고 환경보호기준의 요구대로 산업폐수를 자체로 정화하여야 한다.

제23조 (난방관리)

도시경영기관과 평양시인민위원회는 지역별로 중앙열난방과 전기난방, 자체난방대상을 바로 정하고 난방조건을 원만히 보장하여야 한다.

난방열을 생산공급하는 기관과 도시경영기관은 정해진 류량과 온도, 압력으로 열과 더운물을 정상적으로 공급하여야 한다.

도시경영기관의 승인없이 난방시설을 변경시키거나 난방열을 뽑아 쓸수 없다.

제24조 (대기관리)

도시계획기관과 도시경영기관은 건물과 가로수배치를 잘하여 도시통풍과 환경보호한계기준에 따르는 대기의 정결도를 보장하여야 한다.

중심지역에서는 대기를 오염시키는 보이라를 운영하거나 배출기준을 초과하여 유해가스를 내보내는 륜전기재를 운행할수 없다.

제25조 (도로관리)

도시경영기관과 해당 기관은 평양시의 도로망을 완비하고 도로관리를 정상적으로 하여 그 수명과 문화성을 보장하여야 한다.

도로를 파헤치거나 도로에 인입선을 내거나 도로시설물을 고치려 할 경우에는 평양시인민위원회의 승인을 받는다.

제26조 (하천관리)

도시경영기관과 해당 기관은 대동강과 보통강을 비롯한 하천의 강안정리와 바닥파기를 정상적으로 하고 환수체계를 세워 평양시안의 하천들에 늘 맑은 물이 흐르게 하며 물수위변동과 물흐름량에 맞게 갑문관리와 운영을 책임적으로 하여 큰물피해를 미리 막아야 한다.

제27조 (가로등관리와 거리불장식)

도시경영기관과 해당 기관은 평양시에 여러가지 형식의 가로등을 합리적으로 설치하고 정상적으로 켜야 한다.

기념비적건축물과 거리의 곳곳에는 불장식을 하여 수도의 밤거리를 아름답게 장식하여야 한다.

제28조 (오물의 처리)

도시경영기관은 오물종합처리장을 꾸리고 오물을 제때에 처리하여 도시오물, 공업폐설물에 의한 환경오염을 막고 주민들에게 깨끗한 생활환경을 보장하여야 한다.

해당 기업소는 공업폐설물을 오물종합처리장에 실어날라야 한다.

제4장 거주 및 기관등록

제29조 (거주 및 기관등록의 기본요구)

거주등록, 기관등록은 주민과 기관, 기업소, 단체를 정확히 장악하기 위한 선차적공정이다.

평양시인민위원회와 해당 기관은 정해진데 따라 거주 및 기관등록사업을 엄격히 하여야 한다.

북한 자료로 본 평양학개론

제30조 (거주등록)

평양시에 거주하려는 공민은 거주등록을 하여야 한다.

공민의 거주등록절차와 방법을 정하는 사업은 내각이 한다.

제31조 (거주승인)

지방에서 평양시에, 주변지역에서 중심지역에 거주하려는 공민은 해당 기관의 거주승인을 받아야 한다.

제32조 (평양시민증수여, 평양시민이 지켜야 할 질서)

평양시에 거주한 17살이상의 공민에게는 평양시민증을 수여한다.

평양시민은 언제나 시민증을 가지고 다니며 고상한 정신도덕적풍모를 지니고 국가의 법질서를 엄격히 준수하며 정책관철에서 모범이 되어 수도시민으로서의 영예를 지켜야 한다.

평양시민이 국가의 법질서를 엄중하게 어겼을 경우에는 평양시민증을 회수한다.

제33조 (기관등록과 재등록)

기관, 기업소, 단체는 기관등록을 제때에 하며 해마다 재등록을 하여야 한다.

평양시에서 등록 또는 재등록을 하지 않은 기관, 기업소, 단체는 운영할수 없다.

제34조 (기관등록신청문건의 제출)

기관등록을 하려는 기관, 기업소, 단체는 평양시인민위원회에 정해진 기관등록신청서를 내야 한다.

평양시인민위원회는 기관등록신청문건을 정확히 검토하고 등록하여야 한다.

기관, 기업소, 단체의 소재지와 다르게 기관등록을 할수 없다.

제35조 (기관등록의 변경)

명칭, 관리기구, 정원이 달라진 기관, 기업소, 단체는 변경등록을 하여야 한다. 이 경우 대상에 따라 내각이나 평양시인민위원회 또는 해당 기관의 승인을 받아야 한다.

제36조 (로력의 배치)

로력배치는 기관등록을 한 기관, 기업소, 단체에만 한다.

해당 로동행정기관은 로력배치를 할 경우 거주지역과 출근거리를 고려하여야 한다.

제5장 주민봉사

제37조 (주민봉사의 기본요구)

주민봉사를 잘하는것은 평양시인민위원회의 중요임무이다.

평양시인민위원회는 시안의 주민들에 대한 생활실태를 정상적으로 료해하며 그들에게 유족하고 문명한 생활조건을 보장하기 위한 봉사활동을 잘하여야 한다.

제38조 (식량과 연료의 공급)

량정기관과 연료공급기관은 평양시에 대한 식량과 연료공급체계를 바로세우고 식량과 연료를 제때에 정해진 량대로 공급하여야 한다.

국가계획기관과 해당 기관, 기업소, 단체는 평양시에 공급할 식량과 연료를 《수도폰드》로 계획화하고 우선적으로 생산보장하여야 한다.

제39조 (상업, 급양, 편의봉사)

상업, 급양, 편의봉사기관은 주민들의 수요와 기호에 맞게 봉사망을 합리적으로 배치하고 봉사업종을 늘이며 봉사를 높은 수준에서 정상화하여야 한다.

국가계획기관과 중앙상업지도기관은 평양시의 상업, 급양, 편의봉사부문에 필요한 설비, 상품, 원자재의 보장체계를 바로세우고 다른 부문보다 먼저 공급하여야 한다.

제40조 (살림집과 그 구획관리)

평양시인민위원회와 도시경영기관은 살림집을 정상적으로 개건보수하여 그 수명을 늘이며 수도의 면모를 끊임없이 개선해나가야 한다.

살림집구획은 계획적으로 정리하고 주민생활에 필요한 시설을 충분히 갖추어 종합적인 생 활단위로 꾸려야 한다.

살림집구획에는 주민들의 생활에 불편을 주거나 건강에 해를 줄수 있는 대상을 둘수 없다.

제41조 (교통운수에 대한 수요보장)

교통운수기관과 해당 기관은 평양시교통망건설총계획에 따라 교통망을 합리적으로 형성하고 교통운수수단의 운영을 정상화하여 늘어나는 주민들의 교통운수에 대한 수요를 원만히 보장하여야 한다.

평양시에서는 지하전동차, 지상륜환렬차, 궤도 및 무궤도전차, 뻐스 같은 대중교통수단을 기본운수수단으로 한다.

제42조 (전기통신과 우편통신의 보장)

체신기관과 해당 기관은 평양시의 전기통신을 콤퓨터화하고 첨단기술과 운영방법을 받아들여 통신의 신속성과 정확성, 안전성을 보장하며 우편통신봉사수준을 높여야 한다.

제43조 (출판보도물의 보급)

출판보도기관과 해당 기관은 출판보도물의 보급체계를 정연하게 세워 주민들이 신문, 방송 같은것을 제때에 정상적으로 보고 듣고 리용할수 있도록 하여야 한다.

제44조 (보육 및 교육조건의 보장)

어린이보육기관과 교육기관은 어린이들을 키우는 사업과 교육사업에서 위생영양학적, 교육학적요구를 엄격히 지켜야 한다.

평양시인민위원회와 해당 기관은 국가와 사회의 부담에 의한 어린이보육교양, 청소년교육의 혜택이 주민들에게 정확히 차례지도록 탁아소, 유치원과 각급 학교를 합리적으로 배치하고 보육 및 교육조건을 원만히 보장하여야 한다.

제45조 (치료 및 위생방역대책)

보건기관은 인민병원과 진료소, 해당 전문병원들을 합리적으로 설치하고 의료봉사활동을 개선강화하여 주민들이 무상치료제의 혜택을 충분히 받도록 하여야 한다.

해당 보건기관은 의사담당구역제를 정확히 실시하여 의사들이 담당구역 주민들의 건강상태를 정상적으로 알아보고 예방치료사업을 강화하도록 하며 위생방역대책을 철저히 세워야 한다.

평양시인민위원회와 해당 기관, 기업소, 단체는 보건기관의 물질기술적토대를 튼튼히 꾸리며 의료사업에 필요한 의약품을 계획적으로 생산보장하여야 한다.

제46조 (로동조건보장)

로동행정기관과 해당 기관은 로동조직을 합리적으로 하고 로동조건을 충분히 보장하여 모든 근로자들이 사회주의강성대국건설을 위한 보람찬 로동에 성실히 참가하도록 한다.

평양시인민위원회와 해당 기관, 기업소, 단체는 녀성들이 사회에 적극 진출하여 로동에 마음껏 참가할수 있도록 충분한 조건을 마련해주어야 한다.

제6장 평양시관리사업에 대한 지도통제

제47조 (평양시관리사업에 대한 지도)

평양시관리사업에 대한 통일적인 지도는 내각이 한다.

내각은 평양시관리사업을 정상적으로 장악하고 지도하여야 한다.

제48조 (평양시관리계획의 작성과 실행)

국가계획위원회와 평양시인민위원회, 해당 기관은 평양시관리를 위한 부문별계획과 단계별, 순차별계획을 구체적으로 세워 어김없이 실행하여야 한다.

제49조 (평양시관리사업에 대한 조건보장)

성, 중앙기관을 비롯하여 평양시안의 모든 기관, 기업소, 단체는 평양시를 선군 문화의 중심지답게 꾸리는 사업에 깊은 관심을 돌리고 적극 동원되여야 한다.

국가계획기관과 해당 기관, 기업소, 단체는 평양시관리사업에 필요한 로력, 전력, 설비, 자재, 자금을 우선적으로 원만히 보장하여야 한다.

제50조 (평양시관리를 위한 과학연구사업강화)

해당 과학연구기관은 평양시관리에서 제기되는 과학기술적문제를 풀며 수도관리를 과학화, 현대화하기 위한 과학연구사업을 강화하여야 한다.

평양시인민위원회는 과학연구사업에서 이룩한 성과를 평양시관리사업에 제때에 받아들여야 한다.

제51조 (평양시에 대한 상품보장)

국가계획위원회와 각급 인민위원회, 해당 기관, 기업소, 단체는 평양시상업망에 넣을 상품생산을 계획화하고 어김없이 생산보장하여야 한다.

제52조 (평양시관리사업에 대한 감독통제)

평양시관리사업에 대한 감독통제는 내각과 해당 감독통제기관이 한다.

내각과 해당 감독통제기관은 평양시관리와 관련한 법규의 준수정형을 엄격히 감독통제하여야 한다.

제53조 (행정적 또는 형사적책임)

이 법을 어겨 평양시관리에서 엄중한 결과를 일으킨 기관, 기업소, 단체의 책임있는 일군과 개별적공민에게는 정상에 따라 행정적 또는 형사적책임을 지운다.

■ 정일영 丁一榮, JEONG IL YOUNG

서강대학교 사회과학연구소 연구교수
성균관대학교 정치학 박사
IBK기업은행 북한경제연구센터 연구위원(전)

논저

『한반도 오디세이』(2023), 『평양 오디세이』(2022), 『한반도 스케치北』(2021) 등

■ 박소혜 朴素慧, PARK SO HYE

국회도서관 비서관
북한대학원대학교 북한학 박사
북한대학원대학교 심연북한연구소 객원연구위원(전)
북한연구학회 대외협력위원회 이사

논저

"김정은 시기 도시건설 담론으로 본 북한의 통치전략"(2023), "김정은 정권의 '우리식 사회주의' 의미 변화와 시사점"(2022), 『평양 오디세이』(2022) 등

■ 김태윤 金台潤, KIM TAE YOON

서울대학교 아시아연구소 학술연구교수
서울시립대학교 문학 박사
역사문제연구소 연구원
한국도시사학회 편집위원

논저

"'손상'된 시민의 공간과 냉전 동아시아"(2023), "근현대 평양의 도시계획과 공간변화 연구(1937-1960)"(2022), "광복 이후 서울 학생들의 통학과 생활문화"(2020) 등

■ 정대진 鄭大珍, JUNG DAE-JIN

원주 한라대학교 교수
연세대학교 통일학 박사
통일부 정책자문위원
국립통일교육원 강원통일교육센터 사무처장
민족화해협력범국민협의회 통일교육위원장

논저

『국제질서 대전환과 남북관계』(2022), 『한반도 스케치北』(2021), "북한의 외국인투자법제와 행정소송 도입"(2020) 등

■ 김미연 金美燕, KIM MI YEON

KDB산업은행 개발금융연구센터 선임연구원
이화여자대학교 북한학 박사
이화여자대학교 통일학연구원 객원연구위원
북한연구학회 대외협력위원회 이사

논저

"북한산업 Review"(2023), "개성공단의 총국 및 관리위원회 간 갈등사례 분석,"(2022), "최근 북한의 경제부문 입법 동향과 시사점"(2022) 등

■ 정유석 鄭裕錫, JUNG YOUSUK

통일연구원 부연구위원
고려대학교 북한학 박사
고려대통일융합연구원 책임연구위원
민주평통 상임위원, 서울특별시 남북교류협력위원, 통일부 자체평가위원
IBK경제연구소 연구위원(전)
한국수출입은행 책임연구위원(전)

논저

『북한 경공업 실태와 남북협력 방안』(2021), 『한반도 스케치北』(2021), "담대한 구상의 실현을 위한 남북 인도적 협력"(2023), "A Study on the Evaluation of North Korean Statistical Services by Statistics Korea and Quality Improvement Directions"(2023) 등

■ 허선혜 許善惠, HEO SUN-HYE

전북대학교 국제융복합연구소 학술연구교수
고려대학교 북한학 박사
통일부 국립통일교육원 통일교육위원
(사)민족화해협력범국민협의회 정책위원

논저

『평양 오디세이』(2022), 『북한의 현실과 통일 한국의 미래』(2021), "Discourses on the Natural Environment in North Korea: Changing Regime Dynamics in the 1990"(2020) 등

■ 백인주 白寅珠, BAEK IN JOO

아주대학교 다산학부대학 겸임교수
연세대학교 통일학 박사
한평정책연구소 연구위원
민족화해협력범국민협의회 정책위원
민주평화통일자문회의 상임위원(전)

논저

"남북한 경제통합 제도에 관한 연구: 통합단계별 이행방안을 중심으로" 박사학위논문(2018), "북한 김정은 시대 인간상과 부패 억제에 관한 연구,"(2022) 등

평양학교양총서 02

북한 자료로 본
평양학개론

초판 1쇄 발행 2024년 1월 19일

기획 서울시립대학교 서울학연구소 평양학연구센터
글쓴이 정일영 · 박소혜 · 김태윤 · 정대진
　　　　김미연 · 정유석 · 허선혜 · 백인주
펴낸이 홍종화

주간 조승연
편집·디자인 오경희 · 조정화 · 오성현 · 신나래
　　　　　　박선주 · 이효진 · 정성희
관리 박정대

펴낸곳 민속원
창업 홍기원
출판등록 제1990-000045호
주소 서울시 마포구 토정로 25길 41(대흥동 337-25)
전화 02) 804-3320, 805-3320, 806-3320(代)
팩스 02) 802-3346
이메일 minsok1@chollian.net, minsokwon@naver.com
홈페이지 www.minsokwon.com

ISBN 978-89-285-1935-4 94340
S E T 978-89-285-1744-2

ⓒ 서울시립대학교 서울학연구소 평양학연구센터, 2024
ⓒ 민속원, 2024, Printed in Seoul, Korea